EDITORA DO CONHECIMENTO

Auxiliando a humanidade a encontrar a Verdade

A Flor de Lótus

Tetralogia: O Sândalo e o Jasmim (livro 1)

A Flor de Lótus

Sarah Goldman

Ditado pelo Espírito

Kabhir

CONHECIMENTO EDITORIAL LTDA.
Rua Prof. Paulo Chaves, 276 – Vila Teixeira Marques
CEP 13485-150 — Limeira — SP
Fone: 19 3451-5440
www.edconhecimento.com.br
vendas@edconhecimento.com.br

Projeto gráfico: **Sérgio Carvalho**
Ilustração da Capa: **Banco de imagens**
Ilustrações do miolo: **Sarah Goldman**
Revisão: **Gerson Ferracini**

ISBN 978-65-5727–144-5 — 1ª Edição – 2022

• Impresso no Brasil • *Presita en Brazilo*

Produzido no departamento editorial da
CONHECIMENTO EDITORIAL LTDA

Impresso na
Primeira Leitura
a gráfica digital da **EDITORA DO CONHECIMENTO**

Dados Internacionais de Catalogação na Publicação (CIP)
(Angélica Ilacqua CRB-8 / 7057)

Kabhir (Espírito)
A Flor de Lótus / pelo espírito Kabhir ; psicografado pela médium Sarah Goldman – Limeira, SP: Editora do Conhecimento, 2022.
276 p.

ISBN: 987-65-5727-144-5

1. Literatura espírita 2. Espiritismo - Mensagens 3. Obra psicografada I. Título II. Godman, Sarah

22-4985 CDD – 133.9

Índices para catálogo sistemático:
1. Literatura espírita

Sarah Goldman

Tetralogia:
O Sândalo e o Jasmim (Livro 1)

A Flor de Lótus

Ditado pelo espírito Kabhir

1ª edição – 2022

EDITORA DO CONHECIMENTO

Sumário

Apresentação 7
1. O Despertar 9
2 – O resgate 12
3. Tomba o majestoso carvalho 17
4. O perfume do sândalo 21
5. O botão de jasmim 27
6. Florescendo entre as pedras 34
7. Criando raízes 39
8. O cedro 42
9. O jasmim colhido também perfuma 48
10. A dama-da-noite 54
11. O cedro e o jasmim 57
12. A figueira 61
13. Em aprendizado 67
14. A escolha 71
15. Resistindo ao amor 76
16. O conto 79
17. A erva daninha 82
18. A sombra-da-noite 88
19. O que perfuma também pode envenenar 95
20. Ashoka 99
21. O gosto amargo da tristeza 104
22. O jardim adormecido volta a florescer 110

23. A árvore mais imponente de todas ... 113
24. O fruto ... 116
25. O jasmim arrancado jamais volta a brotar ... 121
26. Relembrando ... 125
27. A visita ... 131
28. O bote da serpente ... 135
29. A tempestade que vem do oeste ... 141
30. Ultraje ... 146
31. As profundas raízes do carvalho ... 151
32. O sândalo tomba ... 156
33. A essência ... 169
34. A semente ... 175
35. O perfume do sândalo volta ... 180
a se espalhar pelo reino ... 180
36. Dores trazidas pelas lembranças ... 184
37. A reaproximação ... 189
38. O rio corre para o mar ... 196
39. A visita ... 202
40. As bodas ... 207
41. O aroma do nardo ... 213
42. O reencontro ... 219
43. O nardo e o jasmim ... 227
44. A consciência adormecida ... 232
45. A revelação ... 239
46. A árvore é podada para crescer frondosa ... 242
47. Esahu, o médico ... 246
48. O escorpião no jardim ... 250
49. O alerta ... 254
50. A sementeira e a colheita ... 262
51. O pacto ... 268
Renascimentos dos personagens ... 275

Apresentação

Saudações, queridos leitores

Em suas mãos entregamos nossas histórias pregressas, das quais não nos orgulhamos, embora rendamos graças pela misericórdia amantíssima que nos permitiu aqui vir humildemente resgatar o passado, narrando e dando testemunho desse Amor que tudo pode!

Trazemos nossos erros, enganos, lutas e vitórias a fim de que, talvez, nosso exemplo fortaleça os irmãos que ainda guardam dúvidas em aderir à proposta de seguir na senda do bem e do amor, integrando as fileiras de trabalhadores da Seara do Mestre dos Mestres.

Todos somos viajores na trajetória do tempo, percorrendo caminhos diversos, parando em várias estações de aprendizado, nessa oficina-escola que é o planeta Terra. Sim, é preciso viver experiências que nos redimam e impulsionem nosso amadurecimento interior até a plena reintegração com o Criador.

Quantas lutas a enfrentar para vencer a nós mesmos, para quebrar a couraça das ilusões, admitir erros e repará-los, transformando orgulho em humildade, ódio em amor, semeando novos valores, sentimentos e atitudes, até finalmente aceitarmos o amor por direção única e o perdão como recurso de libertação e redenção!

Este trabalho resgata memórias longínquas, guardadas na imensidão dos séculos, de dramas vividos por um grupo de almas caídas que há muito caminham juntas buscando ascender e retomar o caminho para o seio do Criador, de onde um dia desejaram se apartar.

Na administração Divina todos merecemos oportunidades de renovação e crescimento, pois o Amor Maior assim o determina.

Procuremos não julgar nossos irmãos protagonistas de *O Sândalo e o Jasmim*, pois ainda somos almas imperfeitas e frágeis, oscilando entre a sombra e a luz. Acolhamos cada um deles com o coração embebido no bálsamo do amor e da compaixão, pois seus conflitos bem podem ser os de muitos de nós.

Lembremos as palavras do Mestre Jesus: "Atire a primeira pedra aquele que estiver sem pecado". Qual de nós poderia atirar a primeira pedra se conhecesse todo o seu passado?

Que Jesus inspire cada leitor a extrair das páginas deste livro o que de melhor possa ser útil a sua vida.

Recebam nosso fraterno abraço.

Paz e Bem.

Guias espirituais da obra **O Sândalo e o Jasmim**

1. O Despertar

Em um imenso templo edificado em outra dimensão, mais um dia de singular beleza surgia benevolente. A colônia espiritual era chamada Ashwattha, tendo sido construída ao redor de uma figueira cuja semente fora presenteada pelo Venerável Rama a seus fundadores.

Um homem de aparência nobre, conhecido como Chandan, se dirigia a um dos aposentos destinados ao repouso de convalescentes recém-resgatados da Cidade das Sombras. Lá repousava Nalini.

Sentou-se ao lado dela, olhando-a em grande expectativa, enquanto ela abria de leve os olhos e esboçava um tímido sorriso de gratidão, para novamente cerrá-los cansados, como se ainda não estivesse acostumada à suave luz matinal daquela cidade espiritual.

Ele se aproximava dela e dizia-lhe:

– Deixe-me dizer quem sou e por que estou aqui a seu lado. Por muitos anos, você esteve no reino das sombras, alienada por culpas que o implacável tempo irá curar no momento certo. Em breve, uma nova oportunidade de renascimento nos será oferecida. Assim como a água sempre corre para a água, mais uma vez correremos um para o outro, nesta nova oportunidade que o Senhor de todas as coisas nos dará.

E prosseguiu com determinação na voz, como se emitisse um comando:

– Devemos aceitar tal proposta de nossos mestres e protetores, porém não mais como um casal de tolos enamorados, inconsequentes e ignorantes da Lei Maior, mas sim como almas responsáveis, dispostas verdadeiramente a levar de volta à Fonte Criadora toda a nossa família espiritual. Os tempos finais se aproximam. Acorde e relembre quem você foi!

Ela se agitava em seu sono tardio, sentindo a vibração da voz de Chandan e de suas palavras poderosas. Em breve acordaria para dolorosas recordações...

A claridade suave do aposento permitia ao espírito de Chandan vê-la em sua forma mais frágil, lembrando-o dos primeiros anos de convívio apaixonado, em um antiquíssimo reino situado em parte na antiga Índia.

Nalini carregava feições sofridas, gravadas profundamente pelos anos de cativeiro ao lado de seu algoz, o também desventurado Nimit. Seus pulsos ainda traziam marcas das correntes que por longo tempo a mantiveram nas trevas, de onde a luz se retirava constrangida frente aos abusos e perversidades lá vigentes. As pálpebras contraídas e a musculatura tensa dos lábios mostravam que seu espírito ainda se mantinha preso nas malhas da dor.

Aquele templo, porém, em que se recuperavam almas caídas e escravizadas em si mesmas, era um foco divino de paz. Fora criado milênios antes por entidades oriundas do último afundamento da Lemúria e contava com a generosa atuação de servidores amorosos.

A bela e harmônica construção lembrava um santuário antigo e se erguia, suavemente iluminada, em meio à extensa cidade trevosa conhecida como Adharma, de onde Nalini pouco antes fora retirada.

Esse templo de amor e paz, por meio de seus trabalhadores, recolhia muitas almas em desalinho com a Lei Divina, reeducando-as para novas experiências. Pelas características de paz e bondade que emanava, afastava quase que por completo as grandes massas ignorantes que desejavam reaver aqueles que conseguiam ser ali acolhidos.

Com voz firme, mas de amorosidade ímpar, ele continuou:

– Nalini, minha amada Flor de Lótus. Os tempos são chegados e a luta se avizinha. De nós se espera a força, a coragem e o definitivo despertar da consciência, que ainda se encontra adormecida pelo desejo de vivermos apenas um para o outro. Basta de afastamento da Fonte Criadora. O mundo dos vivos nos aguarda e experiências salutares se aproximam. Será necessário, para esse enfrentamento, mais que o sentimento poderoso que seguidamente nos moveu um para o outro através dos séculos.

E prosseguiu, emocionado:

– Para as vindouras provas na carne, deveremos extrapolar nosso amor, expandindo-o, e não somente cultivá-lo para nossa própria satisfação. Este é o caminho da redenção humana. Nós e nossos companheiros de jornada somente sairemos vitoriosos na luta se nos apoiarmos em sentimentos mais elevados. Nossos erros redimidos serão a escada que nos guiará de volta ao Criador, de quem nos separamos pelo egoísmo. Abra os olhos, Princesa, e relembre nossa triste história. É hora de abandonar as trevas definitivamente e permitir que a luz da consciência se faça presente. Acorde e escute.

E por dias seguidos repetiu essa intervenção amorosa, até que a jovem despertou.

2 – O resgate

Naquele mesmo palácio de luz, dias antes do resgate de Nalini, um grupo de espíritos se reuniu em uma das muitas varandas acolhedoras. Estava-se alguns séculos antes de Cristo, embora os tempos desta história não sejam bem precisos.

A questão a ser ali tratada não era simples, apontava o sábio Kabhir, apreensivo. Provocar qualquer convulsão nas sombras em um momento tão crítico para a humanidade, à qual o amado Mestre dos Mestres, o Messias, seria conduzido em breve, seria imprudente.

O bem opera no silêncio e no amor. Chandan teria que agir com auxílio de poucos servidores, em contraste com os tempos em que vivera como rei e comandara milhares de soldados com apenas uma palavra. Desta vez, estaria praticamente sozinho.

Próximo dali, em uma extensa biblioteca, Chandan movia-se ansiosamente, aguardando o comando superior que o autorizaria a iniciar as operações de resgate da princesa, imantada desde seu desprendimento terreno às regiões inferiores por meio das próprias algemas mentais.

Fora alertado de que a operação exigiria extrema cautela, a fim de não chamar a atenção de espíritos ainda muito revoltados, e por isso perigosos, que buscariam a todo custo afrontar a pequena equipe e a colônia, criando dificuldades para a manutenção do clima pacífico que o nascimento do Messias exigiria.

Imerso em seus pensamentos, Chandan tentava mostrar calma e firmeza de propósito, porém os sábios que coordenavam a operação, principalmente Kabhir, conheciam seu coração e os gigantescos sentimentos que o imantavam profundamente a Nalini, bem como a seu maior desafeto: Nimit.

Tempos imemoriais haviam amalgamado essas almas que, vida após vida, se reconheciam e atraíam mutuamente, não importando a distância a que estivessem ou quanto o esquecimento trabalhado entre os reencarnes os fizesse abandonar as ressentidas memórias, preparando-os para novas experiências.

Era urgente uma investida rápida e silenciosa a fim de confundir Nimit e seus servidores, removendo Nalini o quanto antes, de modo a evitar represálias para além daquelas já previstas.

Chandan fora orientado a aproveitar o último tsunâmi do período, previsto a ocorrer três dias mais tarde. Juntamente com seu corajoso companheiro Janaka, além de dois desvelados trabalhadores de Ashwattha, aproveitariam a convulsão que a gigantesca onda provocaria, para subtrair Nalini ao doloroso exílio, que já durava quase um século.

Os poderes mentais de cada um seriam suas únicas armas, embora Chandan fosse autorizado a usar, em caso extremo, uma espada forjada por espíritos que não mais habitam as dimensões conhecidas. Da origem do metal quintessenciado e das inscrições nela grafadas nada se sabia, mas a bravura de Chandan o autorizava a empunhá-la se necessária à defesa da colônia e de seus trabalhadores. Em verdade, o temor que os espíritos trevosos tinham de Chandan era uma das armas mais eficazes de Ashwattha contra as inúmeras tentativas de ataque, que ocorriam de tempos em tempos sob o comando de Nimit.

No momento oportuno, eles partiram de Ashwattha, atenuando a força vibracional de seus corpos espirituais. Caminharam silenciosamente por estradas avermelhadas, circundadas por sombria vegetação e enormes muralhas que escondiam uma cidade formada por palácios menores, casas e também habitações mais pobres e improvisadas – construções, todas elas, edificadas na vã tentativa de parecerem imponentes.

Não pense o leitor que nessa região não havia transporte, comércio, vegetação, templos religiosos ou até locais de diversão. Sim, existiam. Tudo fora plasmado para afastar da luz os habitantes, cada um deles escravizado na própria mente obscurecida pelo apego à satisfação do ego. O processo, para além da obsessão, era o de completo aprisionamento mental. Cada um vivia para si e para satisfazer seus caprichos. Não há prisão maior do que viver dentro de si tendo por carcereira uma alma ignorante do bem.

O frio era constante, porém suportável para mentes fortes como as dos quatro homens.

Os milhares de habitantes caminhavam como autômatos pelas avenidas escuras, procurando locais compatíveis com seus padrões vibratórios, tão destoantes daqueles de Ashwattha. Portavam roupas pesadas e escuras, adornadas com penas, peles e brocados de triste mau gosto. Nos trajes mesclavam-se estilos de épocas díspares, já que os espíritos ali aprisionados pelo próprio campo mental já estavam por quase três mil anos habitando a cidade sombria.

Curiosamente, não havia grandes atritos entre eles; apenas uma gigantesca ignorância do bem. A obediência e a servidão eram asseguradas por leis severas e regras absurdas, cujo único propósito era reforçar em cada mente a ideia de que a verdadeira vida é a do domínio sobre os fracos, além da preocupação consigo mesmo.

O culto ao ego, ao personalismo, ao orgulho de casta e de pretensos saberes era característico em todas as almas. Com frequência ocorriam disputas pelo poder, sendo o favorecimento político uma prática constante.

Percebia-se, contudo, uma agitação estranha e uma inquietude crescente pairando no ar, e essas vibrações densas foram captadas de imediato pelos homens responsáveis pela busca de Nalini.

Aos poucos, os quatro trabalhadores compreenderam o

motivo de estarem aquelas almas buscando um modo de proteger suas casas, utilizando para isso formas mentais precárias que se prestavam a selar as portas e janelas, além de magnetizar o piso para mantê-lo firme, visto que em muitas construções já haviam cedido visivelmente. Eles pressentiam a atemorizante onda se formar no astral.

Sabia-se que após a passagem dos tsunâmis cada qual se organizava para reconstruir a própria moradia, à medida que encontrava disponível a densa matéria mental, comercializada por Nimit e seus asseclas, matéria esta cada vez mais rara.

Muitas almas, esvaídas em energia após cada processo de higienização trazido pelas águas, eram empurradas para locais mais pobres e desorganizados, situados em regiões mais afastadas, facilitando assim a ação do bem em abordá-los para que fossem encaminhados e socorridos pelos trabalhadores de Ashwattha.

Os quatro corajosos trabalhadores chegaram então a seu destino e se dirigiram aos calabouços, onde fizeram adormecer, por via hipnótica, os carcereiros ali presentes. Chandan mais tarde entenderia o motivo pelo qual dois soldados tão fracos e sem a menor resistência mental haviam sido escalados para a guarda da jovem.

A hora exata para tal ação era aquela; cem anos haviam transcorrido até que a autorização fosse dada e Chandan pudesse interceder em favor de Nalini, cujo campo mental se limitava às frequências que convinham a Nimit. Quebrar tal imantação era processo complexo, visto ter sido forjado na própria vontade de ambos os espíritos.

O estado agitado de Nimit, frente aos eventos cataclísmicos que se aproximavam, levou-o a ocupar-se de outras questões além do cativeiro de Nalini, dando assim margem para que o grupo agisse naquele preciso momento. Os quatro homens sabiam que a prisão energética criada entre ambos estava fragilizada pela aproximação do tsunâmi, que desta vez prometia ser gigantesco, alcançando cerca de mil metros de altura. Tal evento mobilizou todos os servidores do mal na contenção do castelo de seu líder, e assim a vigilância sobre Nalini se debilitara.

Alcançar Nalini não foi tão difícil quanto desligá-la vibracionalmente dos laços criados entre ela e Nimit, frutos da ira e da revolta, visto terem sido construídos ao longo de sucessivos séculos de mútua perseguição. Rapidamente os servidores que acompanhavam Chandan realizaram operações mentais complexas, que enfraqueceram temporariamente as algemas magnéticas, permitindo a remoção de Nalini para Ashwattha.

Desfalecida, foi carregada por Chandan e, durante todo o trajeto de retorno, foram estranhamente ignorados pelos habitantes angustiados, que os confundiram com exilados que buscavam abrigo frente à parede de água que se acercava.

Chandan, olhando para o alto, já avistava imensas naves iluminadas, iniciando o processo de plasmagem de um gigantesco oceano nas cercanias da cidade, dando assim algum tempo para aqueles que, já exauridos no próprio mal, desejassem pedir ajuda sincera. Outras equipes iriam recolhê-los oportunamente.

Tão logo adentraram os portões de Ashwattha, as marcas das algemas nos pulsos de Nalini se tornaram mais evidentes. Um estado de alienação e pavor, aliado a completa perda de memória, tomou conta daquela mente fragilizada pelos anos de cativeiro. Entrou em estado de profundo torpor, preocupando seus resgatadores.

Durante quase oito dias, Chandan velou por Nalini sem descanso, aplicando-lhe energias curadoras e qualificadas pela prece em forma de mantras, em um idioma já esquecido. Kabhir e Kanti, dois espíritos amigos de ambos, dividiam com ele a preocupação com Nalini e auxiliavam seu processo de recuperação durante o sono.

Todos eles, diretamente, faziam parte da mesma história, hoje perdida nos milênios. Sabiam, silenciosamente, que a força que ligava suas almas por meio das próprias ações era imorredoura.

3. Tomba o majestoso carvalho

Nos dias anteriores ao resgate descrito, Nimit, sentindo as vibrações dos espíritos benfeitores que oportunamente também o recolheriam, confinou Nalini em um aposento afastado e sem comunicação, acorrentada e vigiada por dois soldados.

Afirmava a si mesmo que não iria perdê-la novamente para Chandan, para os benfeitores de Ashwattha ou para quem quer que se apresentasse a ele nos confusos sonhos que vinha tendo.

Não aceitaria que Nalini se reintegrasse ao seio do Criador através do processo evolutivo. De forma nenhuma! Ele que se contentasse com as demais mulheres do Universo, pois aquela lhe pertencia. Muitas vezes, porém, Nimit sentia o hálito divino, que soprava em tudo, tocar-lhe o coração empedernido, vivenciando mesmo algum remorso...

Durante o sono, pois os espíritos também necessitam de repouso, e após exaustivas batalhas nas trevas, ele era levado a' outras paragens, onde instrutores caridosos pediam o despertar de sua consciência, relembrando-o do processo evolutivo do qual todos fazemos parte e que não mais poderia ser por ele adiado.

O próprio mestre Kabhir, em várias oportunidades, deixava Ashwattha e rumava à cidade trevosa, onde, quase invisível aos olhos de seus habitantes, ia até Nimit, cujo corpo espiritual estava inerte em seu trono.

– Nimit, a hora final se aproxima para todos que se desviaram do caminho. Nosso arrependimento é uma benção e um lenitivo, sempre considerado pelo Pai. Você, Nalini, Chandan e eu mesmo somos frutos de uma mesma árvore, cujas profundas raízes remontam a tempos imemoriais. Abandone as trevas em que está e peça ao Criador supremo que lhe conceda paz. Liberte Nalini e permita que ela venha a Ashwattha, onde nos reuniremos na Luz, na verdade e na busca do verdadeiro amor.

Nimit se agitava após esses encontros e despertava desgostoso de tudo. Sentia uma tristeza e um vazio incomensuráveis. Lentamente, seu corpo espiritual, impregnado ainda de vícios e perversidade, se recompunha. Acreditando-se senhor de si mesmo, o infeliz praguejava:

– Jamais me renderei para esse Deus que não temo. Não renunciarei a nada! Afaste-se de mim, feiticeiro, ou novamente atacarei a maldita colônia. Que me importa resgatar erros? Isso é para os fracos e para os que sentem culpa.

Contudo, por dias Nimit também vinha sentindo uma estranha vibração no pesado ar que o circundava, como se a contenção do mal que lá reinava se intensificasse por forças desconhecidas. Sabia em seu íntimo que as entidades das trevas continuariam trancafiadas e vigiadas nos submundos por mais alguns séculos, até que o Cordeiro trouxesse sua mensagem ao mundo.

Após esse período de isolamento que, já se sabia nas trevas, duraria mil anos[1], Nimit planejava um reinado de poder absoluto, cujas garras ultrapassariam o próprio planeta. Sim, em sua mente enferma ele seria um monarca cujos domínios não teriam limites. Pensava, irônico:

– Quanto tempo duraria o reinado do Cordeiro? Dez, vinte, trinta anos? E depois? Que homens encarnados dariam continuidade às tais mensagens de amor e esperança que ele traria?

Afinal, pensava, os homens, nas trevas ou na Terra, eram

[1] Ver a obra *Francisco de Assis* (capítulo "Uma cidade diferente"), ditada por Miramez e psicografada por João Nunes Maia (Editora Fonte Viva).

quase todos covardes e não havia por que se inquietar por qualquer mensagem trazida pela Luz, principalmente se esta, como haviam profetizado, orientasse todos a se amarem como irmãos, filhos de um único Pai, além de pregar a caridade e o perdão.

– Não – concluiu. – Tais mensagens jamais seriam acatadas em parte alguma.

A missão de amor do Cordeiro, portanto, não incomodava a Nimit, pois acreditava que já estava fracassada de antemão. Não compreendia o motivo de tamanho empenho dos servos da Luz para conter o mal nos tempos que antecediam o nascimento daquele ser que, diziam, era pura luz e puro amor.

Nimit, Nalini, Chandan e Kabhir, já conheciam a proposta do Cordeiro, pois já haviam estado pessoalmente com Ele pouco antes do terceiro exílio que lhes fora imposto. Haviam se comovido sinceramente com as promessas que aquele ser de amorosidade inimaginável lhes fizera. Ele prometera que jamais os abandonaria, chamando-os à luta redentora através do amor e do trabalho constante de si mesmos.

Junto a eles, quedaram-se para o exílio na Terra, último reduto de rebeldes e de seus líderes, outros tantos bilhões de almas. Todas foram abordadas amorosamente por Jesus pouco antes de aportarem na Terra, banidas de seus planetas[2] pelas iniquidades cometidas. Ele as havia preparado para nascerem junto aos povos esquecidos do sul. Mas isto é outra história...

Todos os dirigentes das sombras, incluindo Nimit, sentiam-se fraquejar em seu poder e influência sobre a Terra, o que reduzia em muito as possibilidades de qualquer ataque aos prepostos do Cordeiro.

Inúmeras vezes Nimit testemunhara irado as tempestades, terremotos, erupções vulcânicas e indescritíveis tsunâmis varrerem as escuras terras que habitava no astral. Logo em seguida a tais eventos, caravaneiros de Ashwattha e outras colônias recolhiam um infindável número de almas, encaminhando-as a outros planetas ou para o retorno à vida encarnada, a fim de se reajustarem à Lei Divina por salutares renascimentos, ainda que marcados por vivências dolorosas.

Com ele, jurava, seria diferente. Não cairia mais nas gar-

[2] Ver as obras *Atlântida: no reino da luz* e *Atlântida: no reino das trevas*, de Roger Bottini Paranhos (**EDITORA DO CONHECIMENTO**).

ras dos odiados trabalhadores da Luz. Não se permitiria fraquejar nem ser abordado pelos servos do Cordeiro.

Há muito dominava as regiões escuras, tendo construído por meio do poder de seus magos escravizados um verdadeiro feudo de pavorosas proporções, conhecido como Adharma. Ali, continuava a exercer o mesmo poder de que temporariamente dispusera enquanto estava encarnado.

Ele não ignorava que a consciência pulsava em cada ser, ressoando a voz do Supremo Criador por meio de sua Lei, mas ainda assim abusava da manipulação mental de seus escravos, tentando neles obscurecer a manifestação divina. O afastamento revoltoso da Fonte Criadora sempre gera crises na criatura, pois o processo evolutivo é uma lei imutável e foi planejado pelo Pai para que fluísse constante. Cessar tal movimento era impossível para qualquer espírito e, mesmo mergulhado nas trevas em que se encontrava, Nimit estava de alguma forma abarcado pela mesma espiral evolutiva. Apenas escolhera o caminho mais pedregoso. O despertar, com certeza, viria a seu tempo.

O antigo rei, infeliz e emocionalmente ferido, reconhecia estar, cedo ou tarde, condenado ao exílio em outros orbes, mas desejava carregar consigo o maior número possível de consciências para mantê-las ainda mais afastadas do processo de reintegração ao Criador. Escolhera reinar por si e para si. Escolhera ser cruel e exibiria a todos seu mais precioso troféu: Nalini, que, ainda na Terra, se consorciara a ele. A jovem era conhecida nas trevas por realizar grandes feitos de magia manipulando matéria escura, plasmando assim o que desejasse.

Nimit não imaginava que seus dias de afastamento do Pai estavam contados e que muito em breve, considerando o tempo do mundo extrafísico, seria mais uma alma arrebatada pela bondade maior que envolve todos os seres.

É a Lei.

4. O perfume do sândalo

Voltemos no tempo, quando esses espíritos ainda habitavam o corpo físico, a fim de conhecermos um pouco mais sobre eles.

Que homem radiante se tornara Chandan nos seus trinta anos, a idade que tinha quando conheceu – ou melhor, reconheceu – a jovem Nalini.

Era um rei amado, cuja trajetória se forjara em meio a vitórias audaciosas, defendendo seu precioso reino frente a invasores desejosos de apoderar-se das riquezas abundantes, sendo a maior delas a própria terra fértil. Seu povo era determinado e muito dedicado ao trabalho.

Chandan era filho mais velho do rei Amendhara. Tinha duas irmãs, filhas de outras consortes reais.

Seu reino, que remontava às sombras dos tempos, era próspero, fértil e belíssimo, não só pela posição geográfica privilegiada, mas também porque fora bem administrado desde os tempos do bisavô de Chandan, que contava com a colaboração política de conselheiros dos reinos vizinhos, trazendo progresso e paz a todos. Embora fosse um território de extensão significativa, situava-se escondido entre densas florestas, fora do alcance de invasores do período em que se passa esta história.

O rei Amendhara adoeceu repentinamente, morrendo quando Chandan tinha quinze anos – idade adulta para a época –, sendo este obrigado a assumir os deveres da coroa desde então. Sua mãe, sempre doce e cuidadora, morrera anos antes, deprimindo bastante o soberano Amendhara.

Com receio de não assegurar o respeito dos reinos vassalos, o jovem rei casou ambas as irmãs com príncipes importantes dessas terras, que ajudariam a manter as alianças intactas. Ele mesmo desposou uma princesa de um reino vizinho, quase tão grande quanto o seu, cujo rei Nimit era conhecido pelo destemor e crueldade nas batalhas.

Chandan havia sido primorosamente educado. Conhecia os idiomas e as letras dos reinos amigos, tocava diversos instrumentos, conhecia astronomia e matemática e cantava poemas majestosamente.

Além de tais predicados, era exímio guerreiro, tendo aprendido muitas táticas militares e o uso de várias armas, destacando-se no arco e flecha.

Certa vez, acertou de imensa distância uma ânfora colocada em uma das janelas dos aposentos do rei, que não se conteve em orgulho pelo filho ao saber da proeza.

Cultivara também a arte da diplomacia com as melhores lideranças de sua época. Destacava-se ainda pela habilidade na lógica e oratória, aprendidas com homens togados vindos de distantes nações. Tais filósofos haviam sido convidados por Amendhara para viverem em seu reino, visto que eram perseguidos por suas ideias em suas pátrias de origem.

Chandan era próximo de seu povo e de seus soldados, vivendo inclusive algum tempo entre estes, renunciando a seus luxuosos aposentos. Ele mesmo, quando em batalha, enfrentava os mais terríveis generais em embates corpo a corpo, regozijando-se com a vitória sobre o inimigo. Firmou-se assim em sua supremacia como rei.

Na vida adulta, o jovem tornou-se um homem exuberante, alto, muito forte. Sua barba era deixada à moda dos antigos reis, levemente cerrada e com bigode bem tratado. Os cabelos eram negros e ondulados, em algumas épocas alcançando seus largos ombros. O sorriso era encantador, decorado por belos dentes. Seus olhos, da forma de amêndoas, eram profundos e podiam perscrutar os pensamentos mais íntimos de qualquer ser.

As moças da escola, estimuladas por Rahela, a governanta, diziam que aquelas que o mirassem diretamente nos olhos poderiam passar o resto da vida assoladas de paixão insuportável. Tal crendice era estimulada pelos soldados e demais mulheres, que teciam histórias fantasiosas em que o rei era personagem principal e o grande herói conquistador.

Dizia-se que se transformava em águia ou pavão, seduzindo as moças desprevenidas. Outros contavam que o mago Kabhir lhe dera uma poção que permitia que se transformasse em macaco, tigre ou um invencível elefante, podendo assim caminhar livremente pela floresta, embora seus olhos sempre fossem reconhecíveis.

A voz era harmoniosa quando cantava, mas podia afugentar uma manada de búfalos quando estava raivoso, o que não era fato muito incomum.

Seu apreço por batalhas só perdia para seu gosto por mulheres, que eram encaminhadas ao palácio ainda jovens, trazidas por reis e nobres vizinhos como prova de amizade e solidariedade entre os reinos. No entanto, Chandan jamais forçara uma jovem a usufruir de sua companhia e preferia as mais maduras, por também dominarem as artes da dança e da conversação.

Que pensar, hoje, desse remoto período, em que as meninas eram prometidas já nos primeiros dias de vida a maridos descomprometidos de qualquer envolvimento afetivo? Casadas muito precocemente, restava-lhes conformar-se a uma vida de rotinas medíocres, repleta de sofrimentos. Outras tantas, na adolescência, eram entregues para serem escravizadas por outras famílias. Sorte, pode-se dizer, tinham as poucas que eram levadas ao palácio, onde disporiam de estudo e proteção e, quem sabe, a chance de contraírem casamento com algum funcionário ou nobre que se apaixonasse por elas quando atingissem idade núbil.

A principal condição para ingresso na Escola Real era que seus mapas natais fossem lidos e aprovados pelo astrólogo real Kabhir, cuja fama de mago, médico e feiticeiro corria por todo o reino. Somente mulheres com determinada configuração astrológica poderiam servir no palácio – e Nalini seria uma delas.

Aos quinze anos, Chandan se casou com Kalanthara, que já tinha vinte e cinco anos e, tendo perdido seu desejado pretendente Harit, tivera dificuldades em encontrar outro esposo.

A jovem rainha era inteligente e observadora, tendo por principal atributo uma carta natal recomendável, além do hábito da quietude e introspecção. Era a irmã mais velha de Nimit e, para firmar uma aliança irrevogável entre os reinos de ambos, o casamento se efetivou. O império então se agigantou ainda mais e os dois reis se tornaram solidários.

Kalanthara não se importava com as frequentes visitas do marido às mulheres da corte, fazendo, até certo ponto, pouco caso de tais arroubos de Chandan. Seu único desejo era gerar um filho para o rei e posteriormente recolher-se em algum templo, estudando e meditando até o fim de seus dias. Na ânsia de viver tal recolhimento o quanto antes, sentia muitas vezes estar grávida, o que sempre, em pouco tempo, revelava-se um equívoco.

Era saudosa do amado que morrera anos antes, atingido por flecha envenenada em uma batalha.

O rapaz, que se chamava Harit, não nascera para a guerra e sim para os estudos, a música e a poesia. Embora de família nobilíssima, era um misantropo, mas amava Kalanthara e ambos se entendiam por completo.

Nimit, sempre vaidoso e orgulhoso, o obrigou a tornar-se um guerreiro, dizendo que somente assim consentiria que se casasse com sua irmã, plano este interrompido pela morte.

Kalanthara, após casar-se com Chandan, era assombrada pela possibilidade de ser estéril, pois circulavam notícias de que o rei já tivera filhos ilegítimos, devidamente enviados para bem longe do reino se nascessem meninos, embora tais relatos nunca fossem confirmados.

Chandan comparecia mensalmente aos aposentos de Kalanthara para garantir a descendência. Ainda que o fizesse por obrigação marital, respeitava a consorte e a tratava com carinho e respeito sempre que estavam juntos.

A rainha lhe contara inclusive sobre o amor que sentia pelo noivo, morto anos antes, e sobre a tristeza constante que sofria, desejando recolher-se para algum monastério assim que gerasse um herdeiro.

O rei não se importava com o fato de Kalanthara não nutrir por ele um amor de esposa. Até mesmo a consolava com palavras sinceras, condoído pela morte de seu verdadeiro amor, infortúnio que a fizera perder o viço muito jovem.

– Nunca quero amar ninguém, Kalanthara – dizia Chandan. – Vejo apenas sofrimento em tais sentimentos. Assim que nosso herdeiro for gerado, você poderá retirar-se para o templo que escolher. Enquanto isso, mensalmente, sob instruções de Kabhir, virei visitá-la, se não se importar.

– Sim, Chandan. Nossas conversas são muito preciosas para mim. Sou grata por me permitir a sinceridade e por não precisar esconder meus sentimentos verdadeiros.

O jovem rei, porém, jamais se firmou na fidelidade à esposa, hábito desconhecido dos homens na época. Não era incomum observar, em plena madrugada, saírem de seus aposentos algumas das mulheres da famosa escola. O próprio Kabhir, médico real, supervisionava as candidatas em seus atributos astrológicos, impedindo que o rei se envolvesse com qualquer mulher cuja carta natal apontasse para alguma tendência, ainda que remota, ao desatino, loucura ou feitiçaria.

Tão logo fora trazido ao reino pelo pai de Chandan, o mago Kabhir confeccionou para o príncipe, ainda menino, um amuleto feito de turmalina verde e rosa, com o desígnio de fortalecê-lo e protegê-lo de feitiços.

Kabhir responsabilizava-se também pela manutenção da escola, por seu currículo, pela contratação de professores e por trazer outras jovens dos reinos vizinhos.

Raramente as futuras alunas eram escolhidas antes de nascerem, mas exigia-se que proviessem de famílias nobres. A escolha seguia rituais de predição baseados na posição das estrelas, que só eram conhecidos por Kabhir.

O mago, quando informado que alguma nobre engravidara, consultava os astros, sabendo exatamente o sexo da criança e seus atributos astrológicos. Desta forma, Nalini foi escolhida, ainda no ventre materno, para se tornar uma das mulheres da Escola Real.

Kabhir sabia que o rei, necessitando momentos de serenidade longe dos campos de batalha, preferia usufruí-los ao lado de jovens especificamente selecionadas para lhe fazerem companhia, incluindo entre seus deveres: os de cantar, recitar, tocar instrumentos e contar histórias de seus reinos.

A união física entre o rei e qualquer das alunas da escola dependia de anuência mútua, visto que ele fora orientado por Kabhir e pela própria esposa Kalanthara a jamais obrigar qualquer jovem a ceder a seus encantos. Contudo, era comum que algumas delas investissem redobradas atenções ao rei, na ânsia de agradá-lo e, principalmente, alcançar um dia a condição de favorita, posição esta jamais antes ocupada.

Cabe dizer que a única recomendação dada àquelas escolhidas para visitarem o rei era que não fitassem diretamente seus olhos e nem fizessem perguntas capciosas de nenhuma espécie. Divertir-se com o soberano e entretê-lo com música, histórias, poesias e eventualmente com seus atributos físicos eram as principais funções destas jovens.

Havia uma escola similar para os meninos – a Escola de Guerra –, também com rigores de seleção, mas o astrólogo Kabhir não se envolvia nela, sendo coordenada por Janaka, o fiel amigo do rei.

Chandan sentia-se desmotivado para o amor. Experimentava no fundo da alma uma sensação de que amava algo, alguém..., mas não sabia quem ou o quê. Enquanto isso, reinar e passar algumas horas com as mulheres da Escola Real ou da Casa Amarela eram-lhe suficientes.

– Viver somente no campo de batalha ou entre os nobres e soldados é entediante, Chandan, e endurece a alma para as necessidades do povo – dizia seu pai quando vivo. – A companhia de mulheres dulcifica nosso coração e nos faz mais sensíveis ao sofrimento alheio. Aprenda com elas.

5. O botão de jasmim

Naquela manhã, Rohana, a futura mãe de Nalini, sentia-se novamente indisposta e Udesh, seu esposo, pediu aos serviçais da casa que levassem os filhos, um menino e uma menina, para brincarem nos jardins, deixando assim a mãe repousar por algumas horas.

A bela e animada casa em que viviam indicava que eram ambos de famílias nobres, descendentes de príncipes vassalos, embora vivessem sem ostentação. O casal era, portanto, da realeza, mas por serem os filhos mais novos de longa prole, não usufruiriam do comando de seus reinos; apenas dos títulos de príncipe e princesa reais.

Nada lhes faltava e, apesar de viverem um casamento arranjado, muito se amavam, estendendo esse amor aos filhos.

Os servos eram bem tratados e os animais bem alimentados, vivendo próximos da casa, situada em meio a verdejante floresta nas montanhas, cuja deslumbrante beleza marcaria Nalini por muitas vidas.

Rohana já estava grávida de quase seis meses quando os elefantes, reconhecidamente do palácio de Chandan, se aproximaram de sua aldeia. Os funcionários reais que ocupavam postos no local se agitaram e correram a avisar Udesh que mensageiros do palácio chegariam em breve. Nem uma hora se passou e de uma pequena liteira desceram o astrólogo real Kabhir e dois funcionários: um homem e uma mulher.

Kabhir saudou a todos formal e respeitosamente.

Udesh reparou que o visitante era sóbrio e elegante. O futuro pai então aprumou-se todo, sentindo uma ponta de inveja da postura esguia de Kabhir, em contraste com a barriga não pouco saliente que já lhe sobressaía das vestes. Notou ainda não ser possível precisar a idade do mago. Poderia ter trinta, quarenta ou mesmo sessenta anos! Era fruto de feitiçaria, sem dúvida, pensou.

Kabhir tinha olhos de um azul metálico profundo, que mal podiam ser mirados, sendo certamente um estrangeiro oriundo de país longínquo, que fora trazido a peso de ouro pelo falecido rei Amendhara.

O mago conhecia seu próprio poder e a impressão que causava nas pessoas, não dando muita importância a saudações delongadas. Dirigiu-se respeitosamente a Udesh, sem, porém, tirar os olhos do ventre de Rohana.

A gestante, incomodada, desviou seu olhar do mago e, apoiando as mãos sobre o baixo ventre, sentiu pontapés do bebê, que se agitava na presença do visitante.

Sem delongas, Kabhir informou aos pais que eles teriam a honra de trazer ao mundo uma criança que seria criada no palácio real e que, a partir daquele momento, qualquer coisa que acontecesse com o bebê os faria ser imediatamente presos e ter seus filhos vendidos como escravos, ainda que pertencessem a famílias reais.

Dirigindo-se a Rohana, disse friamente:

– Não há motivo para sua tristeza. Virão ainda mais dois filhos além da que está por vir. Contente-se com eles. A menina que carrega no ventre pertence ao palácio e deverá ser levada quando completar sete anos. Não existe vínculo entre vocês; portanto, não há por que sofrer. Deixarei aqui esta parteira, que cuidará do nascimento e me manterá a par da saúde de todos. Dê-lhe o nome que melhor lhe aprouver, visto que sei como seu espírito se chama e através deste nome é que me comunicarei com ela. Não amamente a criança, pois para isso uma ama de leite será enviada. Quando a menina completar três anos, este professor, que desde já será seu hóspede, iniciará sua educação no idioma do grande reino.

E concluiu:

– Não se afeiçoe nem se apegue a ela, pois o destino que a aguarda é servir a casa real. Deixo aqui um pequeno tesouro para que nada lhes falte. Em breve mandarei alguns soldados que vigiarão estas paragens, impedindo que malfeitores se aproximem.

Virou então as costas e desapareceu na paisagem distante da mesma forma que chegara, deixando o ambiente perfumado de mirra – a rara resina – e de devadara – o sagrado cedro –, aromas que permaneceriam por dias em toda a casa.

A sensação familiar, era de desolação e surpresa, porém algo se transformou no coração de Rohana. Uma revolta começou a crescer desmedidamente e passou a desprezar a criança ainda no ventre, ao mesmo tempo em que permanecia em perigoso diálogo mental. Por que aquela criança um dia usufruiria de uma vida palaciana, enquanto ela, uma descendente dos mais nobres fidalgos, viveria naquelas montanhas, isolada de todo o mundo?

Sentia-se repentinamente presa a uma vida medíocre, embora cercada de filhos e de um marido afetuoso, mas de certa forma de pouca ambição.

O parto foi para Rohana quase um alívio. Não amamentou nem segurou a filha ao nascer, limitando-se a chamá-la de Nalini, que significa flor de lótus, como prometera à mãe que faria, caso tivesse mais de uma filha.

A mãe de Rohana, uma princesa muito formosa, havia sonhado, quando a filha estava ainda nas primeiras semanas de gestação, que uma flor belíssima pulsava em sua barriga, perfumando todo o ambiente. A avó de Nalini acreditou ser este um excelente presságio e pediu à filha grávida que desse ao bebê esse nome: Nalini, a Flor de Lótus.

Nos primeiros dias após o nascimento, uma aia foi trazida de uma aldeia próxima para amamentar e cuidar da criança recém-nascida, que foi praticamente ignorada pela mãe.

Nalini cresceu muito só, sendo impedida de brincar com seus irmãos para que não se apegasse a eles e criasse problemas no momento da separação.

O pai sentia verdadeiro afeto pela filha e, penalizado pelo isolamento da pequenina, brincava com ela sempre que conseguia. Quando Rohana descobria, ficava enfurecida com o esposo e o acusava de não ser firme.

Mais duas crianças saíram do ventre de Rohana e os seis familiares chegaram a formar um clã feliz, usufruindo de refeições alegres e brincadeiras nos jardins da casa. Nalini, entretanto, permanecia quase sempre sentada na varanda, ao lado da aia, apenas observando a família feliz e sem entender o que se passava. Começou a acreditar ser invisível e que a aia e o professor eram fantasmas.

Tinha alguns amigos imaginários e conversava com eles, que lhe recomendavam paciência e ânimo. Nalini era extremamente madura para sua idade e não chegou de fato a dar trabalho à família. Era mais um bibelô da casa do que uma criança ali gerada.

Via, à noite, uma mulher velar seu sono, sentada em sua cama. Era um ser belíssimo, de longos cabelos e um véu transparente a cair-lhe sobre tranças volumosas.

– Sou Mali, minha querida Nalini. Nada tema; estarei sempre a seu lado.

Um dia a menina adoeceu seriamente, com febre tão alta que chegou a assustar sua aia, bem como seus pais, que temiam represálias de Kabhir.

Naquela mesma noite, Nalini sonhou que era visitada por um homem de belas feições que usava um pesado colar contendo uma imensa pedra negra e brilhante. Ele vestia manto púrpura, bordado com figuras que ela não sabia descrever se eram elefantes, serpentes ou flores. Os olhos extremamente azuis do visitante a hipnotizaram e ela não conseguia desviar deles seu olhar.

– Salve! – disse-lhe o estranho. – Não se sente bem, Princesa? Sou Kabhir e vim curá-la de sua febre, que poderia levá-la para o mundo dos mortos muito antes do tempo e afastá-la de seu brilhante destino. Nenhum de nós é insignificante e quando deixamos o mundo antes do tempo causamos grande impacto na vida de alguns, afetando assim o futuro de todos.

Aprenda isso, Nalini. Você está destinada a gerar uma descendência que mudará o rumo destas terras. Todos estamos interligados, Princesa!

E prosseguiu:

– Afastarei os espíritos que desejam reavê-la, mas deve me prometer que daqui em diante encontrará alguma alegria, pois, do contrário, adoecerá novamente pela tristeza, que comprometerá aos poucos seus ainda frágeis centros energéticos.

Nalini compreendia absolutamente tudo o que aquele homem lhe dizia. Conhecia-o, temia-o até, porém não sabia dizer quem ele era. Em seu sonho, recebeu passes magnéticos e bebeu um líquido adocicado que ele lhe ofereceu.

Na manhã seguinte estava curada, para alívio da aia e de seu pai, porém algo mudara em seu coração. Parecia que estivera lutando durante dias contra as forças do mal que tentavam destruí-la. Uma sensação de dever e resignação invadiu-lhe o espírito.

Muitas vezes Nalini ficava absorta olhando a floresta, como se aguardasse algum visitante trazer fim à monotonia de seus dias de infância.

Seu professor, paciente e gentil, ensinava-lhe as primeiras letras do idioma do grande reino, além de outros conhecimentos importantes que a mente privilegiada de Nalini demandava.

Na semana em que completou sete anos, as chuvas eram intensas, dificultando o trajeto dos elefantes da comitiva real que viria buscá-la. A família até acreditou que ela havia sido esquecida, o que aumentou o rancor de Rohana.

A mãe não permitia que nenhum dos irmãos brincasse com Nalini e só não maltratava a criança por temor a Kabhir.

– Aia, por que minha mãe e meus irmãos não gostam de mim? – Desejava perguntar isso ao pai, à mãe, ao professor, porém algo maior que a curiosidade lhe impunha um silêncio resignado.

A aia não respondeu; apenas passou a mão nos cabelos da menina e sorriu, como a dizer-lhe que ela não entenderia os motivos da mãe.

Nalini era uma bela criança, sem dúvida. Tinha olhos castanhos e traços delicados que lembravam a avó materna. Os cabelos eram fartos e sedosos, de um castanho profundo. Tinha sobrancelhas que seriam, no tempo certo, bem delineadas. As mãos e pés eram muito bem desenhados. Seria mais alta que a maioria das mulheres, sem, porém, perder a graça. Percebia-se nela, através do olhar intenso e perscrutador, um espírito antigo, sagaz e muito resistente às tempestades humanas.

Várias vezes seu professor foi obrigado a buscar conhecimento com outros mestres de reinos vizinhos, pois a menina tinha perguntas para tudo, nunca satisfeita com as respostas. Muitas vezes, o próprio instrutor se interessava pelos pontos de vista da pequena e se espantava com a profundidade de suas ponderações.

Certa manhã, pouco tempo após cessarem as chuvas, e para alívio de Rohana, um mensageiro chegou à casa da família trazendo roupas para a menina.

– Preparem-na e vistam-na com estes trajes. Mestre Kabhir virá buscá-la em três dias.

O pai, contrariado e bem triste com a partida da filha, presenteou-a com uma pequena boneca feita de tecido colorido e fibras, que ele mesmo confeccionara. Sentia-se já imensamente saudoso dela, pois sabia em seu coração que nunca mais a veria.

– Quais pecados cometi para passar por tamanho sofrimento? – queixava-se Udesh. – Os deuses me deram uma filha tão linda para tirá-la tão cedo de minha vida... Que sofrimento esta criança passou desde seu nascimento... Protejam-na daqui em diante e concedam-lhe momentos de pura felicidade onde quer que ela esteja.

Udesh chorou todas as lágrimas represadas nos sete anos em que esteve apartado da própria filha pela esposa endurecida. Rohana lançou-lhe um olhar de repreensão e desprezo. Ordenou à aia que aprontasse a menina a tempo e que aguardassem na varanda a chegada da comitiva.

Ao chegar, Kabhir encontrou Nalini sentada com a aia e o professor sob uma sombrinha de seda e palha. Vestia o traje vermelho de seda pura que ele encaminhara e transpirava profusamente.

Rohana e Udesh os receberam secamente.

Kabhir, vendo a criança transpirando em demasia e com sede, lançou um olhar tão severo para Rohana, que esta imediatamente começou a sentir-se mal. Um sangramento inexplicável começou a fluir por todos os seus orifícios e só cessou quando Kabhir e a comitiva se afastaram do pequeno reino, em cujas paisagens Nalini nunca mais se rejubilaria. Um aroma misto de mirra e cedro perseguiria Rohana até o fim de seus dias. Sentiria autêntica aversão a tais odores por muitas vidas ainda.

– Aia – disse Kabhir –, refresque-a com água e dê-lhe de comer. A viagem será penosa.

– Senhor, a menina mal se alimenta desde o nascimento. A mãe, temerosa que ela sofresse com algum veneno, só permitia que se alimentasse de pouquíssimas frutas, água de coco, leite e mel. Nalini acostumou-se a não se alimentar.

Kabhir então pousou seus olhos sobre a criança, já pálida pela desidratação que se avizinhava e ordenou, em um idioma já esquecido:

Coma o que lhe for trazido.
Beba a água que lhe for ofertada.
Toda a fome que tiver
para sempre será saciada.

Nalini, diferentemente dos demais, compreendeu aquele comando e alimentou-se o bastante para enfrentar a longa viagem, caindo depois em pesado sono, só acordando quando restava pouco tempo para chegarem ao grande reino.

6. Florescendo entre as pedras

A vista do palácio real era extasiante. Nada se comparava ao esplendor da belíssima construção no pôr-do-sol. Era como se o vermelho-alaranjado das pedras gigantescas e as colunas douradas se mesclassem ao céu rosado, rasgado pelos raios solares, compondo uma visão extraordinária.

Kabhir voltou-se para Nalini e disse-lhe gentil, talvez pela primeira vez:

– Este será seu lar até o fim de seus dias. Você encontrará aqui a mãe que necessita e as irmãs que nunca teve. Alegre seu coração e aguarde pacientemente o momento de ser apresentada ao rei.

Lágrimas caíram imediatamente de Nalini, como a antever novos sofrimentos a aguardá-la no palácio. O ar começou a lhe faltar e por alguns segundos Kabhir acreditou que a menina fosse morrer de algum mal súbito. O mago preparou-se para pronunciar um de seus encantamentos, quando ela repentinamente virou-se para ele, olhando-o como outros não o faziam e pronunciando palavras estranhas para uma menina de sete anos.

– Mestre Kabhir, sei de meu destino e já estive muitas vezes neste palácio e em outros de similar ou maior esplendor, em terras de que não consigo pronunciar o nome. Apenas sei que muita água me rodeava nesses mundos em que estive...

E lhe pediu:

– Preciso aprender. Serei sua melhor aluna. Muito me esforçarei para adquirir sua confiança. Ensine-me a falar com a natureza, com as almas dos que se foram e com os animais, como sei que o faz. Quero ler as estrelas como ninguém. Esses conhecimentos serão meus alentos daqui para a frente. Ensine-me a caminhar pelos sonhos, a curar e até mesmo a tirar a vida, se assim me aprouver.

Como que hipnotizado pelas palavras de Nalini, Kabhir retraiu-se e sentiu um arrepio a lhe percorrer a espinha.

Era ela, sem dúvida. O passado volta sempre para nos assombrar. Aqueles olhos, aquela firmeza nas palavras e a assertividade no espírito eram inconfundíveis, mesmo em uma menina de apenas sete anos.

– Então, promete que me ensinará tudo, Mestre Kabhir?

Sabendo que o desejo de aprender era a única coisa que a manteria viva nos anos que transcorreriam até que pudesse conhecer o rei, Kabhir respondeu:

– Encontraremos uma forma de você aprender, pequena. Não existe ociosidade entre as mulheres da escola. Todas estudam, aprendem as artes da música, da escrita, da poesia, da cura...

– Nada disso, Kabhir. Ensine-me magia.

Kabhir acenou a cabeça e respondeu:

– Pois bem, pequena, mas tudo a seu tempo. Você há de fazer-se merecedora, com o suor do próprio rosto, de cada aprendizado recebido.

Nalini sorriu feliz e disse, como que ainda ausente de si mesma:

– Sim, eu me lembrarei do que foi esquecido. A força desses conhecimentos circula livremente no éter[3] que a tudo envolve.

E rapidamente pareceu voltar a si.

Kabhir calou-se pensativo, sabendo agora sem dúvida nenhuma de quem se tratava a menina. Era Dahaya, a sacerdotisa, que reencarnara como Nalini.

---

[3] O espaço celeste, universo, cosmos.

Adentrando o palácio, Kabhir foi saudado pelos funcionários reais. Apressado, o mago respondia a todos com agilidade. Ele provinha de um povo sisudo e introspectivo. Nunca entendeu a necessidade que algumas pessoas tinham de desperdiçar palavras.

Acompanhou Nalini até o local em que funcionava a escola: uma parte menor do palácio, mas ainda assim grandiosa.

Kabhir lhe explicou que os meninos frequentavam outra escola, situada fora do palácio. Eram filhos de nobres, de altos funcionários e, em alguns casos, simplesmente de pais fortes e saudáveis, indicando que seriam excelentes soldados.

Explicou-lhe ainda que os ensinamentos da escola masculina tinham objetivos diferentes, com foco nas artes da guerra – um privilégio para os que lá adentrassem, considerando os valores morais e sociais da época.

A escola das meninas era formada por vários aposentos confortáveis, todos decorados com bom gosto. Jardins, fontes, salas de música, de canto, de artes, além de uma ampla cozinha e uma despensa exclusiva, compunham o conjunto. Havia também salas de banho e aposentos para os serviçais que algumas alunas traziam ao ingressarem.

As meninas recebiam anualmente um pagamento destinado a seus familiares e, por vezes, caso viessem de um local mais desprovido de recursos, para seus vilarejos inteiros. Daí o interesse que os líderes das aldeias tinham em avisar o astrólogo real quando algum dos casais nobres fosse abençoado com uma gestação feminina.

Nalini não levou enxoval algum. Nenhum dos servos que dela cuidaram nos primeiros sete anos a acompanhou ao palácio, pois foram dispensados por Kabhir. Recebeu roupas, apetrechos para escrita e instrumentos musicais diretamente da escola, não se diferenciando da maioria das alunas, exceto pela beleza incomum. Quanto menos chamasse atenção para si, melhor, pensou Kabhir.

A menina adentrou o vasto jardim que levava a seus aposentos e recebeu como aia a singela Kanti, que cuidaria dela e de mais três meninas que já estavam na escola. Kanti fora escolhida pelo próprio Kabhir, evitando assim que a megera

Rahela colocasse a nova aluna sob os cuidados de governantas mal-humoradas e interesseiras.

Rahela era uma mulher mesquinha, bisbilhoteira, além de amante de intrigas. Era facilmente corruptível como a maioria dos servidores do palácio e não se acanhava em extorquir as famílias, dizendo que assim garantiria às meninas alguns privilégios. A única vantagem em mantê-la na escola era a de que sabia farejar, sem pestanejar, o interesse das meninas por alguém estranho à escola, evitando assim que algum mal-intencionado iludisse uma delas com falsas promessas.

Aliás, Rahela era especialista em falar o tempo todo sobre os horrores do sexo masculino, dizendo que os homens só tinham um único interesse nas mulheres.

Kanti fora enviada à corte para servir como aia de um possível filho de Chandan, em mais uma das gestações psicológicas da pobre rainha Kalanthara. Finda a esperança de um filho, Kanti foi mandada à escola, já que sua família morrera, meses antes, da doença das chuvas, uma das muitas enfermidades que assolavam a Antiguidade.

Nalini, devido à viagem, estava exausta. Comeu pouco e dormiu, embalada pela tristonha canção de Kanti sobre uma princesa que fora roubada de seu amado e transformada em pássaro.

À noite, sonhou com tempos estranhos e viu-se adulta, em uma ampla varanda repleta de flores desconhecidas. Um perfume inebriante pairava no ar. No céu alaranjado, duas luas reluziam, ambas vermelhas. Sentiu uma mão pousar em seu ombro e ouviu:

– Dahaya, que faz aqui sozinha?

Teve medo de olhar para ver de quem era a voz que a chamava e libertou-se do sonho, inexplicavelmente, recitando uma fórmula que sabia de cor e que a fazia acordar de qualquer pesadelo. A fórmula devia ser recitada cruzando-se os olhos, cortando assim a visão do terceiro olho, usado no mundo dos espíritos. Parecia estranho, mas sempre dava resultado, mesmo que não chegasse a recitar a fórmula. Os olhos cruzados pareciam cortar alguma ligação entre os dois planos.

As palavras ditas no sonho eram da mesma língua em que

Kabhir lhe recitara o feitiço para que se alimentasse. Quem sabe, algum idioma afiliado ao povo da água.

Na manhã seguinte, acordou alegre e bem-disposta e em pouco tempo já se integraria perfeitamente à rotina da escola, destacando-se pela inteligência, memória e simpatia.

Nos intervalos, quando permitido, brincava deleitosamente, como nunca antes fizera: bonecas, jogos, brincadeiras de esconder e tudo mais que uma garotinha precisava para se desenvolver.

Esquecendo que amadurecera antes do tempo, voltou a ser uma criança adorável. Esqueceu-se também do pedido que fizera a Kabhir. Só lhe interessava agora correr, sentir o vento no rosto, olhar o sol... A vida era bela, ainda que por apenas alguns anos.

7. Criando raízes

– Corra, Kanti. Se prosseguir nessa lentidão, Padma e Lahari nos encontrarão sem tardar. Não quero ser descoberta por aquelas duas tontas. Somos muito mais espertas. Venha por aqui; ontem mesmo descobri uma pequena passagem que nos leva a um jardim que nunca havia encontrado.

– Nalini, não se pode entrar por toda porta que se encontra. Algumas são vedadas a nós. Não sabe que poderia encontrar um soldado mal-encarado ou um servo que não teria pudores em machucar uma menina? A pequena Rachita, irmã caçula de Sanvi, desapareceu no palácio e só foi encontrada dias depois, sem vida. O rei não mediu esforços para descobrir o culpado e pessoalmente cortou-lhe as partes que o faziam homem, transformando-se depois em um tigre com olhos de fogo que devorou o assassino.

A face apavorada de Kanti não permitia dúvidas sobre a veracidade da história. Ela mesma nunca mais vira a menina, que viera de um reino vassalo do sul.

– Cada história que você conta, Kanti... Um tigre! Que imaginação...

E fingindo coragem, prosseguiu, altiva:

– Nada tema, Kanti. Tenho poderes que nem imagina – disse, agitando as mãos no ar e rindo, como a ironizar a própria fala. – Tenho um destino a ser cumprido e nada me afastará dele. Apenas aperte o passo e se esconda comigo.

Kanti, paciente como sempre, contrapôs:

– Melhor voltarmos logo, Nalini. Sabe muito bem que Rahela não permite ausências demoradas. Vocês três estão sob minha responsabilidade, além da pequena preguiçosa que dorme sem parar e não gosta de brincadeiras. Temos aulas de dança e canto logo após o almoço e essa cabeleira precisa ser penteada, ou o professor novamente ralhará com você.

– Ora, resolveremos isso com uma faca afiada e um gesto rápido e... *zássss!* Adeus, cabeleira trabalhosa.

Kanti perdeu o fôlego. Sabia da impetuosidade de Nalini.

– Que palavras são essas, Nalini? Não sabe que seu cabelo e seu corpo pertencem ao reino? Não altere nem uma ponta de uma unha; não arranque nenhuma pestana, ouviu bem?

Nalini desatava a rir das expressões apavoradas e servis de Kanti.

Os dias e meses passavam assim, entre estudos e brincadeiras. Nalini, agora adolescente, estava uma menina desengonçada. Os dentes ainda não estavam bem colocados, como ficariam em poucos anos, e os cabelos ainda não sabiam aonde ir. Ela, porém, não ligava para a aparência e estava quase sempre desalinhada nas vestes, causando verdadeiro pavor em Kanti.

Pouco lhe importava o rei, que passava mais tempo em exercícios militares que aproveitando os deleites do palácio. Quem desejaria lutar sob o sol ardente e o perigo das florestas quando poderia permanecer estudando, cantando e desfrutando das belezas de jardins e pomares? "Bem tolo esse soberano!", pensava consigo mesma.

Quando sabiam que ele estava no palácio, e avisadas por Rahela, as meninas da escola viam avolumar-se os mexericos e tramoias das princesas já adultas que, alvoroçadas, desejavam estar com ele. "Estúpidas e insensatas", pensava a jovem.

Na escola, ouvia com desprezo as moças que voltavam pela manhã, após passarem algum tempo com o rei, relatarem sobre sua beleza e poder de sedução. Afirmavam que sua voz de comando era absolutamente irresistível, o que aumentava o interesse das demais por ele.

Rahela jamais se furtava a estimular tais comentários e adquiria nessas ocasiões as feições de uma feiticeira velha, que eram agravadas pelos colares que portava, repletos de talismãs. Tinha horror a Kabhir e acreditava que os colares a protegeriam dele e de sua magia.

Kabhir eventualmente passava pela escola para ajudá-las também nos estudos e a curarem-se de aflições do coração ou do corpo. No entanto, jamais olhava para nenhuma delas desrespeitosamente. De modo algum permitia qualquer intimidade, e muito menos fazia qualquer avanço sobre as meninas.

Ele supervisionava a saúde das mulheres que estariam com o rei, preparando para as mais tímidas, quando estas lhe pediam, alguma poção que as ajudasse a ser mais espontâneas nos encontros noturnos. Tudo isso era percebido por Nalini, que passou a desenvolver certo despeito pelo rei.

Durante alguns anos, Nalini realmente ignorou a presença do astrólogo real.

8. O cedro

Pouco se sabia de Kabhir e de seu passado, exceto que fora trazido pelo pai de Chandan para residir no palácio após uma visita cordial aos povos do norte. O rei se impressionara com suas habilidades preditivas e curadoras e o chamou para ser o médico e astrólogo real.

Alguns diziam que provinha da antiga Báctria; outros, da região de Ur, enquanto alguns até afirmavam que ele não tinha pátria – o que não deixava de ser verdade. Sabia-se apenas que era um homem sóbrio e comentavam no palácio que seu nome verdadeiro era Alexandre.

Era alto e magro, bem-talhado, com cabelos claros e pele bem alva. Um estrangeiro, com toda certeza. Sua voz era metálica, porém amena quando falava e insuportavelmente grave quando lançava algum feitiço, como se fosse uma voz dupla, proferindo palavras de mais de uma garganta.

Os animais ferozes jamais o tocavam, exceto uma serpente que certa vez tentou atacá-lo e imediatamente se transformou em um pedaço rígido de madeira, sendo queimado em seguida. Ninguém nunca o vira se alimentar nem beber.

Exalava um aroma inconfundível de mirra e cedro, que, diziam, enfeitiçava a todos, exceto o rei, cujo aroma de sândalo se sobrepunha ao dele.

Raramente participava de festividades, comemorações e solenidades militares, limitando-se uma única vez a comparecer ao casamento de Chandan com Kalanthara. Nesse mesmo dia, um estranho evento contribuiu para aumentar os falatórios sobre ele.

No dia festivo, um tigre raivoso se desprendeu de sua corrente e avançou para a multidão de convidados, que apavorada, pôs-se a correr.

Kabhir lançou um assobio agudo, fazendo um pequeno gesto com o dedo anular e o polegar direitos. O animal paralisou-se imediatamente, como uma estátua de mármore, caindo adormecido na grama e somente se levantando quando a festa havia terminado.

O jovem rei acenou de leve com a cabeça em agradecimento, como se já soubesse das habilidades de Kabhir.

Ele habitava uma parte isolada do palácio, defronte a um pequeno jardim bem cuidado. Nele cultivava árvores estranhas: plantas, frutas e flores cujas sementes foram trazidas ainda na época do pai de Chandan, sendo que algumas delas seriam conhecidas do mundo apenas muitos séculos depois.

Ninguém, exceto um servente e uma serva fiel, cujo idioma só ele entendia, podiam adentrar seus aposentos. Este era o trato feito anos antes com o falecido rei e era rigorosamente cumprido, mais por temor que por respeito.

Kabhir havia predito que o rei teria um herdeiro, mas afirmara que Kalanthara era estéril. Isso intrigava Chandan, que passou a sentir-se desobrigado de comparecer ao leito conjugal e cumprir seus deveres de consorte real. Para ambos, isto se tornara algo penoso e, quando se sentiram livres de tais encontros, passaram a usufruir de uma harmônica amizade.

Kabhir ensinara a Chandan, desde a adolescência, os princípios do universo, explicando calmamente ao futuro rei a origem divina dos seres. Aos poucos, encontrara no jovem o interesse e o desejo de compreender a si mesmo e aos mistérios da vida, e assim, lenta e pacientemente, ensinou-lhe como o Divino Artífice havia nos criado. Para Chandan, mesmo em tenra idade, tudo fazia bastante sentido.

Já adulto, seu desejo de aprender aumentou significativamente.

– Entre, Kabhir – disse Chandan, já sentado entre os jasmins que perfumavam o extenso jardim. – Vamos continuar com seus ensinamentos, que inundam minha alma de esperança e alegria.

Kabhir sentou-se em um banco próximo e, com o olhar perdido nas estrelas, começou a falar:

– O mundo visível, o Sol e todos os sóis e todos os mundos, meu Soberano, são regidos por leis. Leis perfeitas, que fazem com que o fogo queime e o calor derreta a neve. Leis naturais, que obrigam a luz a brilhar e as estrelas a nascerem. Leis que fazem com que você seja quem é: único e ao mesmo tempo parte de tudo.

– E do que essas coisas são feitas, Kabhir? Do que tudo é formado?

– De diminutas partes, Majestade! Estas por sua vez são feitas de outras partes ainda menores. Observe bem: a flor não é formada de partes? Você mesmo não é formado de coração, braços, olhos, ventre? Ainda que seja formado por partes, é você quem as comanda, não? Seu espírito ordena que seus braços lutem e que os lábios falem, mas você é mais que a soma dessas partes.

E prosseguiu:

– E assim é com tudo. Somos formados por partes diminutas, impossíveis de ver com os olhos da carne. O homem contemplará essas minúsculas partes daqui a milênios, mas a você é dado saber agora; ou melhor, relembrar, pois já lhe falei sobre suas vidas passadas. Os povos antigos conheciam tais ínfimas partes e utilizaram sua energia poderosa. Desde aqueles tempos nós conhecemos tais coisas. Essas pequenas parcelas formam tudo o que existe e estão agregadas no mundo em proporções diferentes e combinações inimagináveis, formando tudo o que nossos olhos contemplam, e muito mais.

– E elas, por sua vez, são feitas do que, Mestre Kabhir?

– Os sábios de hoje acreditam que sejam feitas de algo que inicialmente é invisível a nossos olhos, porém os magos sobreviventes dos povos antigos afirmavam existir uma substância invisível que, unida em diferentes proporções, tudo forma. Somente o Criador emana tal substância.

– Esse Criador de que me fala desde pequeno, Kabhir, parece-me tão distante...

Kabhir então o instruiu:

– Feche os olhos e sinta o aroma dos sândalos.

– Mas nem há sândalos por perto, Mestre Kabhir – retrucou o rei.

– Ainda assim, Majestade, você se lembra dele, não é? Uma vez sentida e guardada na memória, a fragrância exalada pela árvore poderá ser lembrada quando sentir saudades de seu jardim.

– É verdade, consigo sentir o aroma – respondeu Chandan, sorrindo.

– Você não vê a árvore, mas reconhece seu perfume. O sândalo não precisa mais estar aqui para que você o sinta. Assim é Deus, Chandan, que se faz presente através do aroma do amor, que é inconfundível para todos nós, Suas criaturas, ainda que não consigamos a Ele ver com nossos olhos físicos.

Chandan respondeu:

– Mas eu só o reconheci porque o vi antes e aprendi que ele tem esse aroma.

– Sim – concordou Kabhir –, porque nos acostumamos a fixar-nos nas imagens e não na essência. Pensar em Deus é difícil para homens que vivem na matéria. Deus está em nossa consciência e Seu aroma é o do amor infinito. As coisas existem, portanto, em nossa mente antes mesmo de existirem no mundo e precisamos captar sua essência sem permitir que nossos olhos interfiram e perturbem a percepção da perfeição.

E continuou:

– Feche os olhos novamente, Chandan, e lembre-se de sua falecida mãe... Diga-me agora o que sente.

– Saudades de seu afeto. Lembro-me de seu perfume e de suas mãos suaves acariciando meu cabelo. Lembro-me de sua voz doce.

Kabhir olhou ternamente para o amigo e disse:

– Pois bem, Chandan, sua mãe está viva em seu pensamento e em seu coração. Basta recordar-se dela para que você sinta um misto de alegria, saudade e tristeza, não é?

– Sim, Kabhir. Sinto tudo isto. Quer então dizer que, por

sentir minha mãe, ela ainda existe?

– Existe, Chandan, em algum mundo em que não tem lugar a matéria e sim o pensamento e a essência.

– Assim somos também nós, Kabhir? Existimos no mundo invisível antes de existirmos na carne? Então por que precisamos de um corpo que morre, se existimos perfeitos no plano das ideias?

Kabhir apenas sorriu, mas expôs:

– A resposta a tal questão somente nos será revelada daqui a algum tempo. Para podermos entendê-la sem cairmos na tentação de cogitar que Deus é injusto, precisaremos, antes dessas revelações, ser lembrados do infinito amor que Ele tem por nós. Para tarefa tão sacrificial e excelsa, um homem que emana esse amor nos será enviado em tempo oportuno.

Ponderando, Chandan completou:

– Como me fascina esse pensamento, Kabhir: saber que existimos para além daquilo que vemos e tocamos. Faz tanto sentido e gostaria de me conectar profundamente com esse mundo não visível.

– Bem, creio que por hoje podemos encerrar nossa conversa – disse o mago. – São muitas coisas para refletir em uma única noite.

E com olhar sério, mas afável, finalizou:

– Vá repousar, Majestade, e amanhã continuaremos. A não ser que vá receber uma das jovens da escola.

– Não tão já. Meu desejo agora é aprender.

Kabhir continuava na ampla varanda junto a Chandan e contemplavam o céu estrelado, cada qual com seus pensamentos e conforme o grau intransferível de evolução individual de que dispunham.

O sábio pensava na existência humana como uma situação temporária. Sabia que a vida na carne era uma escola preciosa, porém efêmera. Não compreendia a ânsia dos grandes líderes pelo poder e pela conquista de mais terras, mais riquezas. Sabia que um dia toda a matéria, perceptível ou não a nossos sentidos, seria dissolvida na noite dos tempos.

Fechou os olhos e mergulhou dentro de si. Sentiu-se insignificante e intensamente desejoso de voltar ao seio daquele Pai, ser de incomensurável bondade cuja manifestação lhe escapava à razão quando olhava para fora, mas que se revestia de sentido quando olhava para dentro de si mesmo. Sim, Ele estava ali, dentro de seu ser. Sentia-O na forma de um gigantesco amor. Ele era sua consciência.

Começou a se desprender lentamente do corpo físico e uma força irresistível o empurrava para dentro e para fora de si mesmo, simultaneamente. Sentia sua própria essência, sentia a energia que emanava das plantas, dos animais, do próprio céu, das estrelas e – o que lhe causou mais espanto – do próprio rei. Naquele momento, sabia que amava aquele soberano como a um irmão, pois estavam unidos na mesma criação.

De repente, desprendido do corpo físico, viu Chandan em outra vida, agigantado em tamanho, vestindo roupas de cores e materiais inexplicáveis. A pele azul contrastava com o céu alaranjado em chamas. A seu lado, um ser feminino, da mesma cor e de menor altura, encostava a cabeça em seus ombros, muito assustada.

– Nada tema – ele dizia. – As explosões não poderão nos separar.

Dizendo isso, abraçou a companheira enquanto o fogo consumia a terra, ao mesmo tempo que o chão se entreabria.

Kabhir abriu os olhos assustado, mas recompôs-se rapidamente.

Chandan, emocionado com a magnitude das ideias que ouvira, recolheu-se a seus aposentos, usufruindo do sono mais repousante que já tivera. Viu-se em templos belíssimos, construídos com um tipo de matéria fluídica que nunca antes vira ou imaginara. Sabia estar em outro mundo, navegando nas dobras do tempo que sempre existirão no Éter.

9. O jasmim colhido também perfuma

– Nalini! Nalini! Onde ela se meteu? Já anoiteceu e ela precisa voltar urgentemente. Rahela irá sem dúvida puni-la outra vez com pão e água até o dia seguinte. Tola guardiã... Se soubesse que a menina não gosta de se alimentar e que considera um prêmio passar a pão e água...

Nalini a cada dia encontrava novos locais para se esconder: becos, portas secretas, baús, sacadas, armários. Conhecia cantos do palácio de que talvez nem o rei tivesse conhecimento.

O rei Mahendra, avô de Amendhara e bisavô de Chandan, em cujo reinado a construção do palácio fora concluída, pedira aos arquitetos reais a criação de recônditos de difícil acesso para que os tesouros do reino pudessem ser preservados, entre eles inúmeros papiros do antigo Egito e Suméria, além de toda a história dos primeiros povos vindos do céu: "os Azuis". Ilustrações raríssimas destes povos, que, diziam, foram pessoalmente recebidos por Rama, faziam parte de tal acervo.

O local favorito de Nalini ficava em uma parte escondida do palácio, acessível apenas pelo corredor que levava aos aposentos de Kabhir. A entrada para tal recanto, porém, ficava à direita do corredor, oculta entre várias portinholas de armários imensos, em cujo interior repousavam, esquecidos, vasos e armas do tempo da Batalha dos Céus.

A pequena entrada foi descoberta ao acaso por Nalini, quando se encantou com um colar de turmalinas rosadas e verdes, de beleza ímpar, que pendia do pescoço de uma escultura feminina de absoluta perfeição de proporções. A mulher esculpida tinha longos cabelos e estava vestida apenas com joias. Era feita de um material que Nalini não conhecia e foi imortalizada em uma das sagradas posições de dança, com o rosto voltado para o alto, como se dançasse para um ente que a observava do céu.

Em mais de uma ocasião, Nalini precisara se esconder durante essa descoberta, pois jurava ouvir passos vindos em sua direção. Tinha medo de ser vista fora da escola ou sofrer o mesmo fim da pobre Rachita, morta por um soldado. Contudo, aquele era seu lugar secreto e iria preservá-lo só para si. Não havia no palácio melhor esconderijo, exceto nos aposentos de Kabhir, nos quais ela não ousaria entrar.

Nalini gostava de pegar um dos jogos de peças, dos muitos que havia na escola, e entreter-se por horas em seu esconderijo. Em uma dessas incursões, ouviu de repente passos pesados, que lhe pareceram ser de um gigante. Era Janaka, amigo e protetor do rei, que se dirigia aos aposentos de Kabhir.

Permaneceu duas horas escondida atrás de um armário, com medo de ser descoberta. Foi aí que notou uma pequena saliência em forma de cabeça de serpente e, em um impulso de curiosidade, puxou-a. Uma porta se abriu com tênue ruído, revelando uma escadinha estreita que permitia passagem de apenas uma pessoa por vez.

Desceu por ela cautelosamente, ávida em saber aonde a conduziria. Uma nova porta surgiu, levando a uma pequena antessala iluminada com muitas velas acendidas não se sabe por quem. Alguns bancos de madeira de diferentes tamanhos estavam dispostos na saleta e sobre eles havia algumas roupas simples, mantos e armas. Saquinhos vermelhos com moedas de ouro jaziam sobre três pequenas mesas.

Olhou uma das moedas atentamente, embora não se interessasse por tais tesouros, e nela contemplou a cabeça de uma bela figura masculina. Com certeza um antepassado do rei, pensou. Sentiu um repentino arrepio e deixou a moeda onde estava, mais interessada em uma terceira porta, que exibia um jogo de fechaduras que funcionavam como um enigma geométrico em forma de mandala.

Riu-se da inocência daquele enigma, que desvendou em mínimo tempo, deslizando os dedos agilmente pela figura e formando com as peças da fechadura uma nova mandala. A nova porta se abriu e ela avistou um pequeno jardim e um caminho estreito que conduzia até os muros laterais do palácio, onde havia outra passagem, sabe-se lá para onde.

– Nada mais sem graça... – murmurou a si mesma –, mas este local me permite um belo esconderijo. Aos poucos poderei trazer jogos e passar bom tempo aqui, sem que ninguém me incomode.

Resolveu então que guardaria para si esse precioso segredo.

Certo dia, após uma manhã inteira de estudos, Nalini pegou seu jogo favorito, que mostrava a posição dos astros do céu, e correu a seu esconderijo, cuja descoberta ela já ocultava por quase quatro meses.

Recostada em algumas almofadas, deleitou-se com esse envolvente jogo de encaixes, acabando por adormecer profundamente. Ninguém poderia vê-la escondida ali, encolhida nas próprias vestes e protegida por pesados moveis de madeira. Aquela saleta era tudo o que ela queria para fugir da escola, que já a enfastiava.

Bem mais tarde, ao abrir os olhos, percebeu que escurecera e que as roupas e armas que vira anteriormente haviam sumido, ao passo que outras, vistosas e esmeradamente bordadas, indicando pertencerem a algum nobre, estavam no lugar. Ficou apavorada. Alguém havia entrado na saleta, mas felizmente não a vira. Seu refúgio, no entanto, havia sido descoberto.

Um aroma de sândalo quase que hipnotizador preenchia a sala.

Sentiu que pelo tardar da hora teria problemas ao retornar à escola. Nem queria imaginar a reprimenda que Rahela lhe daria e muito menos o choro e as lamúrias de Kanti.

Levantando-se, dirigiu-se até a porta que levava ao pequeno jardim, notando que estava entreaberta. Caminhou cuidadosamente pela pequena passagem lateral e contemplou a noite estrelada.

Respirou então em profundidade, sendo brindada com um perfume incomparável de jasmim. Juntos, o jasmim e o sândalo combinavam-se em um aroma inebriante, que a deixou entorpecida. Desejou guardar para sempre aquela combinação de fragrâncias, permanecendo com os olhos cerrados.

Esse momento de deleite, porém, pouco durou, pois ouviu risos que pareciam vir do jardim. Pensou que soldados se aproximavam. Fez meia volta e correu para a antessala em que pegara no sono. Ao chegar, começou a recolher seus objetos às pressas, para sair dali o mais depressa possível, mas ao levantar-se deu um passo em falso, enroscando a sandália na própria saia. Perdendo o equilíbrio, caiu para trás e bateu a cabeça em um dos bancos entalhados.

Por instantes, perdeu a consciência e ao abrir os olhos ficou estarrecida. Bem a sua frente, havia um homem corpulento. Era Janaka, o companheiro de aventuras de Chandan.

Nalini tentou levantar-se sem perceber que estava ferida: a queda resultara em um corte e o sangue escorria profusamente por seu rosto. Na tentativa de fugir, quase perdeu os sentidos novamente.

Janaka colocou as enormes mãos em seus ombros e a ergueu no ar, como se ela fosse uma pluma de pavão. Então indagou-lhe, em tom ameaçador:

– Que faz aqui, infeliz? Não sabe que qualquer parte do palácio é proibida às meninas da escola?

Ela não conseguia falar. Pensou que morreria, mas o faria sem chorar, sem demonstrar nenhum temor. Quis retrucar ao gigante, porém o medo e o sangue que lhe escorria pela fronte a impediam de responder.

Nesse instante, uma voz firme e ao mesmo tempo melodiosa, que lhe soava familiar de alguma forma, o repreendeu:

– Acalme-se, Janaka. É apenas uma menina fujona da escola.

O homem que acompanhava Janaka finalmente mostrou-

-se, afastando o lenço que lhe cobria o rosto. Fitou Nalini e sorriu:

– Que faz aqui, pequena? Não sabe que é perigoso andar pelo palácio desacompanhada? Ponha-a no chão, Janaka. Não vê que está ferida?

– Como uma menina burra como uma porta pode ter encontrado esta passagem? – desabafou Janaka, pousando-a no chão.

Ainda confusa, lembrou-se da face cunhada na moeda e percebeu pela grande semelhança que quem intercedia por ela era o próprio rei Chandan.

Tombou imóvel ao chão, já sem sentidos, talvez pelo susto, ou quem sabe emoção, de ter visto o rei. O certo é que o ferimento era preocupante.

Chandan envolveu o ferimento com seu lenço e pegou a menina no colo. O lenço encharcou-se rapidamente, manchando em seguida as roupas que ele usava.

Sem trocar a vestimenta pelos trajes reais, dirigiu-se imediatamente aos recintos da escola, adentrando-os sem ser anunciado e causando clamorosa gritaria entre as mulheres.

Kanti e Rahela, além de outras serventes, estavam acordadas. O sumiço da menina havia deixado a todas desesperadas. Rahela sabia que poderia pagar tal negligência com a própria vida e dizia a Kanti que, se fosse condenada pelo sumiço, a arrastaria junto para as masmorras.

– Você não passa de uma inútil, Kanti! Perder uma menina assim? Sabe que ela está entre as que serão preparadas para servir ao rei, mas a deixou criar asas. Agora ela voa livre pelo palácio e trará nossa desgraça.

A governanta resmungona foi interrompida pelo vozerio poderoso dos soldados que guardavam a escola e ambas correram assustadas para o jardim, onde depararam com uma cena inédita na escola.

Chandan, em pé, sustentava Nalini nos braços, enquanto Janaka mostrava-se atordoado com o alvoroço. As aias tentavam segurar as meninas que desmaiavam ao verem o sangue jorrar da menina inerte. Os soldados entraram em seguida ao rei, mais preocupados em demonstrar-lhe que estavam atentos. Pavões, gatos, cães e outros animais de estimação das alunas alvoroçaram-se também. A escola parecia ruir.

Chandan, furioso, ordenou que todas se retirassem e que um dos soldados buscasse Kabhir imediatamente. Nesse momento, fez-se tamanho silêncio no ar, que sequer uma folha ousou desprender-se das árvores.

O mago chegou em razoável tempo com sua caixa de medicamentos e pôs-se a examinar a menina desfalecida. Vendo que o ferimento não era grave nem tão profundo, indagou ao rei, muito discretamente, o que ocorrera.

Ouvindo o relato, Kabhir disfarçou seu riso para não irritar o soberano:

– Então, Majestade, uma garota da escola conseguiu descobrir o esconderijo que usa para visitar as moças da Casa Amarela?

Desconcertado por ser descoberto por Kabhir, Chandan fitava Nalini, com a estranha sensação de aflição e receio de que ela morresse ali naquela noite.

– Não se preocupe, Majestade. Nalini é forte. Descende de soberanos valorosos que defenderam esta pátria nas montanhas durante a terceira invasão, ainda na época de seu bisavô.

– Sim – aquiesceu o rei –, lembro-me das histórias que meu pai contava. Esta é aquela que você buscou anos atrás por indicação das estrelas. Mas vejo que seus cálculos podem estar errados, Kabhir. Ela me parece uma garota voluntariosa e curiosa demais para um dia ocupar o posto de cortesã real.

O rei, olhando para Nalini, que acordava, tentou mostrar-se indiferente e dirigiu-se à porta de saída, ordenando a Rahela:

– Convide a princesa Maritha para fazer-me companhia hoje, se ela assim desejar. Prometi que a receberia e não quero lhe faltar com a palavra. A noite está bela e pede companhia.

Kabhir baixou a cabeça e sorriu silencioso. Sabia que hoje o rei não estudaria.

10. A dama-da-noite

Meses depois do ocorrido com Nalini, Chandan ordenou que chamassem Janaka, seu amigo.

– Janaka! – gritou Chandan alegre, batendo-lhe no ombro. – Prepare nossa saída para hoje ao cair da tarde. A noite promete ser bela e não desejo perdê-la com suas histórias cansativas nem com os ensinamentos do mestre Kabhir. Não, a noite hoje pede o abraço caloroso das belas mulheres da Casa Amarela. Sairemos cedo e nos divertiremos até tarde. Elas devem estar estranhando nossa ausência.

– Devem estar estranhando a ausência de seu ouro – retrucou Janaka, irônico.

– Janaka, seu falastrão! Vejo que não tem medo de perder a língua, não é? – revidou Chandan, sorrindo mais ainda.

E continuou, agora sério:

– Meu amigo, tive um sonho interessante esta noite. Caminhava entre mulheres belíssimas em um jardim. Todas sorriam e me ofereciam seus cabelos perfumados para que as escolhesse.

Janaka riu-se da narrativa do rei e gracejou:

– Cabelos, meu Rei? Que sonho mais maçante... Quase me dá sono, só de ouvir.

– Sim, Janaka, porém entre elas havia uma jovem de beleza invulgar. Eu a reconheci no meio de tantas outras. Meu coração começou a bater de forma estranha. Senti grande alegria e, ao mesmo tempo, indizíveis saudades tomaram meu coração. Fui em direção a ela, ansioso. O céu tornou-se então escuro e trovões repercutiam por todos os lados. Eu a perdi de vista subitamente e me desesperei por isso. Gritei aos deuses que me restituíssem a bela amada e disse-lhes que daria tudo em troca daquela mulher. Até meu reino.

– Pare, lhe suplico! Para já esse relato enfadonho, Chandan. Já estou quase desistindo da visita às dançarinas – disse Janaka, atirando-se desconsolado em uma poltrona. – Pensei que o sonho teria final feliz, mas vejo que somente pressagia desgraças.

Chandan, no entanto, não se abalou com o comentário e prosseguiu:

– Ela chamava por mim na escuridão da tempestade. Senti por ela um amor incomensurável, Janaka, quase doentio. Ela girou seus braços em direção aos céus e a tempestade parou de repente, como se ela comandasse os ventos. Aproximou-se de mim, afastando a escuridão que tudo cobria e me deu uma flor de lótus de beleza excepcional, que brilhava muito. Então sussurrou em meus ouvidos o nome Aluryus. Disse-me que eu seria o grande rei e ela, minha rainha. Senti que me beijava... e despertei.

– Creio que precisamos mesmo ir à Casa Amarela. Está ficando perturbado, Chandan, pois é isso que acontece quando se estuda muito com magos. Você perde muito tempo com as histórias de Kabhir e acaba sonhando com feiticeiras.

E concluiu:

– Isso me parece mais um feitiço. Devia contar o sonho a Kabhir e pedir-lhe para conferir seu amuleto de proteção.

Chandan, tentando não mostrar o quanto estava impressionado com o que sonhara, disse ao amigo:

– Vamos, Janaka. As damas nos aguardam. Apareceremos de surpresa. Leve dois sacos de moedas, pois da última vez que lá estivemos a formosa Lakme prometeu-me uma dança muito especial, típica de sua longínqua pátria.

– Está bastante afeiçoado à bela estrangeira Lakme, não?

– Ora, Janaka, ela apenas me diverte. Sabe muito bem que meu coração é alheio a tais sentimentos. Além de sua dança, aprecio a desenvoltura das suas palavras. Quando estamos juntos, esqueço-me do reino e das pesadas obrigações.

– Sim, Chandan. Vamos nos esquecer de quem somos.

Lakme era uma jovem intrigante e bela, além de muito perspicaz. Nascera em uma família de dançarinos e cantores, aprendendo desde cedo tais ofícios. Sua avó lhe ensinara a prever o futuro por meio da leitura das mãos, o que, porém, não apreciava fazer, senão em casos especiais, como quando Chandan lhe pedia. Gostava particularmente de criar números de dança diferentes, que muito agradavam o rei.

Ela o amava secretamente, porém sabia, em seu íntimo, ser questão de tempo até que o coração do rei fosse flechado por Kamadeva, o deus hindu do amor. Ela conhecia o destino de Chandan e manteria silêncio sepulcral sobre isso.

11. O cedro e o jasmim

Os dias de inverno chegaram mais cedo naquele ano e isso indispôs Rahela, afrouxando sua vigilância sobre Nalini, que, mesmo não desejando mais brincar daquela forma despreocupada, sentia-se entediada com a falta de desafios para sua mente.

A governanta odiava Nalini e, não fosse o medo que tinha de Kabhir, já teria envenenado a menina, como todos desconfiavam que ela fazia com as aias malcriadas ou com os animais que não a obedeciam. Nunca conseguiram, porém, associar nenhuma morte a ela.

Rahela provinha de uma aldeia conhecida por dar ao mundo bons guerreiros, bois saudáveis e feiticeiros impiedosos.

Todas as meninas da escola sabiam que entre as correntes e penduricalhos que ela portava havia um que continha certa poção capaz de matar. Além disso, era famosa por seu mau-olhado constante, em cuja presença animais adoeciam e as plantas murchavam. Esse temor que lhe tinham, no entanto, afastava curiosos da escola e acabava por proteger as meninas.

Os nobres, pais das moças da escola, haviam voluntariamente levado suas filhas ao palácio a fim de fortalecer alianças e traziam a Rahela vistosos presentes, o que a fez acumular até uma significativa fortuna. Este, porém, não era o caso de Nalini, que, por ordem de Kabhir, ingressara na escola sem nenhum recurso.

Cada dia mais entediada, Nalini lembrou-se da promessa feita anos antes por Kabhir e resolveu cobrá-la.

Certa manhã, aguardou-o por horas escondida no corredor por onde ele passava diariamente para atender ao rei. Viu sua figura se aproximar de longe e colocou-se na frente do astrólogo.

– Mestre Kabhir – disse-lhe com simplicidade.

– Nalini! Há quanto tempo. Como cresceu rápido!

Olhou a jovem afetuosamente e comentou:

– Você está tremendo de frio. Por que não usa roupas mais quentes? Rahela não lhe deu nada para esta estação?

– Não me importo com frio nem com calor. Tanto me faz, Mestre Kabhir. Estou ganhando formas muito rápido, como diz Kanti, e Rahela sempre relembra que minha família não quis me fornecer um bom enxoval. Então uso o que sobra das demais meninas. No entanto, nos últimos dias ela passou a esconder as roupas, para que eu não as use.

– Venha, que lhe darei um belo manto para se proteger. E sabe que não pode circular pelo palácio, não é? Ainda assim o faz. Sei que a governanta é intolerante, mas, em seu caso, creio que ela tenha razão em ser dura.

– Já aprendi a lidar com ela, Mestre. Estou aqui para cobrar a promessa que me fez anos atrás. Lembra-se?

– Nunca pude esquecer que me obrigou a fazer tal promessa. Agora veio cobrá-la, sim? Muito bem. Avisarei Rahela que passará quatro horas do dia comigo, pois preciso de uma ajudante ágil e inteligente. Ela dará pulos de alegria em saber que outro tolo a supervisionará. Começaremos seus estudos em três dias. Deverá me obedecer e prometer estudar aquilo que eu decidir, e não apenas o que você quer. Concorda?

– Sim, Mestre Kabhir.

– Primeiramente, não me chame de mestre. O mundo só conhecerá em toda a sua história um único Mestre e ele ainda não nasceu.

– Quem é esse Mestre? É mais poderoso que você, Kabhir?

Ele sorriu e disse apenas:

– Eu nada sou perante Ele.

Nalini esboçou certa decepção. Afinal, acreditava que Kabhir era o maior mestre que já existira.

– A segunda questão – ele prosseguiu – refere-se a disciplina e a seu silêncio. Você deverá continuar executando, e bem, todas as atividades inerentes à escola. Não haverá privilégio nenhum em me ajudar; apenas mais e mais trabalho.

– Certo – respondeu ela, cada vez mais ansiosa.

– Agora – prosseguiu ele – devo lhe dizer algo importante: tudo aquilo que aqui vir ou ouvir deverá permanecer em segredo. Muitos desejam saber mais sobre meu trabalho, inclusive os demais astrólogos do palácio, e não desejo que a curiosidade deles se acirre com seus comentários. Não comente nem minimamente sobre as plantas, pedras ou animais que vir em meus aposentos. Você irá conhecer tudo isso, mas jamais poderá usá-los fora daqui.

– Manter silêncio sobre plantas, Kabhir? Isso me parece tão desnecessário...

– Tal silencio é importantíssimo! – replicou ele, agora sisudo. – Mas venha comigo, Nalini. Quero lhe mostrar algo.

E levou Nalini até seu amplo terraço, onde eram cultivadas centenas de espécies. Nalini já vira belos jardins no palácio, mas aquele era inusitado.

– O que lhe parece? – perguntou Kabhir.

Nalini, sem saber ao certo o que Kabhir desejava ouvir, disse apenas que estava curiosa para saber mais sobre aqueles cultivos.

– Nossos olhos dificilmente enxergam o que está por trás das obras da natureza. Você deverá, a partir de agora, aprender a olhar para além do que os olhos veem. Tudo o que foi criado tem um propósito divino.

E prosseguiu:

– Observando com atenção estas plantas, você poderá constatar que fomos presenteados com espécies que têm propriedades curativas maravilhosas, que muitos, equivocadamente, consideram mágicas. Para os verdadeiros estudiosos da Criação, tais poderes não passam de características inerentes a cada espécie e, quando aplicadas convenientemente, podem curar todas as doenças, que, você deve saber, começam no espírito.

Percebendo que ela agora se interessava vivamente, ele prosseguiu:

– O reino vegetal é um dos mais organizados da natureza, Nalini, e tal organização se manifesta na forma e na função de cada espécie. Elas obedecem a uma rigorosa ordem, uma sequência perfeita, desde a semente que brota até o fruto que nutre. Um jasmim jamais pede para ser um cedro; um cedro jamais age como um carvalho.

Então lhe explicou:

– Quando alguém adoece, física ou espiritualmente, podemos nos valer das características das plantas para curar a doença. Isso é possível porque as características dos vegetais revelam sua aceitação harmônica da Lei Divina, e esta harmonia tem poder curativo. Observe por exemplo este majestoso carvalho. Contemple sua força e a sua capacidade de crescer e ocupar o espaço, tornando-se quase que um rei neste jardim. Ele é forte e fornece sombra e madeira, podendo sobreviver sob condições difíceis.

– É verdade, Kabhir. Ele parece realmente muito forte.

– Agora imagine uma pessoa que esteja debilitada, sem vigor. O que as propriedades do carvalho poderiam fazer por ela?

– Ajudá-la a recuperar a força? – respondeu Nalini prontamente.

Kabhir sorriu.

– Então, Nalini: o que você vê aqui é mais que um jardim. É uma farmácia.

E concluiu:

– Agora vá e aguarde meu chamado.

12. A figueira

Voltemos a Ashwattha, a colônia espiritual que recebeu Nalini após seu resgate. Depois de passar oito dias em pesado sono, ela despertou. Lágrimas densas cobriam continuamente seus olhos espirituais, não lhe permitindo identificar onde se encontrava.

Não se recordava de muita coisa. Às vezes lembrava-se dos últimos dias de cativeiro e da presença de alguns homens que a retiravam de lá. Tudo era ainda confuso, sem definição no tempo.

Via-se ainda menina, sendo levada de seu lar sobre um elefante. Às vezes, enxergava-se em um magnífico aposento, olhando para o céu ao lado de um homem que lhe falava sobre as estrelas. Outras vezes, sentia uma dolorosa bofetada na face, seguida por sentimentos de medo e revolta.

Experimentava profunda saudade e pungente tristeza ao se recordar dos olhos daquele homem que a carregara nos braços, removendo suas algemas amorosamente. Então, repentinamente lembrava-se de Nimit, como se estivesse presa em um automatismo mental, condicionado por décadas a afastar-lhe do bem. O longo tempo passado em Adharma não arrefecera o desprezo que sentia por ele, a quem voluntariamente havia se ligado ao distanciar-se dos ensinamentos tão marcantes passados por Kabhir durante os anos no palácio.

Sua mente confusa e enferma começou a perturbar o ambiente, porém as paredes de Ashwattha estavam preparadas para absorver sentimentos inferiores e transmutá-los em serenidade. Sempre que se desequilibrava nas emoções, caía em sono intenso, cujo objetivo era o de realinhar seus centros energéticos e depurar a revolta que trouxera do mundo inferior. A origem de tal desequilíbrio estava em seu próprio orgulho.

Ao acordar, desta vez com as densas emoções mais arrefecidas, embora ainda confusas, percebeu que estava na companhia de uma jovem que, sentada a seu lado, sorria-lhe amorosamente.

– Nalini... Rajkumari[4]... Abra seus olhos. O destino a aguarda e precisa enfrentar suas memórias penosas. Em sua última existência, você foi a grande protetora de todas as meninas da Escola Real. Muitas delas, gratas pelos cuidados, elevaram preces por sua proteção e estas sinceras rogativas muito contribuíram para seu resgate das sombras.

E prosseguiu:

– Sua vinda foi muito esperada pelos trabalhadores do bem, mas ninguém se empenhou tanto quanto nosso amado rei Chandan, cujo amor por você continua inabalável e de uma intensidade comovente. Ele também carrega algumas pesadas culpas.

A princesa pouco se recordava de Kanti, e as palavras vindas dos lábios desta eram ainda um mistério para ela. Fatos e pessoas se misturavam em sua mente, que recomeçou a agitar-se, embora bem menos do que nos primeiros dias.

– Venha, Princesa. Vamos caminhar um pouco e contemplar a beleza da Figueira Divina, ao redor da qual esta colônia foi construída milênios atrás. Não é a primeira vez que passa por estas paragens abençoadas. Aos poucos irá se lembrar!

Nalini sentou-se devagar na cama. Kanti a amparou e juntas caminharam até uma varanda, onde a cor branca e flores suavemente perfumadas predominavam. Nada ali feria os olhos, tal a leveza e harmonia de formas, proporções e cores.

[4] Palavra que significa 'princesa', em sânscrito.

Tudo lembrava a maravilhosa pátria asiática, seus perfumes, jardins e pomares.

Na caminhada até a figueira, Nalini percebeu-se vestida de modo simples, com cabelos presos na altura da nuca e levados à frente do ombro em forma de uma grande trança. Sentia-se leve, como se houvesse chorado todas as lágrimas em um só dia. Um vazio a dominava, porém Kanti, com suas singelas palavras, a animava a prosseguir.

No trajeto, notou que várias pessoas vestidas à moda antiga passavam por elas fazendo reverências sinceras, sempre com um sorriso. Uma música tranquila de cítara ouvia-se ao fundo.

Havia pelo caminho vários pilares de mármore entalhados e em alguns deles viam-se imagens translúcidas de belíssimas entidades, certamente do povo antigo. Todas pareciam olhar diretamente nos olhos dos passantes.

Kanti a conduziu até um jardim de muitas fontes, onde a imponente figueira repousava soberana, e convidou Nalini a sentar em um banco de mármore.

Não conseguia saber ao certo se o dia já ia ao encontro da noite ou se a noite é que vinha render o dia. Apenas sabia estar naquele momento vivendo a hora mágica, cuja luz suave amornava seu coração.

– Sente-se, Nalini. Kabhir em breve estará conosco.

Nalini lembrou-se dele imediatamente.

– Kabhir, meu querido e precioso mestre Kabhir...

Saudades imensas invadiram o coração da princesa e uma vergonha intensa a fez cobrir a face com as mãos. Novamente, vieram-lhe lágrimas.

– Não, não conseguirei enfrentar seu olhar. Leve-me daqui, pois a vergonha pelos erros cometidos irá devorar o pouco que restou de mim mesma.

– Não se aflija, Princesa. Mestre Kabhir não está aqui para culpá-la. Ele é um dos veneráveis trabalhadores desta seara de luz e pessoalmente planejou seu resgate das sombras. Ele teria ido buscá-la se lhe fosse permitido, mas sua aura luminosa seria de longe reconhecida pelos espíritos de Adharma. Além do mais, está intensamente envolvido na tarefa de inspirar muitos dos discípulos do Mestre dos Mestres, visto que brevemente darão seu testemunho.

Tudo era ainda muito confuso para Nalini. Kanti, porém, não poupava informações quando sabia que a convalescente as podia absorver, ainda que lentamente. Era questão de tempo até que tudo lhe fosse revelado. A consciência voltaria, embora juntamente com a vergonha e o remorso pelas seguidas violações à Lei Divina.

Nalini sentiu então um aroma de mirra e cedro, que por muito tempo não vivenciava, mas que estava presente em sua memória espiritual. Levantou a fronte e viu a marcante figura de Kabhir, que se apresentava vestido como os altos sacerdotes do povo antigo.

– Nalini, querida, por que ainda chora?

A voz do mestre de outrora fez com que Nalini se recompusesse, como nos velhos tempos de aprendizado no palácio. Ela intencionou ajoelhar-se para saudar o antigo professor, mas este a ergueu afetuosamente, dizendo:

– Não se aflija, Princesa. Tudo caminha no Universo conforme planejado pelo Pai. Os enganos que cometemos são geradores de débitos e, mais dia menos dia, serão alcançados pela Lei Divina, pois somente a ela devemos. No entanto, teremos novas oportunidades de crescimento por meio da reparação, ainda que dolorosa na maioria das vezes. Venha caminhar comigo pelo jardim.

O tom das palavras de Kabhir não deixava dúvidas de que ele conhecia os erros em que Nalini incidira, mas em sua voz não havia nada além de compreensão e boa vontade. Fitava-a amorosamente, como se de algum modo também compartilhasse com ela os desatinos cometidos nos idos tempos de vida terrena.

– Que esplêndido palácio é este, Kabhir?

– Não é um palácio, Nalini. Nem monarca ou nobres temos aqui. Trata-se antes de uma colônia espiritual, destinada a acolher almas que estão em débito com a Lei, que você já bem conhece, auxiliando, conforme a vontade de cada uma, a reparação de sentimentos, pensamentos e atitudes, preparando-as assim para novas vidas. Como esta colônia existem muitas outras. Os homens nem imaginam a extensão da misericórdia de Deus!

Tudo começava a fazer sentido para Nalini, que conhecia em profundidade a reparadora Lei de causa e efeito, embora apenas com a mente ainda altiva e não com o coração resignado.

– Meus erros me qualificam a essa ajuda, Kabhir? – perguntou-lhe sem levantar os olhos, relembrando-se pouco a pouco dos desatinos cometidos.

– Sim, Nalini. Todos nós somos filhos do mesmo Pai e nos qualificamos para o amparo, que ocorrerá no momento exato em que o último traço de revolta se transformar em arrependimento e responsabilização, predispondo-nos assim a receber auxílio e colocando-nos em contato com nossos benfeitores que continuamente zelam por nós. Posteriormente, passaremos à minuciosa reflexão dos atos praticados, dedicando-nos então aos estudos preparatórios, para oportunamente partirmos a um novo nascimento reparador. Não será diferente com Chandan, Nimit, Kanti e nem comigo ou com você mesma.

Ao ouvir tais nomes pronunciados em sequência, boa parte da memória de Nalini começou a retornar, fazendo-a estremecer.

Kabhir, auxiliado por Kanti, que os seguia de perto, acomodou Nalini em um dos bancos do jardim e ministrou-lhe procedimentos energéticos visando equilibrar o retorno de sua memória emocional, cujos efeitos, se não dosados, poderiam ser avassaladores.

– Acalme-se e procure diariamente caminhar por este jardim. Permita que as memórias voltem, aceitando-as sem culpa e com responsabilidade – instruiu Kabhir, mirando-a com seus olhos azuis, como se falasse diretamente à consciência de Nalini. E completou:

– Estaremos, Kanti e eu, a seu lado, ajudando-a a purificar emoções deletérias e pensamentos que já não farão sentido agora.

Explicou-lhe então:

– A cólera, o medo e o remorso em nada auxiliarão seu despertar. Não vibre na energia da culpa, pois é impossível mudar o que é fato consumado. O tempo é o grande algoz da humanidade, Nalini. No senhor tempo estão registradas todas as nossas ações, palavras e pensamentos. Estão nele gravados para toda a eternidade. Somente a virtude e o cultivo do bem acalmam nosso espírito, que ainda permanecerá longamente sujeito ao tempo.

Mas ressalvou:

– Saiba, porém, que você poderá, a cada renascimento que tiver, diluir as ações que lhe causam dor, as palavras e os pensamentos deletérios, reparando os antigos erros através do amor e da vivência de novas oportunidades.

Percebendo o interesse de Nalini pelo que expunha, prosseguiu:

– Entre vidas, Princesa, temos a oportunidade de transportar para o presente o que fomos no passado e analisar tais atos com nossa consciência desperta. Dessa forma, poderemos repará-los. Permita, portanto, que seus atos se diluam momentaneamente no tempo, até que tenha condições de enfrentá-los com responsabilidade.

E concluiu, frisando amorosamente:

– *Reparação*, Nalini. Reparação é o que o Divino Pai exige de nós, pois é a Lei. Deus não pune e não premia. Ele criou Leis perfeitas e devemos segui-las, pois quando as violamos sofremos e fazemos sofrer.

Mais tranquila e voltando a mostrar a coragem e energia que sempre foram suas grandes virtudes, Nalini acenou positivamente. Enxugou as lágrimas e pôs-se novamente a caminhar, desta vez com maior alento. Sabia que dela dependeria reparar o mal que causara a si e a outros. Ela não era um espírito despreparado – muito pelo contrário: as lições valiosas que estudara com Kabhir começavam a mostrar resultados.

13. Em aprendizado

– Venha, Nalini. Ajude-me a organizar estas plantas e aproveite para ir me dizendo o nome de cada uma. E também, é claro, para que servem e onde encontrá-las.

– Sim, Kabhir – disse Nalini, dispondo-as em ordem de periculosidade. As mais inofensivas ela ajeitava na parte inferior do sólido armário, esmeradamente esculpido com símbolos perdidos no tempo.

E explicava:

– *Ajwain*, aloés, uvária, planta-camaleão, *ashwagandha*, lótus, castanheiro, cártamo; todas ficam aqui embaixo.

E prosseguiu:

– Gujna, não-me-toques, cassava e datura[5] ficam no alto, com as plantas mais misteriosas, que só você sabe de onde vêm – comentou Nalini, rindo-se da seriedade com que Kabhir sempre falava de suas plantas mais exóticas.

Pegou então uma ampla peça de tecido com desenhos de todas as plantas desenhadas por Kabhir ao longo dos anos e a examinou por alguns minutos, recitando em seguida todos os nomes, de olhos fechados. Não só nomes, mas procedências, estações ideais para colheita, métodos de preparo... Ela sabia

[5] *Ajwain*, aloés, uvária, planta-camaleão, *ashwagandha*, lótus, castanheiro, cártamo, gujna, não-me-toques, cassava e datura são plantas do continente asiático usadas como medicamentos na Antiguidade, sendo algumas venenosas.

tudo, inclusive combinações raramente requeridas.

– Você tem se mostrado tão boa aprendiz, Nalini. Amanhã organizaremos as pedras e prepararemos talismãs para a boa hora das mulheres que entram em trabalho de parto.

– Há feitiços para o amor, Kabhir? – indagou ela, agora já exibindo uma beleza intrigante, que fazia ninguém saber ao certo de onde ela brotara ou qual povo contribuíra com seus traços tão únicos.

Kabhir ensinara-lhe muito, pedindo apenas que usasse tudo para ajudar as pessoas em seus sofrimentos e frisando que jamais fizesse o mal ou usasse poções para separar ou juntar à força quem quer que fosse.

– Sim, existem filtros, Nalini, e creio que sabe bem como usá-los, não? Mas fique alerta, pois toda ação tem uma reação contrária. Se traz um homem para uma mulher, isso tem consequências, entende? Nada fica impune à Lei que a tudo rege. Não se envolva no destino alheio, seja o dos homens ou o das mulheres. Deixe que a natureza siga seu curso, visto que não a preparei para ser uma alcoviteira.

Nalini nunca mais se encontrara com o rei, passando suas manhãs aprendendo os ofícios da escola e as tardes com Kabhir, o que deixava Rahela aliviada, em cuja opinião a jovem agitava demais a escola, embora fosse muito querida por todos.

Ela ajudava as jovens que adoeciam, indicando remédios que ela mesma preparava, bem como as aias da escola quando necessitavam de um filtro de amor, a contragosto de Kabhir, que deixava para o livre-arbítrio da jovem estas escolhas. Nalini ria-se destes filtros, que considerava inúteis, mas sabia que as moças depositavam tamanha crença em sua eficácia, que acabavam sentindo-se menos ansiosas e mais confiantes de que seriam amadas.

Também preparava perfumes e colorantes para os olhos, face e lábios.

Às vezes, Kabhir dizia que as moças da escola se pareciam com pavões, todas com o mesmo penteado e mesma pintura nos lábios, ansiosas por serem vistas no palácio. Nalini, porém, jamais se ocupava de embelezamentos convencionais.

Assim, os anos se passaram em meio a estudos, papiros e

poções, até que, finalmente, Kabhir, um tanto agitado e mesmo desgostoso com a notícia que daria, disse a Nalini, com as mãos entrelaçadas nas costas, como fazia quando estava sério:

– Sua hora de ser apresentada ao rei chegou, Nalini. Em sete dias, nos festejos anuais, algumas mulheres escolhidas conforme suas cartas natais serão trazidas ao salão principal para que ele as veja e escolha aquela, ou aquelas, com que desejará passar algum tempo. As que não forem escolhidas continuarão na escola, se assim desejarem, ou poderão voltar a suas famílias, agora mais instruídas e com um belo dote, o que certamente lhes garantirá casamento com algum nobre ou alto oficial de um dos reinos vassalos.

Após breve pausa, prosseguiu:

– Fui avisado pelo próprio rei ainda ontem, quando estudávamos. Ele nem imagina que, também tenho você como aprendiz. Creio que ele ficaria enciumado ao saber que uma das possíveis escolhidas está aprendendo algo que ele mesmo gostaria de ensinar, como se fosse o único a havê-lo aprendido de mim.

E instruiu-a:

– O rei aprecia conversas sobre todos os assuntos, Nalini, e pode ficar dias debatendo um tema de seu agrado. Você tem preparo para qualquer conversa, mas devo avisá-la que precisa melhorar seu conhecimento das leis que regem o mundo visível e o invisível, leis que, embora cunhadas em nossa consciência, são ainda ignoradas pela maioria das pessoas.

Mas também complementou:

– Chandan jamais aborda as moças grosseiramente e você só dividirá o leito com ele se quiser. Aliás, existem mulheres de sobra para isso na vida do rei. Ser escolhida é uma tradição antiquíssima, Nalini, que certamente deixará toda a sua aldeia e sua família em evidência!

– Já está imaginando que serei escolhida pelo rei, Kabhir? Espero francamente que não. Assim poderemos prosseguir nossos estudos e, quem sabe, um dia retornarei mais sábia às minhas amadas montanhas, como fizeram as que não foram aceitas tempos atrás. Poderei usar o que aprendi para curar as pessoas das aldeias próximas de lá, que são tão pobres e morrem de causas que, hoje sei, poderiam ser evitadas, não com magia, mas com sabedoria e com as plantas que me ensinou a usar.

Kabhir deixou transparecer uma seriedade que ela nunca antes vira, como que antevendo algo devastador. Olhou para Nalini já sabendo em seu coração que em pouco tempo perderia seu tesouro.

– Sei que não será *uma* das escolhidas, Nalini, e sim, *a* escolhida. Isso lhe custará bastante caro se não for sempre muito magnânima e misericordiosa em suas decisões. A roda do destino gira em sua direção; portanto, não adianta fugir. Prepare-se para o futuro, estude e ore ao Divino como lhe ensinei. Não acredite em vários deuses, como fazem suas companheiras. Centre suas alegrias e tristezas no Uno, pois só Nele conhecerá a verdade da qual venho lhe falando, mesmo que você não preste nisto muita atenção.

Nalini não imaginava que ali teriam início períodos de imensas alegrias – e de tristezas ainda maiores.

O encontro com o rei Chandan, cujo perfume de sândalo uma vez marcara a jovem quando pequena, iria agora se mesclar ao aroma de jasmim que ela aplicava abundantemente em seus cabelos. Iriam ambos perfumar os caminhos um do outro com fragrâncias que persistiriam por muitas vidas.

– Antes que se retire, quero dizer que terá sempre em mim um amigo e protetor, Nalini. Os momentos que passamos estudando me encheram de alegria e muito me ajudaram a reencontrar a beleza do mundo e a curiosidade por ele, que já estavam em mim adormecidas pelos anos de labor. Principalmente através de suas perguntas, pude refletir sobre minhas próprias limitações como homem e como transeunte dos tempos. Sou-lhe profundamente grato.

Mas alertou-a:

– Não esqueça que, apenas por já conhecer um pouco do caminho que nos levará de volta ao Criador, pode menosprezar suas irmãs que ainda ignoram a rota que já lhe foi ensinada. Ampare-as em suas vacilações e perfume com seu amor o percurso que elas escolherem. Estarei ao lado do rei durante os festejos, mas em nada o influenciarei.

14. A escolha

Nada agitava tanto as escolas, tanto dos meninos quanto das meninas, como aqueles dias que antecediam um festejo, principalmente quando o rei estava presente no palácio e não em alguma batalha visando aumentar os domínios de seu reino.

Os jardins ficavam atulhados de presentes enviados pelas famílias, além dos inúmeros hóspedes dos reinos vizinhos que se instalavam no palácio à espera de também serem notados pelo rei. Nesse período, Kabhir recebia muitas cartas natais de pretensas escolhidas. Eram todas devidamente queimadas por seus empregados, instruídos para tal.

Muitas das alunas, de famílias ricas, traziam mais de uma aia. Estas se incumbiam também de pentear as meninas e cuidar de suas roupas e postura. Nalini, contudo, dividia a simples Kanti com outras três moças e, nesses eventos, quando deles participava, o fazia a contragosto e sempre acabava de se arrumar por último.

– Venha logo, Nalini. Todas já estão prontas. Deixe-me ver seus cabelos. Sim, brilhantes e sedosos como sempre.

Nalini estava nos jardins mais afastados e não se importava de fato com o que usaria. Queria que aquilo tudo acabasse logo, que fosse dispensada e pudesse então retornar aos estudos com seu tão estimado mestre.

– Como é bela minha querida Nalini – disse Kanti. – Mas desanuvie o rosto, ou ficará enrugada antes do tempo se não parar de franzir a testa. Nunca compreendi por que desde pequena você tem um olhar tão maduro e intrigante. Sorria. Não há ninguém com dentes tão belos como os seus. Nenhuma imperfeição a assombra.

E acrescentou, sorrindo amorosamente:

– Venha! Quem sabe poderá ser a escolhida e assim me dará sossego.

Então comentou sobre os presentes:

– Veja que sedas magníficas em tons de rosa e ouro Kabhir lhe enviou. Olhe que joias mais reluzentes e que adornos mais cintilantes. Nem consigo imaginar de onde o mago trouxe tais maravilhas. Creio que deseja lhe agradecer por seus anos de dedicação. Venha logo se vestir!

Ao ouvir que Kabhir lhe trouxera presentes, correu aos aposentos, cheia de curiosidade. Eram apenas roupas e adereços, constatou decepcionada.

Vestiu-se com a ajuda de Kanti, perfumou-se, refez alguns desenhos de hena que haviam se esvanecido e juntou-se ao séquito de moças que iam em direção ao salão gigantesco, já adornado desde a semana anterior em cores belíssimas e flores de várias partes do reino.

Como sempre, as festas eram eventos surpreendentes e as alunas aproveitavam para saborear pratos das mais diversas regiões. Nalini, porém, nada comeu, contentando-se com um pouco de uma bebida de ervas com mel que lhe foi trazida por Kanti.

Nobres e suas consortes, oficiais e funcionários, todos conversavam sobre a beleza das alunas deste ano, tratando-as como se estivessem comparando mercadorias.

Tal atitude parecia pouco incomodar as meninas, que andavam em grupos, desejando serem vistas e admiradas.

Nalini percebia os olhares das demais sobre ela, o que a deixava desconfortável. Fez menção de remover parte dos riquíssimos tecidos que a incomodavam, quando seu olhar cruzou o de Kabhir, que estava em pé ao lado do trono, com Janaka e outros serviçais. O amigo, vendo que ela estava a ponto de se irritar e fechar a fisionomia, acenou-lhe negativamente com a cabeça.

Como que enfeitiçada pela força do olhar de Kabhir, Nalini readquiriu a postura e assumiu um ar feminino nunca observado pelas colegas, atraindo principalmente a atenção de Rahela e Kanti, que enfileiravam as meninas para receberem o cortejo real.

Em pouco tempo, entrava o rei Chandan, em meio a sua guarda pessoal.

O rei do qual ela se lembrava era um jovem radioso, porém ainda longe da beleza que apresentava hoje, mais maduro nos seus trinta e poucos anos. Tornara-se uma figura marcante, harmoniosamente esculpido, mais forte e altivo do que ela se recordava.

Trajava uma túnica de seda verde e joias imensas adornavam seu torso e braços. A coroa em ouro encimava sua figura, e a testa perfeitamente proporcionada era decorada com folhas de sândalo douradas que se estendiam bem acima da cabeça, aumentando assim a altura já impressionante do soberano.

O sândalo, cujas sementes foram trazidas pelos povos antigos, era o símbolo da casa real desde os tempos do bisavô de Chandan, que usava orgulhosamente tais folhas, reproduzidas em ouro, não apenas como símbolo de poder, mas também de devoção ao povo.

Nenhuma das moças ali presentes fitava o rei, cujo olhar, diziam, enfeitiçava para sempre, trazendo sofrimento pelo amor não correspondido.

Kabhir mantinha o olhar fixo no amuleto que pendia do pescoço de Chandan, observando se o objeto se escureceria com a proximidade de algum feiticeiro ou alguma mulher que desejasse dominá-lo com uso de magia. Este, aliás, era um medo recorrente naqueles tempos, tanto entre a nobreza quanto entre o povo.

Chandan saudou a todos solenemente, passando lentamente por entre as moças, sem, no entanto, olhar para nenhuma delas com interesse. A ele parecia que haviam balançado uma figueira cujos frutos caíram ao chão. Eram apenas figos e nada mais. Ainda preferia a companhia das dançarinas da Casa Amarela, que visitava escondido todos os meses e cuja sinceridade o divertia.

Caminhou por entre as primeiras meninas enfileiradas, não se atendo muito a nenhuma delas, mas tão logo passou por Nalini, que parecia algo incomodada, provavelmente por ter que ficar imóvel tanto tempo, deteve-se, embora sem voltar-se a ela de imediato.

O soberano então abriu ainda mais seus intensos olhos amendoados, como se buscasse algo perdido ao redor de si mesmo. Respirou três ou quatro vezes profundamente. Virou-se então para Nalini, que ergueu a cabeça um pouco acanhada, deixando que seu véu escorregasse pelos ombros e descobrisse seus cabelos espessos e lustrosos.

Involuntariamente, Nalini fitou Chandan diretamente nos olhos e não mais conseguiria desviá-los. Reencontraram-se afinal. A água correra para a água.

Mais tarde, soube que esse olhar mútuo durara tempo suficiente para que todos ficassem visivelmente perturbados com o silêncio de ambos. Um elefante raivoso solto no salão teria causado menos alvoroço.

Embaraçado, Chandan livrou-se da prisão em que seus próprios olhos o haviam traiçoeiramente colocado: os olhos de Nalini. Recompondo-se, virou-se para Janaka, que imediatamente captou a mensagem de seu soberano. Estava feita a escolha.

Prosseguiu então sua caminhada até os alunos da outra escola, que seriam escolhidos como novos soldados de sua guarda.

Chandan recriminou-se por demonstrar tamanha fraqueza frente a uma mulher. Nunca antes se perdera nesse trajeto ensaiado que conhecia tão bem. Que maldição carregava aquela jovem para conseguir enfeitiçá-lo dessa forma? Olhou então para seu talismã: estava intacto e conservado em beleza. Não havia nenhum feitiço.

Sentiu um aperto no peito. Um medo de jamais rever aquela jovem inundou seu ser. "E se algum malfeitor a roubasse? E se ela fugisse? E se...?"

Virou-se para o mago, que estava perfeitamente sereno.

– Kabhir, conhece aquela a quem escolhi?

– Sim, meu Soberano. É Nalini.

– Kamadeva me atingiu pelas costas, Kabhir. Estarei perdido?

– Não, meu amigo. Está apenas apaixonado.

15. Resistindo ao amor

Nalini receberia em alguns dias o convite para se apresentar aos aposentos reais.

Não lhe faltaria coragem para encarar novamente aquele homem peculiar e de olhar absolutamente hipnotizador, mas sentia-se feia e desengonçada. Sua feminilidade apenas despontava naqueles dias, tímida e inconstante. Ainda desejava aprender mais e mais com Kabhir.

– Kabhir – perguntou –, como devo tratar o rei?

– Nalini, você sabe que nosso soberano é homem culto e aprecia música, dança e principalmente ouvir histórias. Este é um dom que não falta a você, pois bem conheço sua capacidade de criar as mais divertidas e românticas que já ouvi. Várias vezes suas narrativas embalaram minhas tardes e sei que o rei se entreterá com elas.

E a incentivou:

– Não tenha receios, Nalini. Aceite o convite real e mostre ao rei sua inteligência. Apenas cuide-se para não fazer nada que lhe cause desconforto ou inquietação. Mas o rei não é um bruto e jamais obrigou quem quer que fosse a ir ao leito com ele.

Kanti cuidou da apresentação pessoal de Nalini, que passou a cultivar um gosto por vestir-se de forma mais feminina, embora não reveladora.

Nalini dirigiu-se então aos aposentos reais durante dias seguidos, resistindo às dissimuladas tentativas de aproximação de Chandan. Mantinha-se, porém, tão afastada quanto possível, falando sobre as estrelas e tocando sua cítara magnificamente, muitas vezes fazendo com que o rei adormecesse ao som de sua melodiosa voz.

Ela começava a admitir em si mesma o dom da sedução e o do controle. Reconhecia que o rei estava em suas mãos e absolutamente hipnotizado por seus atributos.

Certa noite, pouco antes de receber Nalini, Chandan conversava com Kabhir:

– Mestre Kabhir, sua pupila Nalini me causa grande espanto. No lugar dela, outras jovens teriam saltado em meus braços. Ela, no entanto, permanece alheia a meus olhares e resiste a meu afeto.

– Nalini é uma jovem diferente das demais, Chandan. Veio ao palácio muito pequena e aprendeu a conviver com a solidão que este lugar impõe. Ela tem grande apreço pelos estudos, mas creio que no tempo certo, caso você tenha paciência, poderá se aproximar dela.

– Não preciso de uma moça mimada e distante para alegrar minhas noites, Kabhir. Temos inúmeras princesas que se escondem noite e dia em meus aposentos, na ânsia de se tornarem minhas favoritas. Várias noites acordei com moças escondidas em cestos, jarros e até enroladas em tapetes. Nalini, contudo, permanece indiferente a mim. Deixe estar, que tenho um plano. Conheço bem as mulheres e sei que o ciúme é meu aliado nesta batalha.

Kabhir sorriu e respondeu:

– Boa sorte, Soberano. Apenas cuide-se para que o caçador não se torne a caça.

Chandan deixou escapar um riso irônico e despeitado.

– Veremos, Kabhir. Veremos quem ganhará a batalha. Fique aqui e observe.

Na noite seguinte, Kabhir permaneceu nos aposentos reais, fingindo preparar alguns unguentos. Nalini fora chamada e apresentou-se ao rei vestida ricamente. Seus cabelos estavam perfumados e seus olhos ressaltados por tintura escura.

Ao chegar aos aposentos reais, deparou com o soberano sentado em magnífica poltrona, abraçado a duas jovens belíssimas que tentavam de toda forma chamar-lhe a atenção.

Nalini sentiu vontade de rir, percebendo que o rei tentava enciumá-la. Perguntou então a Chandan:

– Desejaria uma história, meu Rei? Ou apenas uma canção, para entretê-lo em seu interlúdio amoroso?

– Ora, minha jovem... – disse Chandan, puxando para perto de si uma das moças. – Posso ter as duas coisas, não posso?

Nalini então notou que Kabhir estava nos aposentos reais e balançava a cabeça, tentando não rir da inocência de Chandan. O rei dera a Nalini o arco e a flecha do deus do amor e em breve seria ferido por estas irrecusáveis armas.

O aroma de sândalo e jasmim permeava todo o aposento real. A Lua brilhava gigantesca no céu e Chandan tentava evitar, a todo custo, olhar para Nalini, que se mostrava cada dia mais bela e bem cuidada.

Se dependesse unicamente do rei, ele a traria para perto de si, a beijaria e passaria horas a descrever os prodígios do céu, o canto dos pássaros, os perfumes exóticos... Estava apaixonado e tentava esconder isto de si mesmo.

Nalini sentou-se calmamente aos pés do rei, em um magnífico tapete vermelho. Ajeitou sua cítara e começou a dedilhar uma triste melodia. Começou então a contar a história de uma rainha que se apaixonara por seu general.

16. O conto

Enquanto contava a história de um amor impossível, Nalini tocava sua cítara:

"Era uma vez uma linda rainha que se chamava Dahaya. Ela vivia em um reino distante, o reino de Ka, que as águas trataram de esconder na noite dos tempos...

Dahaya tinha olhos grandes, escuros e tristes como a noite chuvosa, cabelos como fios de seda negra e pele da cor da neve das montanhas.

Dispunha do dom de comandar o fogo e por isso fora roubada de sua ilha pelo rei Materu, que desejava ter para si tais poderes. Na batalha, ele destruiu a ilha de Ka, e todos os familiares de Dahaya morreram.

O rei estava sempre nos campos de batalha e costumava ser muito cruel com ela, trancando-a no calabouço quando estava fora, a fim de que não fugisse..."

As duas moças estavam interessadíssimas na história e começaram a se aprumar na poltrona. Chandan mantinha os olhos fixos em Nalini, ansioso em saber o que viria a seguir. Em sua mente, imaginava Nalini parecida com Dahaya.

Ela continuou:

"Certa manhã, a bela rainha andava pelo extenso jardim, perfumado por flores mágicas que não mais existem em nossos dias. Seres da natureza a acompanhavam por toda parte e se penalizavam com seu sofrimento..."

– Ora! – interrompeu Chandan. – Como pode um rei ignorar uma bela mulher? Esta história está me enfastiando. Mas continue.

E Nalini prosseguiu, séria:

"As criaturas da natureza então levaram a rainha até uma floresta mágica, onde havia um templo misterioso. Nesse esplêndido lugar, onde duas luas brilhavam no céu, ela conheceu um poderoso feiticeiro chamado Aghrantes, que prometeu trazer-lhe um grande amor se ela o ensinasse a comandar o fogo. Dahaya, porém, não conseguia ensinar a ninguém como fazê-lo, pois o ensinamento se perdera na ilha de Ka. Inconformado, Aghrantes resolveu acompanhá-la de volta ao palácio.

Lá, ele foi apresentado ao rei e, enfeitiçando-o, ofereceu-se para ajudá-lo a vencer qualquer batalha com a ajuda de seu filho Aluryus, que deveria ser nomeado seu fiel general.

O feiticeiro desejava na verdade tomar o reino para si e seu filho.

Materu ficou impressionado com as promessas do visitante e o aceitou em suas terras, bem como a seu filho.

Aluryus possuía força descomunal, capaz de quebrar uma montanha ao meio. Tal poder vinha de uma poção mágica que era feita pelo pai e que deveria ser tomada sempre na lua nova.

Dahaya acabou se apaixonando pelo general, que era o homem mais intrigante já visto naquelas terras. Era mais alto que todos no reino de Materu, mais forte que o mais forte dos soldados e muito belo. Todas as mulheres se encantavam perdidamente por ele, bastando nele pousarem seus olhos..."

Chandan começou a incomodar-se com a história. As duas moças foram dispensadas por ele, que preferiu dar toda a atenção ao conto de Nalini.

Kabhir ria-se tanto, que precisou tapar a boca para não despertar a atenção do soberano, que prosseguia visivelmente incomodado com os predicados de Aluryus, descritos por Nalini em meio a suspiros apaixonados.

Chandan aprumou-se na cadeira, irritadíssimo, mas ela

prosseguia fingindo não perceber.

"O rei Materu então começou a desconfiar que estava sendo enfeitiçado e passou a perseguir Aghrantes, que planejou com seu filho e com a consorte real a morte do rei..."

– Basta, Nalini! Não quero mais ouvir essa história! – gritou Chandan. – Esse Aluryus deveria me enfrentar, para conhecer a derrota. Eu o detesto!

Nalini então disse:

– Ora, Soberano, o general Aluryus é o mais belo dos homens. Sem ele a história não teria a menor graça. Quem me dera encontrá-lo entre os sândalos de seu jardim...

Kabhir, habilmente, se retirara. Não conseguia mais se conter. Sabia que Chandan estava agora totalmente nas mãos de Nalini.

17. A erva daninha

Chandan achava-se preocupado com o próprio coração, pois sentia estar sendo devassado por sentimentos que não podia ao certo identificar.

Janaka afirmava que o amor é o mesmo que um punhal fincado no coração desavisado e o orientou a ter cuidado com a frequência com que recebia Nalini, bem como a procurar constantemente outras companhias femininas, a fim de não criar o "hábito" do afeto.

Kabhir sabia ser inevitável o sentimento que estava em vias de instalar-se definitivamente no coração do rei e, irônico, provocava Chandan:

– Do que tem receio quanto a Nalini, Soberano? Não é apenas mais uma moça da escola a visitá-lo?

Simulando certo desinteresse (tentativa que não passou despercebida ao astrólogo), Chandan fingiu entreter-se com um pequeno objeto em sua mesa e disse:

– A jovem é mesmo bela, Kabhir. Canta e dança tão bem e dispõe de excelente repertório de histórias, mas embora seja apenas mais uma moça da escola, algo nela me traz inquietação. Sabendo disto, meu caro amigo Janaka aconselhou-me a evitá-la, o que tenho feito nos últimos dias.

Prosseguiu então, em meio a seu pretenso desinteresse:

– Aliás, Mago, não percebo nela nenhum arrebatamento para comigo, diferente das demais que me visitam e têm me cansado. Nalini sempre se mantém calma e pouco me fita os olhos, como você mesmo deve ter lhe recomendado não fazer.

Kabhir sentia que o rei e amigo, de quem cuidara desde a meninice, estava mais do que consternado pelos sentimentos que surgiam em sua alma. Disse-lhe então, conclusivo:

– Chandan, se a jovem o agrada, torne-a sua favorita.

– Não tenho tais ilusões amorosas, Kabhir. Sabe bem que me interesso por estudos e pelo bem-estar de meu reino.

E continuou falando, mostrando-se desinteressado.

– Nalini chamou minha atenção já no dia em que a vi e passamos momentos muito agradáveis juntos, mas nada mais que isto irá acontecer. Tenho recebido outras moças aqui, que também me entretêm com música e histórias.

E Kabhir devolveu ao rei uma pergunta:

– Mas Nalini me disse que vocês observam as estrelas juntos. Sabemos que esta é uma prática muito comum entre amantes apaixonados e...

Antes que o mago continuasse, o rei virou-se envergonhado para ele, como se fosse flagrado em alguma mentira. E respondeu:

– Vejo que vocês conversam bastante, pois que o sigilo deste aposento foi quebrado pela língua inquieta dessa jovem. Sim, Mago, conversamos sobre as estrelas, sobre o mundo, sobre a criação de todas as coisas. Porém...

Kabhir, desejando provocar o rei para testar os sentimentos que já sabia estarem incandescentes dentro daquela estoica figura, disse-lhe:

– Não há por que recriminar Nalini, Soberano. Ela apenas comentou a mim que gostaria de aprender mais para poder entreter o rei com histórias mais profundas sobre as estrelas e a vida misteriosa nos planos da consciência. Aliás, creio que em breve poderíamos perguntar a ela se desejaria casar-se com algum nobre, já que tem preparo e beleza suficientes para tornar-se excelente consorte de algum príncipe de reinos vassalos. Vossa Majestade ainda terá muitas companhias da Casa Amarela e da escola e, como afirmou, não gostaria de se afeiçoar a ninguém.

Ouvindo isso, uma ira tamanha se apoderou de Chandan, que o impediu de prosseguir disfarçando seu ciúme. Cerrou os pulsos tentando ocultar os sentimentos que lhe ferviam na alma e disse, quase que entre dentes:

– Ela lhe revelou amar alguém, Kabhir? Diga-me! Pois que vá embora! Que se case com quem desejar e viva uma vida medíocre, dessas reservadas a gente tola, que passa a existência a tagarelar, comer e procriar.

Kabhir se divertia com a súbita reação e prosseguiu, inabalado:

– Em breve, deverei escolher mais jovens para a escola, meu Senhor. Recebi algumas possíveis cartas natais e quem sabe se Vossa Majestade não se apaixonará por uma delas? Todas já são mais velhas, diferentemente de Nalini, que foi apontada pelas estrelas antes mesmo do nascimento, juntando-se ao palácio aos sete anos.

– Nunca me disse por que a trouxe tão jovem, Mago.

– Muitos mistérios cercam a vida de Nalini, alguns deles indecifráveis até para mim, Majestade! Nalini morreria em pouco tempo se permanecesse junto à família. A curiosidade teria lhe custado a vida muito cedo. Além disso, um posicionamento entre as estrelas apontou que Nalini teria um papel importante no reino e...

Mal disse estas palavras, um tremendo alvoroço se fez ouvir na entrada dos aposentos reais.

Kabhir ergueu a cabeça e sua fisionomia mudou naquele instante, adquirindo feições que Chandan nunca antes vira. Disse-lhe então:

– Algo aconteceu com Nalini. Tenho uma sensação terrível.

Seu corpo físico permaneceu ali parado, à frente de Chandan, mas seu espírito já se desdobrava no tempo e no espaço, transportando-se até a escola para ver o que ocorrera com Nalini. Então retornou ao corpo, apavorado.

O rei se dirigiu à entrada de seus aposentos para saber o que se passava, quando um dos soldados da guarda já abria a pesada porta, deixando que Chandan visse, ajoelhada e em prantos, a pobre Kanti.

– Mestre Kabhir, – ela suplicava – ajude-me! Nalini morre. Adoeceu repentinamente e está quase sem vida.

Sem tardar, Chandan e Kabhir correram à escola em tal ansiedade que a guarda real mal conseguia acompanhá-los. A meio caminho, encontraram Janaka, que saía dos aposentos de uma de suas preferidas, tentando descobrir de onde provinha a comoção, e se juntou a eles, sem saber o que ocorria.

A escola ficava afastada dos aposentos reais e Chandan corria adiante de todos.

Ao entrarem na escola, viram-se frente a uma cena que não poderia ser mais triste. Um silêncio mortal e uma penumbra perturbadora haviam se instalado. Algumas meninas choravam, outras oravam ajoelhadas a suas próprias deidades, pedindo por Nalini, que era querida por todas.

Ninguém acendera as velas ao cair da noite. O cenário era desolador.

– Kanti – indagou Chandan, – onde ela está?

– Está na cama, Majestade. Agonizando... – balbuciou Kanti, em prantos, apontando para Rahela, que estava em pé ao lado do leito de Nalini, como que contando o tempo que faltava para que ela morresse.

Ao ver o estado de Nalini, o rei caiu de joelhos a seu lado. Kabhir colocou-se perto da moça, tocou-lhe a testa e respirou profundamente. Ela parecia morta. Seu corpo estava gelado e sem cor. Apenas uma túnica simples lhe cobria o corpo já enrijecido. Panos escuros foram estendidos sobre ela por Rahela, que afirmava que estes teriam o dom de salvá-la.

Um incenso de aroma repulsivo queimava a seu lado. Tudo parte de um maléfico feitiço.

– Foi envenenada – disse Kabhir ao rei, reservadamente. – E não só isso Chandan. Um feitiço terrível foi lançado para potencializar o veneno. Tenho que agir rápido.

Dirigindo a Rahela um olhar que nunca ninguém vira, Kabhir disse, em um dialeto que ambos conheciam:

– Pagará caro por isso, Rahela. Você alterou o carma de muitos com mais este ato de maldade. Libertarei Nalini da entidade maligna que você imantou a ela. Sabe o que essa criatura fará quando abandonar o corpo de Nalini, não sabe? Virá atrás de você, feiticeira! Esse espírito que invocou não retornará às trevas sem carregar uma alma com ele, e será a sua!

A mulher, cheia de despeito, respondeu irônica, mas só Kabhir compreendeu o teor de suas palavras:

– Ameaça-me, feiticeiro? Esquece que sou muito estimada pelas famílias da escola e usufruo da proteção da rainha? Esta jovem morrerá, queira você ou não. O rei deverá escolher uma nova favorita e, desta vez, será alguma das moças de cujas famílias recebo tantos agrados. Tenho meus meios, Mago, não me provoque, ou...

Kabhir bruscamente a interrompeu:

– Cale-se, feiticeira infeliz. Receberá o que merece.

– Janaka! – clamou Kabhir. – Cuide para que esta velha bruxa seja vigiada por um soldado experiente.

Janaka então designou Raavil para a tarefa. E voltando-se a Chandan, que já carregava Nalini nos braços para fora da escuridão lúgubre, Kabhir instruiu-o:

– Leve-a para meus aposentos, pois somente lá tenho meios de ajudá-la, embora algo me diga que este feitiço é fatal.

Ao ouvir isto, um desespero atroz dominou o rei.

– Salve-a, Kabhir! Salve-a e lhe darei tesouros inimagináveis.

Ouvindo isto, Rahela assumiu um semblante de ódio ainda maior pela jovem e pôs-se a recitar feitiços muito antigos que potencializavam o envenenamento. Precisava se livrar de Nalini ou seu poder na escola se extinguiria para sempre.

As palavras que Rahela recitava, no entanto, não atingiram a jovem princesa, agora protegida por Kabhir, mas foram energeticamente absorvidas pelo pobre Raavil, fazendo nele crescer ainda mais um estranhamento inexplicável que Nalini lhe causava.

– Cale-se, bruxa – ameaçou Janaka –, ou lhe trespassarei agora essa garganta venenosa.

Kabhir virou-se para Chandan e disse-lhe:

– Que me importam os tesouros, Chandan? Sabe que não tenho apreço por isso e que as moedas nada significam para mim. Sim, farei de tudo para salvar Nalini e o farei pelo mesmo motivo que o seu.

Chandan não entendeu o alcance das palavras de Kabhir, interpretando que o mago a amava como uma filha.

Kabhir jamais admitiria novamente o amor que sentia pela moça. Sabia que sua missão desta vez era outra, mas foi-lhe impossível controlar o próprio coração naquele momento aflitivo.

18. A sombra-da-noite

Nos aposentos de Kabhir, Chandan dispôs Nalini, quase sem vida, sobre um pequeno leito. Trazia os cabelos desgrenhados, olhar vazio e sentia dores lancinantes produzidas pelo veneno que, soube-se depois, havia sido colocado nos figos que estavam no cesto. Um suor álgido cobria-lhe o corpo.

Kanti chorava e pedia ao astrólogo real que a salvasse.

Várias fórmulas foram dadas a Nalini por Kabhir. No entanto, ela jazia inerte, com dentes cerrados, não permitindo que ingerisse os possíveis antídotos por completo. Unguentos aromáticos foram aplicados a seu corpo por Kabhir.

– Chandan, creio que o veneno me é desconhecido. Pior: não é somente com ele que precisaremos nos preocupar. A feiticeira também vinculou a Nalini uma entidade maléfica, que oportunamente afastarei. Por agora, tal entidade é a única coisa que a mantém viva.

O rei estava desesperado. Ofegava e suava, dando-se conta de que seus sentimentos estavam agora evidentes e indisfarçáveis. Olhava Nalini e segurava suas mãos sem vida, orando, como Kabhir o ensinara anos antes.

A serva de Kabhir era uma mulher de meia-idade, vinda de terras distantes e que pouco falava. Cuidava dos aposentos do mago e tinha por ele grande respeito. Seu nome era

Paniri. Anos antes, perdera uma filha da idade de Nalini, chamada Dari, em decorrência de um feitiço lançado pela futura sogra, que desaprovava o casamento. O envenenamento da jovem princesa a comovia então duplamente.

– Mestre Kabhir – disse Paniri bem baixinho. – Creio que existe alguém que conhece a origem desse veneno. Sei que o senhor pode se livrar da entidade agregada à moça, mas esse veneno é algo muito antigo, um preparado cuja origem remonta aos povos mais primitivos de nossa pátria, antes mesmo da vinda de Rama. As plantas e encantamentos usados em seu preparo se perderam na Antiguidade. Quem agora o preparou conhecia tais ervas ou as comprou de alguém que também as conhecia. A única pessoa que sei que ainda domina esses encantamentos é um pobre velho, cego e paralítico, que vive no bairro dos estrangeiros, em uma das casas atrás do mercado de ervas.

Ao ouvir isto, Kabhir virou-se para Chandan e convocou-o:

– Vamos até lá. Não há tempo a perder. Um homem nesse estado não aguentaria a viagem até o palácio e ainda despertaria a atenção de curiosos. Temos que levar Nalini até ele.

– Janaka! – instruiu Chandan. – Traga três cavalos e alguns sacos de moedas para darmos ao velho feiticeiro. Você conhece a região e irá conosco. Nalini estará em meus braços e não conseguirei lutar se for preciso. Mas você, Janaka, vale por dez soldados.

– Sim, Chandan. Aguardem-me na saída de nossa passagem secreta. Eu mesmo me incumbirei de sua segurança, para não chamarmos atenção. O bairro é conhecido por abrigar feiticeiros e malfeitores e não podemos despertar curiosidade, mesmo em meio à noite. Pensarão apenas que somos comerciantes cobrando alguma dívida.

Em minutos já estavam passando pela apertada passagem, pela qual, durante anos, Chandan descera para ir à cidade alta em busca das dançarinas da Casa Amarela. Hoje carregava em seus braços a mulher que lhe tirava o sono e a quem amava de fato. Em menos de uma hora já estavam nas cercanias do mercado de ervas.

Não lhes foi difícil localizar a casa de paredes manchadas

de fuligem e repleta de plantas arrepiantes. A descrição de Paniri era precisa.

Kabhir bateu à porta, já forçando para abri-la. Uma mulher atendeu e pediu silêncio, pois as crianças dormiam. Entraram todos sem pedir permissão.

Já dentro da casa, viram que a mulher cochichava algo no ouvido de um homem que separava ervas em uma peneira. O ambiente era lúgubre e malcheiroso. O casal parecia acostumado com visitas no meio da noite. Kabhir depois soube por Paniri que não poucos nobres se valiam do anonimato oferecido pela noite para encomendarem filtros de amor e poções abortivas.

– Onde está o feiticeiro? – indagou Kabhir. – Traga-o agora!

Enquanto isso, Janaka jogava um saco de moedas na mesa e se dirigia à porta para guardar a entrada. Chandan, que mantinha o rosto coberto, colocou Nalini em uma mesa baixa.

Vendo o presente de moedas, o homem parou de separar as ervas, levantou-se e aproximou-se de um pequeno aposento contíguo, onde levantou um pesado pano marrom e trouxe no colo um homem bastante idoso que aparentava uma caveira, tamanha sua magreza.

O ancião tinha os olhos cobertos por uma bandagem escura, ainda assim, parecia enxergar cada um dos inoportunos visitantes, detendo-se em Nalini, inerte sobre a mesa. Em seguida, apontando-a com o indicador, ordenou ao homem que o carregava que o levasse para perto dela.

Respirou profundamente o ar que ela exalava e disse algumas palavras ininteligíveis aos demais. Como se estivesse profetizando, afirmou com sua voz rouca e um tanto sinistra:

– Sei quem são todos vocês e o motivo de estarem aqui. Sou cego, mas meu espírito vê além deste mundo. Esta jovem está sob efeito da erva-de-feiticeiro e resta-lhe pouco tempo. Sinto a maligna criatura que a abraça, convidando-a ao sono da morte, pois o veneno, além de letal, passou também por encantamentos preocupantes, cuja origem se perdeu nos tempos. Mas vejo que seu espírito ainda não está totalmente desligado do corpo físico, o que me permite afirmar que a poção foi ingerida em pequena quantidade. Verei o que posso fazer.

Cochichou algo mais no ouvido do homem que o carregava e este o levou até um tosco armário, de onde retirou um pequeno vidro contendo uma erva conhecida de Kabhir.

– Tenho esta mesma erva, Velho. Já a utilizei, mas não ajudou a trazer a moça de volta.

– Você tem a erva, Mago, mas não o feitiço que a consagrou ao senhor do mal, e a chave disto eu tenho e já o imantei a esta planta. Leve a moça e prepare com esta erva a poção que preferir. Assim que ela a ingerir, a entidade diabólica se manifestará e tentará de toda forma levá-la consigo. A luta exigirá uma bravura sem igual, pois a criatura se materializará usando os recursos físicos dos presentes, enfraquecendo-os.

E os alertou:

– Se tentarem atacar a criatura, quem sentirá a dor será esta jovem. Portanto, aquele que se propuser a defendê-la, que suporte toda a dor por ela, até que o ser maléfico se retire ao nascer do sol.

Dito isso, completou, profeticamente:

– Quem lançou o feitiço será arrastado pela entidade, pois esta não poderá voltar aos infernos sem que alguma alma lhe seja dada para torturar. Vá, pois o tempo é curto!

Retornaram prontamente e, tão logo Nalini foi acomodada em um leito nos aposentos de Kabhir, a poção lhe foi preparada.

– Vá, Majestade – disse Kabhir. – Eu mesmo defenderei Nalini. Seria imprudente expô-lo a este feitiço. Não precisamos de soldados que lutem, mas de homens que suportem a dor e não tenham medo da criatura que foi imantada a Nalini.

– Jamais! – respondeu Chandan – Permanecerei aqui. Não a abandonarei, Kabhir.

O rei sabia que teria forças para suportar os suplícios vindouros. Os anos vividos nos campos de batalha e as privações quando ainda servia junto a seu exército o haviam preparado para tudo, ainda que não imaginasse o que estava por vir.

– Vá, Janaka – disse Chandan. – Traga a bruxa velha até aqui. Rahela pagará caro pelo que fez.

Kabhir então voltou-se a Kanti, que os aguardava apreensiva, e ordenou a ela:

– Saia também, minha jovem. Não entre nestes aposentos até ser chamada, não importando o que escute, ou o rei poderá morrer.

Dizendo isto, ministrou a poção a Nalini, que imediatamente entrou em convulsões.

Ela então se desdobrou do corpo físico e Chandan pode vê-la na forma espiritual. Vestia-se em tons sombrios e estava entorpecida. Os cabelos longos se misturavam com as vestes soturnas, emoldurando-lhe o rosto pálido.

Chandan tentou tocá-la naquele instante e procurou em vão abraçá-la.

– Nalini! Imploro que lute por sua vida. Não me abandone. Sabe que a amo mais do que tudo! Lute. Não poderia viver sem você...

Kabhir pronunciou então algumas palavras na língua do povo antigo e Nalini rapidamente retornou ao corpo físico. Abriu os olhos, lívida, reconhecendo Chandan e Kabhir. Subitamente, porém, olhou para o canto da parede e gritou alucinada.

Os dois homens, ao olharem na mesma direção, enxergaram uma figura horrenda, que se assemelhava a uma harpia voraz[6], que exalava odor nauseante e olhava ensandecida para Nalini, que cobria o rosto em pavor. Chandan avançou sobre a criatura horrenda, agarrando-a pela garganta. No mesmo instante, Nalini começou a sufocar-se, como se ela e a criatura estivessem imantadas.

– Não, Chandan! – gritou Kabhir. – Elas ainda estão interligadas. Não ataque o monstro.

Tão logo terminou estas palavras, a criatura se arrastou para Nalini, tentando alcançá-la com suas garras pegajosas.

Chandan imediatamente colocou-se à frente de Nalini, sendo atingido nas costas pelas garras da entidade, que impiedosamente lhe atacava o corpo espiritual. Ele, porém, protegia a jovem, suportando as dores resultantes do ataque.

Kabhir, enquanto isso, recitava invocações de proteção, clamando por espíritos benéficos que já traziam a boa nova dos primeiros raios da manhã.

[6] As harpias, na mitologia grega, eram grandes aves de rapina com rosto de mulher.

Não foi possível precisar o tempo que tudo durou. Assim que as primeiras luzes matinais adentraram os aposentos do mago, a entidade mostrou sinais de sufocamento, começando a desmanchar-se como uma folha queimada.

– Atinja-a agora, Chandan – gritou Kabhir. E o rei, em um veloz movimento, tomou sua espada e atingiu a criatura com um único golpe no peito. O ser horrendo grunhia assustadoramente, sentindo seus centros de força se desintegrarem.

Já em frangalhos, arrastou-se então para fora dos aposentos, atravessando a parede sem dificuldade, imantando-se agora ao corpo de Rahela, que fora trazida pela guarda real. A feiticeira morreu sufocada em poucos segundos.

Mais tarde, Janaka e Kanti narraram terem visto apenas uma nuvem assustadora se aproximar de Rahela e envolvê-la por completo. A criatura arrastaria a bruxa às profundezas, onde responderia pelo mal que praticara nesta vida e em outras passadas.

Kabhir então apaziguou Nalini, que adormeceu como que liberta de um terror interminável.

– Venha, Majestade. Está muito ferido, ainda que apenas em seu corpo espiritual.

E explicou ao rei:

– Preciso curar estas feridas prontamente. Embora não sejam visíveis no corpo físico, poderão logo manifestar-se nele na forma de terríveis doenças. Todo desequilíbrio do corpo físico começa antes em nosso corpo espiritual.

Ordenou a Paniri que preparasse uma mistura de aloés e, dispondo as mãos sobre os ferimentos de Chandan, aplicou-lhe o preparado, recitando fórmulas secretas. O rei sentiu-se imediatamente aliviado. Nenhuma cicatriz restaria, exceto a lembrança da luta cruenta.

– Permita que Nalini se refaça, Chandan. Ela precisará destes dias de repouso.

Ouvindo isso, o rei se aproximou de Nalini, que permanecia desfalecida, e beijou-lhe a testa. Dirigiu-se então a Kabhir, dizendo-lhe:

– Você é mago verdadeiro, Kabhir. Terei para sempre uma dívida para com você.

– Não, Majestade – respondeu-lhe Kabhir. – Eu é que pago parte de minha dívida para com ambos, bem como com a criatura que aqui se manifestou. Ela foi invocada por mim mesmo... Milênios atrás.

Mas deixemos esta história para o futuro...

19. O que perfuma também pode envenenar

Nalini desabrochara. Os meses de convívio com Chandan após o terrível incidente foram marcantes para ambos. As experiências afetivas transformaram o casal em companheiros inseparáveis, a ponto de o rei não mais convidar nenhuma das moças da escola para sua alcova.

Eventualmente, alguma informação sobre o casal acabava extravasando dos recintos reais pelos soldados que faziam a guarda – e alcançavam suas esposas, que também viviam na corte. Elas, sem algo mais importante com que se ocuparem, repassavam o que ouviam, aumentando a história como lhes apetecesse.

Falavam da proximidade que ambos haviam desenvolvido e que tinham intenso amor mútuo, o que não era exagero. Relatavam que Nalini passava horas a fio nos aposentos reais – às vezes dias – contando histórias ao rei e entretendo-o com música e dança.

Ele compartilhava com ela todos os seus pensamentos.

Mestre Kabhir, durante várias noites se sentava com ambos, sob a luz do luar, e explicava-lhes sobre nosso afastamento do Criador de todas as coisas, afirmando que deveríamos realizar esforços pessoais para fazermos esse caminho de volta, ampliando nossa capacidade natural de amar.

Chamava a atenção dos apaixonados para o despertar da própria consciência através do pensamento claro, de estudos e meditações, explicando que as boas ações seriam o caminho mais sereno para atingirmos uma relativa condição de paz individual no mundo.

Chandan, apaixonado que estava, só não transferiu Nalini para os aposentos contíguos aos seus porque a jovem se negava a abandonar a escola, alegando haver se afeiçoado às colegas e que desejava ajudá-las no que lhe fosse possível.

No período em que ocupou a posição de favorita do rei, Nalini auxiliou mais de vinte moças a voltarem a suas províncias e casarem-se com seus antigos afetos, pelo que se tornaram sinceramente gratas e felizes. Tal gratidão, futuramente, se converteria em preces, que ajudariam Nalini a ser resgatada da cidade trevosa de Adharma, em que se encontraria futuramente, devido unicamente a sua própria invigilância.

Além das que desejaram se casar, algumas alunas solicitaram ser encaminhadas a templos para se dedicarem aos deuses de suas preferências. Estas também partiam felizes e muito gratas a Nalini, que pleiteava junto ao rei um dote para os pais e outro para a manutenção do templo ao qual se dirigiam. Muitos locais sagrados foram mantidos com tais recursos, o que, a seu modo, também ajudou Nalini, enquanto viveu, a quitar sérias dívidas do passado, embora jamais cogitasse que o estivesse fazendo.

Outras, que haviam se apaixonado por jovens palacianos ou mesmo da escola militar, também foram auxiliadas por Nalini a realizarem casamentos felizes.

– Está se tornando uma verdadeira casamenteira, minha querida – dizia Chandan, acariciando seus cabelos e olhando-a profundamente nos olhos. – Será que não deseja você mesma se tornar uma consorte real?

– Não desejo me tornar sua esposa, Chandan, visto que já somos casados pelos laços da alma, como afirma Kabhir. Não vejo vantagem nenhuma em provocar a ira de Nimit por você ter-lhe negligenciado a irmã, a quem, aliás, visitarei amanhã, pois tenho um pedido a lhe fazer.

– Um pedido a Kalanthara? Ela já me disse que a aprecia

muito, Nalini, mas não sei se poderá atendê-la mais que eu – disse o rei, enciumado.

– Não é nada importante, querido. Apenas uma gentileza. Uma de suas aias morreu recentemente, picada por um escorpião, e a irmã da pobrezinha está na escola, ansiosa para tomar o lugar da falecida, caso a rainha assim o deseje.

– Ora, Nalini, apenas ordene que ela sirva a rainha e isto se fará. Sabe que suas ordens são cumpridas imediatamente no palácio e no reino. As escolas que me pediu foram construídas e os grãos agora são distribuídos em dobro nas aldeias. Não lhe parece bom?

– Chandan, pelo visto você aprendeu diplomacia com os macacos do templo, não? – e riu-se muito. – Devemos sempre manter as boas relações, meu Rei, desde os empregados até os mais altos funcionários do palácio. As mulheres devem se respeitar e cuidar umas das outras, visto que em mãos masculinas provavelmente conheceremos somente dor e sofrimento. Falarei com Kalanthara e pedirei sua intercessão, como pede a diplomacia e o respeito que temos uma pela outra.

– Sei que tem razão, Nalini. Estava apenas sendo irônico, reconheço, e talvez até ciumento, pelo tempo que passará longe daqui, com a rainha. Leve meus cumprimentos a Kalanthara quando estiver com ela.

– Chandan, você mesmo poderá fazê-lo daqui a dois dias: será o aniversário dela. Deve visitá-la e prestar-lhe honrarias.

E acrescentou:

– Gostaria também de pedir a ela que olhasse por Kanti. Temo por minha querida aia. Rahela a perseguia sem trégua, mas ela insiste em permanecer na escola. Aliás, este é um dos motivos que me prendem àqueles aposentos: ajudar algumas das meninas e também Kanti, enquanto outra guardiã não for escolhida por Kalanthara.

– E a mim, Nalini? Que proteção meu coração vulnerável tem, frente a você?

Corada, Nalini voltou-se a Chandan e sorriu, desmontando qualquer defesa que o rei tivesse. Sentiu que seria dele por toda a eternidade, porém algo de estranho crescia em seu coração, como se aqueles anos maravilhosos fossem terminar de repente e a felicidade vivida viesse a se obliterar por tristezas e desolações.

Na verdade, tal sentimento sempre assolava a jovem, que tinha certeza de que nada duraria e que algo terrível sempre estaria por acontecer.

Quando adormecida, mesmo ao lado de Chandan, pesadelos a atormentavam. Via um homem, a quem detestava visceralmente, dividindo com ela seu leito em outro palácio, fazendo com que o pior de seus sentimentos emergisse. Era como se o estranho libertasse um ódio que ela guardava escondido dentro de si, sentimento este agora entorpecido pelo amor que recebia do rei.

Não havia nada nem ninguém no mundo que ela amasse mais que Chandan, mas, ainda assim, percebia-se continuamente apreensiva com a duração que esses momentos de amor teriam.

Conversou sobre esses sonhos com Kabhir, que, cabisbaixo, ouviu toda a narrativa.

– O que foi determinado pela Lei Divina irá acontecer, Nalini. Portanto, de nada adianta se preocupar.

E frisou:

– Mantenha-se vigilante e resignada, mas acima de tudo perdoe o que lhe fizerem, irrestritamente. Não aumente as provas de nosso grupo de espíritos, já tão endividados. A vida verdadeira não está, neste momento, a nosso alcance, mas um dia todos nós, incluindo o algoz de seu sonho, estaremos juntos e integrados ao Criador.

Nalini respirou fundo e disse:

– Senti profundo ódio desse homem em meu sonho. Nunca havia experimentado tal sentimento. Será um feitiço?

– Não. Nalini. O ódio é de seu próprio coração. Ocorre que você não teve ainda um motivo para libertar esse sentimento das algemas que o aprisionam no fundo de seu coração. No entanto, se não for burilado, ele há de sair e causar muito mal, principalmente a você mesma. Nada que não tenha sido criado pelo Divino Pai poderá voltar a Ele – e seu ódio é uma destas coisas.

20. Ashoka

O dia estava realmente belo. Um suave perfume inundava os jardins ao lado dos aposentos de Kalanthara. Muitas árvores Ashoka – a árvore sagrada – floresciam em tons de alaranjado e vermelho, mas só estavam assim exuberantes e frondosas nos jardins de Kalanthara.

A rainha recebeu Nalini com um sorriso gentil.

Kalanthara já tinha certa idade, mostrando alguns fios de cabelos brancos. Os olhos eram fundos e escondiam certa tristeza. Devia ter sido bela na juventude, mas aparentava ter vivido um sofrimento profundo, que permanecia oculto entre os refinados tecidos com que se vestia.

– Como está minha querida Nalini? Que bom que conseguiu tempo para me visitar! Soube que anda muito ocupada com Chandan – disse, sorrindo com sinceridade.

Nalini corou e baixou a cabeça, envergonhada, como se sentisse alguma culpa pelo fato de a rainha viver naquela parte do palácio, sem usufruir da companhia de Chandan.

A bondosa mulher, percebendo que a encabulara, disse-lhe sorridente:

– Não, minha querida, não há motivo para envergonhar-se do amor que ambos sentem um pelo outro. Venha, vamos conversar um pouco e lhe abrirei meu coração. Sinto que posso confiar em você. O próprio Kabhir me garante que seus sentimentos e índole são os melhores.

E ordenou:

– Saiam todas. Quero conversar a sós com a favorita do rei. Você também, Raavil. Nalini não me oferece perigo.

O soldado, contrariado, acenou a cabeça e retirou-se, olhando Nalini com desprezo.

Nalini sustentou o olhar de Raavil corajosamente, até que ele sumisse por detrás das colunas de mármore. Voltou então a atenção a Kalanthara, que continuou:

– Sou casada com o rei desde meus vinte e poucos anos, mas ele não foi o amor de minha vida. Amei muito um rapaz belo, chamado Harit. Creio que nossas almas caminham juntas desde o início dos tempos.

Nalini sentiu-se muito próxima e compadecida pelo sofrimento que Kalanthara mostrava em seu olhar sereno.

– Ele vivia em meu reino e era filho de um nobre do palácio de meu pai. Como eu, Harit se dedicava aos estudos. Amava a natureza, a meditação, a música. Passávamos horas a fio conversando sobre os mistérios da vida e sobre como amávamos a paz e a quietude. Era um espírito de nobreza sem par e de uma bondade natural. Harit abominava a guerra e as disputas palacianas e foi justamente isso que fez com que me apaixonasse por ele.

Como que revivendo no semblante a antiga cena, prosseguiu:

– Pedi então a meu irmão Nimit, que já dirigia o reino, que permitisse nosso casamento, visto que já estava grávida de alguns meses. Meu irmão, demonstrando sua habitual frieza, humilhou-me por haver me entregado a um homem desqualificado para a guerra e por isso incapaz de defender-me. Proibiu nosso casamento até que Harit enfrentasse sua primeira batalha e mostrasse real valor.

Sua voz adquiriu tom consternado:

– Amando-me profundamente e mesmo sendo um homem pacífico, aceitou o desafio de Nimit, partindo com ele para debelar uma revolta que irrompia em uma aldeia. Apenas alguns minutos se passaram de sua chegada aos campos de rebelião quando foi atingido pela flecha inimiga, que estava envenenada. Meu pobre Harit nem mesmo chegou a descer de seu cavalo...

Fez então um breve, mas doloroso silêncio.

– Ao saber da notícia, entrei em trabalho de parto muito antes do tempo, perdendo a criança. Isso deve ter causado minha esterilidade... Creio, Nalini, que é por essa razão que Nimit propôs meu casamento com Chandan, pois sempre sonhou em unir estes dois reinos em um só, tornando-se o único soberano. Minha esterilidade evitaria herdeiros que quisessem usurpar seu cobiçado trono!

Passou então a falar sobre o consorte:

– Chandan, com apenas quinze anos, mostrou grande maturidade e entendimento. A pedido de seus conselheiros, aceitou nosso casamento, mesmo sabendo que eu pertencera a outro homem e engravidara. Quando nos casamos, uma grande amizade se formou entre nós e ele nunca me julgou pelo fato de não ter-lhe dado um filho. Ele me dizia: "Kalanthara, minha esposa, não precisamos de um herdeiro, pois eu viverei para sempre!".

Mas o olhar da rainha voltou a entristecer-se:

– Os anos se passaram e Chandan apenas se interessava por batalhas e estratégias, entretendo-se às vezes com mulheres na cidade. Ele crê que ninguém sabe de suas escapadelas, pois se orgulha do anonimato. Eu mesma, preocupada com o futuro do reino, recomendei a Chandan que buscasse um verdadeiro amor, além de um herdeiro que pudesse portar a coroa com dignidade. Um homem tão forte e radiante como o rei não deveria passar seus dias apenas estudando com Kabhir e pensando na própria destreza militar.

E acrescentou:

– Tentamos tantas vezes trazer um herdeiro ao trono, mas a criança não vingava além de três meses de gestação. Isso, ao invés de apiedar as mulheres do palácio, multiplicava as maledicências.

Voltou-se então com olhar singelo para Nalini e disse-lhe:

– Quando eu soube que ele a amava, fato que ele mesmo me relatou assim que você se recuperou do nefasto feitiço, fiquei muito feliz por vê-lo vivenciando o mesmo amor que um dia também experimentei com Harit.

Mas alertou-a:

– Apenas recomendo que não ostentem tal afeto em público. Não por mim, que realmente amo o rei como a um irmão, mas por Nimit, que se revoltaria ferozmente se soubesse que Chandan tem uma favorita, nem quero imaginar o que poderá tramar. Ele inveja Chandan em tudo e, apesar de não lhe dever nada em beleza e destreza, meu irmão parece sempre incomodado com os feitos de meu esposo. Nimit colocou espiões por todos os lados e creio que Rahela era uma delas.

Nalini, tocada pela conversa com Kalanthara, prometeu manter discrição, embora soubesse que Chandan era dado a mostras de afeto em público, gostando de exibi-la a seus convidados nas comemorações.

– Prometo cautela, Majestade.

– Ora, Nalini, não se acanhe comigo. Sei que é uma legítima princesa, visto que seus pais descendem de príncipes leais ao trono. Aliás, lembro que a vi ainda pequena, brincando sozinha em um jardim do palácio com uma bonequinha de tecido. Meu coração naquele momento se compadeceu por seu destino longe do lar, embora sabendo que a escola é um privilégio para as poucas que apresentam a Lua em posição favorável na carta natal.

Kalanthara então pediu que uma serva lhe trouxesse tabuinhas para escrever algumas ordens.

Nalini, repentinamente, lembrou-se daquele dia em que brincava com a bonequinha que o pai lhe dera no dia da partida. Avistara a rainha, duas acompanhantes e um soldado mal-encarado, que era ninguém menos que Raavil. Recordou-se do olhar gentil da rainha, que lhe acenou com a cabeça, perguntando-lhe seu nome e o que fazia ali sozinha.

– Sou Nalini e estou de castigo. Rahela brigou novamente comigo por não ter me alimentado direito.

Kalanthara então lhe disse, serena:

– Devemos todos agradecer pelo alimento que nos é ofertado, minha pequena, pois muitos não usufruem de nenhum. Seja boa aluna e aproveite o privilégio de viver neste palácio. – E seguiu seu caminho tranquila, com seu séquito.

A lembrança foi então interrompida pela voz da rainha:

– Bem, Nalini, em que poderei ajudá-la? Algo que eu possa fazer pela escola?

– Sim, Majestade. Gostaria de lhe pedir que aceitasse, no lugar de sua aia que morreu, a irmã dela, que continua na escola e desejaria servir nos aposentos reais.

– Sem dúvida! Se você a recomenda, certamente será bem-vinda entre minhas aias. E o que mais posso fazer por você?

– Gostaria de pedir sua permissão para que Kanti assumisse a condição de protetora e governanta da escola em lugar de Rahela. Ainda temos na escola algumas moças que precisam muito de atenção e, até que consiga garantir um bom futuro para elas, seria bom contarem com uma segunda mãe, bondosa como é Kanti.

Kalanthara respondeu então, visivelmente comovida:

– Nalini, querida, o que fez pelas moças foi louvável. Sei que a algumas com menos recursos você deu suas próprias joias, para que tivessem algum dote. Porém estava aqui pensando que nunca tivemos tão poucas moças por lá. Precisamos buscar mais meninas interessadas em estudar e sem que as suas cartas natais constituam impedimento a ingressarem. Afinal, já temos uma favorita do rei e não há motivos para não abrirmos a escola para que mais meninas estudem.

Nalini ficou feliz em conhecer o entendimento de Kalanthara, visto que pensava da mesma forma. Por que razão, indagava-se, uma menina nascida com a Lua aqui ou ali não poderia frequentar a escola e ali esclarecer-se?

– Fique tranquila, Nalini. Receberei Kanti para conversar e ver se apresenta condições de assumir a escola. Mas noto que deseja me dizer algo que não consegue. Estou certa?

Novamente, Nalini corou.

Kalanthara, percebendo que Nalini não conseguiria prosseguir com seu pedido, disse-lhe, serena como sempre:

– Sim, Nalini. Não tenho nenhuma objeção em você se mudar para os aposentos contíguos aos do rei. Desejo apenas que sejam vigilantes e muito felizes. Ambos merecem, minha querida.

E assim se fez. Em três noites, Nalini se mudaria para os aposentos ao lado daqueles do rei.

21. O gosto amargo da tristeza

Novamente em Ashwattha, a colônia espiritual, mais de um século depois do encontro entre Nalini e Kalanthara, a jovem se recuperava aos poucos e procurava seguir os conselhos de Kabhir. Fazia caminhadas por entre as fontes e o etéreo jardim, desejando que as respostas a seu insistente diálogo mental surgissem de repente. Pensava nos próprios erros constantemente, imaginando se poderia ter agido de uma ou de outra forma, e isso a colocava em um estado mental desgastante.

Kanti a acompanhava, sempre vigilante, ajudando-a nos momentos em que seus pensamentos se tornavam por demais densos e agitados.

– Kanti – ela dizia –, sei que tem afazeres junto a Kabhir nesta colônia abençoada e não desejo mais tomar seu tempo. Ambos já fizeram muito e cabe somente a mim mesma enfrentar os erros de outrora.

– Sim, Nalini – respondeu a amiga devotada. – Creio que já pode caminhar sozinha e meditar sobre seu próprio coração e as dores ocultas que ele traz. Sabe que estaremos, Kabhir e eu, a seu dispor sempre que precisar, mas também é verdade que temos no momento inúmeros leitos com almas recém-trazidas da carne para esta colônia e que também necessitam de nosso urgente auxílio.

Em Ashwattha, o tempo caminhava diferentemente da Terra. Dias e noites se alternavam de forma belíssima, presenteando aos que lá estavam recolhidos, ou em missão de ajuda, com crepúsculos inimaginávies aos que ainda vivem encarnados. Nalini aproveitava esses momentos para meditar, tentando acessar memórias que somente aflorariam no momento devido.

Certo dia, sentada em um dos jardins, observando o incessante movimento dos que iam de um lado a outro em seus afazeres, ela pensava se de alguma forma poderia ser útil naquele local, porém o sentimento de pesar ainda pulsava forte em seu coração, razão pela qual Kabhir lhe recomendava meditar e repousar antes de qualquer novo ensinamento ou trabalho. Ele sabia que o despertar da consciência estava próximo e que dores pungentes haveriam de emergir.

Chandan fora orientado pelos mestres de Ashwattha a não se aproximar de Nalini até ela atingisse razoável equilíbrio. Isso o deixava contrariado.

Observava Nalini de longe, com o coração apertado por não poder abraçá-la e consolá-la, dizendo-lhe o quanto a amava.

Apreciando o pôr do sol, Nalini fechou os olhos e dispôs-se a sentir a paz que a colônia emanava, agradecendo ao Criador, ao qual sentia-se agora mais próxima, pelas belezas que seus olhos ali presenciavam.

Nalini sabia que abandonara o corpo físico em situação desesperadora, pois se lembrara com detalhes do momento de sua morte nas mãos do odioso soldado. Sentia por ele um desprezo inimaginável. Aquele mesmo soldado que fazia parte da guarda de Kalanthara se tornara seu assassino. Rapidamente percebeu-se prestes a se desequilibrar e lembrou-se da prece que Kabhir lhe ensinara. Recitou-a com atenção e fervor.

Respirou então profundamente e sentiu-se inundada pelo perfume dos sândalos que dividiam com outras árvores a vastidão do harmonioso jardim.

Aquele aroma do sândalo sagrado invadiu seu corpo emocional e, naquele exato momento, ela pôs-se a sentir uma dor que, de tão aguda, a paralisou. A oração ensinada por Kabhir, na verdade, apenas abrira um portal para as próprias dores, que precisavam ser trazidas à luz.

Dezenas de imagens voltavam velozmente de um passado esquecido, obrigando sua mente a decifrá-las em rápida sucessão.

Viu Chandan a seu lado, prometendo-lhe amor eterno...

Viu-se na escola de moças, envenenada com um figo dado por Rahela...

Sentiu a pesada mão de Nimit a segurar-lhe o braço enquanto ela lhe cravava um punhal no coração...

Outras visões se encadeavam e eram terríveis.

Via Kalanthara fugir com um menino, apavorada pelo mal que Nimit poderia afligi-la... Mas nada se comparava ao horror de ver, naquela mesma sequência, Kabhir e Kanti serem devorados por javalis enquanto Nimit contemplava a cena satisfeito...

Sentiu correntes pesarem-lhe nos pulsos, sendo puxada por Nimit em um palácio de escuridão impenetrável...

Em um grito abafado, ergueu-se do banco em que estava, mas, prestes a perder novamente os sentidos, foi amparada por Kabhir.

– Nalini, não receie as lembranças. Outras ainda estão por vir. Não sinta medo nem culpa. Apenas perdoe e aceite que fomos maus obreiros. Agora nos caberá a tarefa de abrir com a chave do amor as algemas que nos imantaram ao mal. Lembre-se de tudo, Rajkumari: estaremos a seu lado e a ajudaremos a olhar o passado com serenidade.

Chandan a observava de longe, sem poder se aproximar. O antigo rei não ousaria contradizer as recomendações dos mestres de Ashwattha, que o orientavam a não abordar Nalini enquanto ambos não obtivessem relativo equilíbrio de sentimentos.

A dor que sentia por abandonar Nalini no tumulto das lembranças que a ela voltavam apaziguou-se somente quando um dos mestres o convocou a preparar-se, pois um preocupante ataque à colônia era iminente.

Kabhir segurava as mãos de Nalini, ajustando seu sistema energético para que as lembranças da última existência fossem recebidas com calma. Olhou então para a jovem e disse-lhe:

– Há duas palavras, Nalini, que o Mestre dos Mestres, que em breve descerá à carne, trará. Tais palavras serão a base de toda a nossa evolução como consciências imortais. São elas *Amor* e *Caridade*.

E continuou:

– O amor sempre nos dará forças para prosseguir na estrada do Bem. Caminhamos há milênios entre pedras e espinhos, cegos e desesperados, porque resistimos a este Bem e nos negamos a cultivar as necessárias virtudes que nos elevariam acima das dores do mundo. A caridade é o único meio de acessar tal estado de plenitude, visto que ela abarca todas as demais virtudes. Saiba cultivá-la, assim como o hábito da oração. Em breve tempo, a mensagem de amor e caridade chegará a todas as pessoas e ouso dizer, ainda, que essa mensagem transporá as estrelas.

E prosseguiu, emocionado:

– O meigo Mestre trará preciosos ensinamentos dos quais precisamos recordar, visto que já os conhecemos em mundos esquecidos... Ele o fará muito mais na forma de atitudes do que propriamente por palavras. Seu exemplo seguirá os homens por toda a eternidade.

Então revelou-lhe:

– Nalini, foi-me autorizado pelos dirigentes desta colônia a dizer-lhe que será concedida a você a oportunidade de dois renascimentos, que a auxiliarão a acalmar as dores que assolam seu coração. O primeiro ocorrerá em alguns anos e terá caráter exclusivo de resgate junto a Nimit. O segundo renascimento virá quase na mesma época em que nosso irmão maior, Yeshua[7], será conduzido a uma encarnação há muito planejada. Você poderá conhecer as palavras desse irmão no tempo adequado, ainda que através de terceiros. Estaremos todos a seu lado nessa prova, Nalini. Seremos eu e Kanti seus pais em uma encarnação vindoura e a cercaremos de amor. Prometo.

E prosseguiu:

[7] Nome original de Jesus em hebraico. Significa 'salvar', 'resgatar'.

– Chandan, por sua vez, nascerá filho de Harit, nas areias da Síria.

Um arrepio percorreu a espinha de Nalini, que, desconcertada pelos sentimentos que mostrava, disse a Kabhir:

– Não creio que possa suportar um minuto sequer perto de Nimit. Meus sentimentos se desalinham ao ouvir esse nome e não conseguiria novamente viver ao lado do homem que tanto me prejudicou, além de afastar de mim os que amei. Sei que Nimit está ainda nas profundezas das trevas, de onde Chandan me resgatou, mas não desejo revê-lo jamais.

Kabhir, inteiramente sereno, complementou:

– Não tema, Nalini. Em breve Nimit será subtraído das garras do mal. O tormento dessa pobre alma deverá ser interrompido para que usufrua de alguma oportunidade de refazer-se. O contato com as palavras e ensinamentos de Yeshua será para ele um bálsamo, um alento que o fará recordar-se daquele dia em que todos nós O ouvimos, antes de cairmos neste planeta. Acreditamos que muito em breve Nimit tentará em vão uma investida contra a colônia, na tentativa infrutífera e impensada de reaver você.

Ao ouvir isso, Nalini, recuando um passo, quase perdeu os sentidos, sendo prontamente amparada por Kabhir, que, olhando firmemente para a jovem disse-lhe:

– Nunca deixe de acreditar na bondade de nosso Pai, que jamais deixa um de seus filhos ao relento. Nimit é nosso irmão e não merece menos amor de você do que Chandan. E, por falarmos nele, prepare-se para encontrar seu afeto de muitas e muitas vidas: nosso inestimável Chandan já foi suficientemente burilado pelos sofrimentos que sua ausência lhe causou. Nosso rei hoje é uma alma que anseia pelo próprio progresso espiritual. Em alguns dias providenciaremos esse encontro.

O tempo passou ligeiro. Nalini se fortalecia em orações e meditações e já se ocupava em tarefas de limpeza e higienização energética dos aposentos da colônia, até que, em uma bela manhã, Kabhir a encontrou conversando com uma jovem que desencarnara em um parto difícil. Nalini a consolava e isto trouxe ao antigo mago novas esperanças.

– Nalini, a hora do reencontro se aproxima. Não se envergonhe pelo tempo em que viveu junto a Nimit. Chandan sabe que não havia outra escolha e que tudo se explicará no final desta jornada.

E continuou, sereno como sempre:

– Chandan não ficou em desamparo enquanto estavam separados, pois os monges das montanhas o ensinaram a desenvolver o desejo poderoso de perdoar. A meditação diária e o aprendizado de técnicas de desprendimento do corpo físico ajudaram-no a acessar os motivos do sofrimento vivido, trazendo-lhe novo alento.

As palavras de Kabhir nunca fizeram tanto sentido. Nalini sentiu-se serena como nunca e esta paz, que ela sabia vir um dia a alcançar plenamente, a ajudou a conquistar o direito de reencontrar-se com seu grande amor.

22. O jardim adormecido volta a florescer

Na biblioteca de Ashwattha, dias depois, Nalini foi recebida por um homem de extrema simpatia, que aparentava ter muito mais de cem anos. Ele a abraçou carinhosamente, como se a conhecesse desde sempre.

– Venha, Nalini. Temos muito que conversar.

A visão daquele homem lhe causou familiaridade. Parecia-lhe que naquele ancião reconhecia alguém. Ele a lembrava do filho Agha, entregue a Kalanthara para que o criasse e evitasse a implacável perseguição de Nimit. Contudo, ela o entregara ainda bebê e aquele homem era já vetusto. O tempo ainda estava confuso para ela e situar-se dentro dele era-lhe desafiador.

A seu lado estava Kabhir, sereno e imponente, com os braços cruzados nas costas, como costumava fazer nos idos tempos do palácio.

"Não pode ser verdade", ela pensou. "Meu filho era apenas um menino quando morri nas mãos do detestável soldado. Não é possível que..." E interrompendo seus pensamentos, olhou para Kabhir, que confirmava com a cabeça.

– Venha, minha mãe – disse Agha sorridente, agora se mostrando um pouco mais jovem. – Chegou a hora de o jasmim e o sândalo se entrelaçarem novamente nos jardins de

Ashwattha. Não pense que não quero abraçá-la em gratidão pelo sacrifício que fez por mim, renunciando ao próprio filho para evitar uma tragédia maior, mas emoções tão fortes não seriam recomendáveis neste momento.

E prosseguiu:

– Após sua morte, meu pai, devastado e envelhecido pela dor de sua perda, me procurou no monastério em que me encontrava. Contou-me, com o tempo, tudo o que se passara e me ensinou como um rei justo deveria agir, preparando-me para a realeza terrena. Tais ensinamentos foram cruciais para que eu pudesse pleitear o trono no momento certo, sem causar revoltas nem guerras entre as nações de nossa adorada pátria. Consegui me tornar um rei benquisto por aquelas almas falidas como nós, usufruindo desse título terreno por quase oitenta anos, dos quais me orgulho um pouco, se me permite dizer. Foi um período de prosperidade e paz para nossa amada terra.

E continuou, alegre:

– Mas não posso levar todo o crédito, pois o período de paz se fazia necessário para a vinda de nosso Senhor, e muitos amigos aqui de Ashwattha me ajudaram, inspirando-me a ser um soberano competente e justo e proporcionar muitas benfeitorias a meu amado povo. Aliás, minha mãe, foi esta a missão que me levou daqui para o nascimento. Sem tal respaldo, eu nada teria conseguido.

Em alguns segundos, Nalini entendera tudo. O filho, entregue a Kalanthara ainda bebê, era um presente para aquele reino e não para si mesma. A criança havia sido mandada à Terra para que se tornasse um rei justo, unificando ambas as nações, antes divididas pela ganância de Nimit.

Muitos anos haviam transcorrido desde que ela fora presa por correntes mentais junto a Nimit e esse tempo na Terra fora suficiente para que o filho envelhecesse.

Nesse momento, o ancião se transfigurou definitivamente em um radioso menino de uns oito anos. Ele acenou em direção ao jardim e o homem que lá estava veio em sua direção e o abraçou ternamente. Olhou então para Nalini, que, emocionada, ajoelhou-se pedindo perdão a ambos, em meio a copioso choro. Era Chandan que ela via novamente após tantos anos de separação.

Kabhir não ousou interromper esse momento de encontro de almas e baixou a cabeça em preces.

Os três se abraçaram, usufruindo em seus corações de uma felicidade até então impensada. Um sentimento de gratidão, aliado à percepção da perfeição da Lei Divina reverberava por toda a biblioteca, iluminando também a bela Figueira Sagrada.

Kabhir, contemplando a cena, agradeceu pela oportunidade que tivera de caminhar junto dessas consciências, servindo-as no amor e, assim, redimindo as próprias faltas.

– Pai – disse compenetrado –, três almas retornam ao caminho perfeito graças a Sua bondade.

Em meio a essa tocante cena, adentraram o recinto Kalanthara, Harit e Kanti, que, observando-os em paz consigo mesmos, comovidos pelo reencontro.

Nalini se sentia livre de seus tormentos pessoais. Inundava-a a sensação de ser muito amada e protegida. Por muito tempo não se sentira assim.

Então Agha, com sorriso jovial, chamou:

– Venha, Kalanthara. Nalini tem por você sentimentos muito doces. Posso sentir.

Kalanthara se aproximou dos três grandes afetos e os abraçou, enquanto seu amado Harit, Kabhir e Kanti contemplavam emocionados, por perceberem a perfeição dos desígnios de Deus.

– Fizemos bem em esperar, não é mesmo, Kabhir? – indagou Kanti. – Que alegria a espera paciente por fim nos traz.

23. A árvore mais imponente de todas

As trevas têm força insidiosa, que nós mesmos concedemos a ela em nossa invigilância, egoísmo e orgulho. Nada, porém, se faz tão poderoso quanto a força do bem, do amor e do perdão quando colocados como virtudes em nossas vidas.

Esse imenso bem alcançaria também Nimit e o ajudaria em sua recomposição espiritual.

Nada é tão imponente quanto um carvalho em sua plenitude: mais de trinta metros de altura e dez de circunferência, podendo sobreviver por até mil anos em condições adversas, tal sua força e tenacidade. Estas árvores frondosas resistem ao solo árido e podem crescer mesmo longe da luz do Sol. Assim era Nimit!

Na cidade das trevas, Nimit caminhava irado de um canto a outro, ostentando suas roupas imponentes. Joias recamavam seus ombros e a pesada coroa deixava-lhe à mostra apenas os olhos, nariz e boca. A fisionomia se mantinha grave, orgulhosa, mas já mostrava os primeiros sinais de exaustão espiritual pelos tempos de devassidão e crueldade vividos em Adharma.

– Malditos sejam! – bradava feroz. – Torturas inimagináveis esperam aqueles que me roubaram Nalini. Pagarão caro pela afronta!

Berrando a Namuk, seu imediato que acariciava uma fera a seus pés, ordenou:

– Prepare um contra-ataque agora mesmo. Reúna os que ainda têm forças para a luta e sede de vingança. Sei que muitos ainda estão escondidos após a onda descomunal que mais uma vez varreu nosso reino, mas temos que agir. Não há tempo a perder.

E continuou:

– Até os idiotas da Luz precisam de tempo para se reorganizarem. Vamos atacá-los e trazer Nalini de volta ao lugar a que realmente pertence.

A pretensão de Nimit, agravada por sua cegueira espiritual, era tanta, que o monarca nem mesmo cogitou que seu tão desejado contra-ataque era já esperado pelos defensores de Ashwattha, pois teriam a oportunidade de capturá-lo e trazê-lo à colônia, levando-o muito em breve ao renascimento.

Em poucos dias o ataque foi planejado e um cruento exército foi recrutado para a batalha. Inúmeros espíritos revoltosos se juntaram a Nimit, que seguia à frente de sua tropa montado em uma fera assustadoramente malformada, que ora lembrava javali, ora hiena.

As defesas de Ashwattha foram acionadas e pulsos magnéticos reverberavam por toda a extensão das terras dominadas por Nimit, fazendo tombar em dormência a maioria dos infelizes espíritos ali decaídos e escravizados. Os que resistiram ao contra-ataque fugiram apavorados com a nítida certeza de que "morreriam" novamente.

Não foi difícil para Chandan, que já aguardava às portas da colônia, confrontar Nimit, dizendo-lhe:

– Nimit, seus anos de revolta contra Deus terminam aqui. Chegou a hora de prestar contas de seus atos e quitar os débitos adquiridos. Seu tempo nas trevas acabou. Prometo-lhe o apoio generoso de nossa família espiritual, além de minha ajuda direta, para que obtenha sucesso nas provas que estão por vir.

E continuou:

– Basta de transformar homens infelizes em escravos e converter mulheres em seus objetos de lascívia. Abandone a escravidão em que vive, pois você mesmo não passa de mero joguete nas mãos de almas mais astutas que a sua. Aceite o amparo de Ashwattha e seus mestres.

Sem pestanejar, e tomado por forte ira, Nimit avançou com seu animal contra Chandan. Este, mostrando grande determinação e domínio do instrumento de proteção, apenas fez girar sua espada no ar, provocando intensa espiral de luz que envolveu Nimit e alguns de seus asseclas, que no mesmo instante tombaram desacordados.

Foram imediatamente recolhidos por servidores preparados para essa ação. Ao todo, resgataram doze homens, além de Nimit. Entre eles estava Raavil, o assassino de Nalini. Tão logo entraram em Ashwattha, foram induzidos a profundo sono. Quanto ao horrendo animal que acompanhava o séquito, havia se desfeito em densa lama amorfa, logo absorvida pelo solo.

Seu exército, fracassado e atônito, assim que retornou do abalo infligido pelos pulsos de luz, correu buscando abrigo atrás das muralhas do falido reino, que também estava fadado a desaparecer, visto que não suportaria outro tsunâmi.

Muitos dos que ali habitavam e que não apresentavam possibilidades de reencarnar outra vez na Terra, já eram levados em estado letárgico a planetas afins, onde continuariam a jornada evolutiva em condições mais propícias a suas escolhas.

Nimit, ainda adormecido, foi encaminhado a uma das alas destinadas ao repouso e assim permaneceria até que seu corpo espiritual fosse devidamente tratado pelas equipes médicas de Ashwattha, para que iniciasse gradativo contato com as próprias memórias de modo mais educativo e menos doloroso.

Por sua extrema revolta e pelos crimes cometidos, permaneceria em uma sala isolada, que apenas alguns ajudantes poderiam adentrar, além de Kanti e Kabhir, que já dispunham de condições para tal socorro. Para Nalini e Chandan, o contato com Nimit não fora permitido de imediato.

Enquanto isso, Chandan, Kabhir, Agha, Kalanthara, Harit e Nalini passavam horas estudando juntos. Foi em meio a esses períodos convidativos à reflexão que a jovem concluiu haver chegado a hora de enfrentar o peso de suas antigas decisões.

24. O fruto

Muitas décadas antes dos fatos até agora narrados, algo inesperado ocorreu no palácio de Chandan.

Nalini despertou em seus aposentos contíguos aos do rei sentindo-se indisposta. Não sabia se as três noites seguidas de festividades a haviam esgotado ou se realmente havia algo de errado com seu corpo. O envenenamento ocorrido tempos antes a deixara com receios.

Já cessara a escolha de moças da escola para fazerem companhia ao rei. Elas agora apenas estudavam e posteriormente dirigiam-se aos templos ou a seus reinos, casando-se com quem as famílias escolhessem. Quanto aos meninos da Academia Militar, como passou a ser conhecida, eram selecionados para compor o crescente poderio bélico.

As comemorações eram eventos grandiosos e empolgantes, contando com a presença de reis, príncipes e nobres dos reinos vizinhos. Em tais eventos, a população ficava ensandecida na ânsia de vender seus produtos e adquirir novidades dos comerciantes que vinham em caravanas aos festejos.

Povos de nações aliadas do extremo norte, bem como outros, de hábitos e aparências bastante diferentes, aumentavam a curiosidade de todos e movimentavam a cidade, imprimindo-lhe caráter cosmopolitano.

Chandan irradiava felicidade ao lado de Nalini e a união de ambos jamais fora questionada, apesar de ser bastante comentada. Kalanthara, tentando evitar que a preferência de seu marido por Nalini chegasse aos ouvidos de seu vingativo irmão, eventualmente comparecia ao lado de Chandan, mostrando-se feliz e solidária, para logo em seguida recolher-se a seu jardim.

Em seus aposentos, Kabhir cuidava de suas ervas e anotações, enquanto Kanti, quando tinha tempo, juntava-se a ele e o observava sentada em um banquinho, sempre com seu véu a cobrir-lhe parcialmente o delicado rosto.

– Não irá aos festejos, Mestre Kabhir?

– Ora, Kanti, já não pedi que não me chamasse de mestre? Somos amigos, penso eu.

– É o hábito, Mestre – deixou escapar a moça, encabulando-se.

Percebia-se claramente que nela nascia um sentimento muito poderoso para com Kabhir.

Kanti era uma aia bondosa, mas justa, não permitindo que os devaneios atrapalhassem os estudos das alunas. Evitava que os impulsos da adolescência as levassem a envolver-se em relacionamentos fugazes, trazendo vergonha a suas famílias.

As jovens adoravam Kanti, que as tratava com desvelo e carinho, cuidando pessoalmente de cada uma quando adoeciam, ajudando-as no preparo de pratos de suas regiões e, principalmente, visitando suas famílias e assistindo-as no que fosse necessário.

O astrólogo dissera mais de uma vez a Kanti que nutria por ela um sentimento que não conseguia compreender. No entanto, afirmava com veemência que não viera a esta existência visando contrair núpcias ou deixar-se levar pelos impulsos da carne. Kanti entendia-o. Ela tampouco desejava compartilhar com ele os sensualismos que escravizavam o homem comum. Amava-o profundamente e sentia que era correspondida, mas ambos jamais iriam transpor esse amor para o plano físico.

O sentimento que Kabhir anteriormente nutria por Nalini

se transformara em dedicação, aliada a uma servidão quase cega ao rei, como se o mago se sentisse responsável por aqueles espíritos.

Kanti dividia com ele tal responsabilidade, guardando seus sentimentos para si, muito feliz por ter encontrado um objeto para sua afeição, embora Nalini tivesse certeza de que ambos se amavam.

Naquela manhã, indisposta que estava, Nalini pediu apenas uma bebida de ervas e preferiu permanecer em seus aposentos, enquanto Chandan despachava assuntos de estado com alguns nobres e funcionários presentes nas festividades. Ao fim da tarde, pediu a uma de suas aias que chamasse Kabhir, dizendo sentir-se bastante indisposta.

Ao ser chamado pela jovem aia, Kabhir fechou os olhos e disse:

– Pressinto que algo inesperado está para acontecer.

Paniri, sua assistente, se habituara a ouvir o mestre falar sozinho, ou eventualmente com entidades que povoavam seu recinto, e fingiu não escutar.

O mago foi ao encontro de Nalini, que estava no jardim recostada em uma cadeira forrada de seda azul, cercada por árvores vicejantes – sândalos, ashokas, cedros, jasmins – cujas fragrâncias agora pareciam lhe causar certo enjoo.

Kabhir sentou-se a seu lado e notou que a moça estava pálida e sem vigor. Então, baixando a cabeça, disse-lhe:

– Você espera um filho, Nalini. Um filho de Chandan.

E continuou:

– Creio que este nascimento causará demasiada comoção a todos nós. Saiba que Nimit, cunhado de nosso rei, se sentirá ameaçado e não hesitará em declarar guerra e invadir este reino, se souber que um herdeiro possa nascer de você e Chandan.

Nalini estava sem palavras.

– Grávida, Kabhir? Impossível... Tomei todos os meses a poção preventiva que você mesmo preparou e...

Ia continuar, quando foi interrompida por Kabhir.

– A roda do destino não refreia seu ritmo frente a nossos desejos, Nalini. A criança que espera está destinada a unir os reinos através de uma verdadeira e duradoura paz. Seu nascimento vem em conformidade com o que foi planejado pelos servidores do bem, que purificam a atmosfera espiritual nos momentos que antecedem a chegada do mais puro enviado do Criador.

Nalini em prantos pedia a Kabhir:

– Não desejo esta criança, Kabhir. Ajude-me a livrar-me dela. Pressinto que uma guerra terrível se aproxima. De alguma maneira minha visão espiritual está imensamente alargada e vejo cenas terríveis.

– O que está me pedindo, Nalini? Foi para isso que a instruí tantos anos, ensinando-lhe os poucos mistérios que me são dados compreender, para que mate o menino que traz em seu ventre?

Então, com paciência, mas com firmeza, explicou-lhe:

– Saiba, Nalini, que a vinda desta criança foi planejada antes mesmo de você nascer. Saiba também que este foi o real motivo de tê-la trazido ainda tão criança para cá, quando os astros e os monges me revelaram que você daria à luz um rei que uniria os dois reinos e traria a paz necessária ao nascimento de nosso verdadeiro Mestre. Tudo se coaduna e se encaixa na Lei Divina. Acalme-se e reflita. Não diga mais nenhuma insensatez ou poderá comprometer a saúde da criança.

Chandan chegara pouco antes aos aposentos de Nalini, preocupado que estava com sua ausência, e ouviu a última frase. Prontamente, postou-se em frente à moça, fitando-a como a não admitir hesitações.

– Como pode pensar em arrancar de seu ventre nosso filho e herdeiro de meu trono, Nalini? Jamais permitirei. Ele não lhe pertence, pois será o futuro rei e meu herdeiro.

Nalini então o questionou:

– Como saber se é um menino? Se for uma menina, Chandan, você não terá nenhum herdeiro; apenas mais um falatório no palácio.

Mal terminou a frase, foi bruscamente interrompida pelo rei:

– Será um menino, como assegura Kabhir, e será nosso futuro soberano. Não ouse, Nalini. Não provoque minha ira.

Não deixarei que cometa desatinos. Amo-a acima de tudo, mas não permito que abra mão desta criança.

Ouvindo isso, Nalini deixou-se cair em sua cadeira, em prantos.

– Chandan, esta criança será o motivo de uma guerra entre você e seu cunhado. Não percebe que uma tempestade está se formando? Nimit sabe que sua irmã passou da idade de ter filhos. Sabe também que Kalanthara vive à parte do palácio e que você me mantém na condição de sua esposa verdadeira. Certamente ele irá atacá-lo e uma selvageria entre os dois maiores reinos teria consequências desastrosas para ambos, além de custar vidas inocentes. Pense bem, meu amado rei. E você também, Kabhir.

Chandan, tentando acalmá-la, passou a mão por seus cabelos e disse-lhe:

– Deixe que eu me preocupe com o reino, Nalini. Cuide apenas de nosso filho e de sua saúde.

Dali para a frente, nada mais seria um jardim perfumado para nenhum deles.

25. O jasmim arrancado jamais volta a brotar

Nalini já estava no sexto mês de gestação. Pesadelos perturbadores, que lembravam sonhos vivos, a assolavam noite após noite.

Certa vez, após um destes pesadelos, acordou assustada e sentiu o braço forte de Chandan a seu redor, como que a protegê-la e vigiá-la para que não cometesse algum ato impensado.

– O que houve, Nalini? Não se sente bem? – perguntou o rei.

Sem responder, ela se ergueu vagarosamente e caminhou até a entrada do jardim, que estava envolto pela noite fria e chuvosa. Com olhos molhados, virou-se para Chandan, que já estava a seu lado, e disse-lhe:

– Não podemos mais fingir que está tudo bem, Chandan. Algo precisa ser feito antes que seu cunhado saiba desta gravidez.

– Não o temo. Você sabe disso, Nalini. E muito menos temo uma guerra, que, aliás, manteria meus soldados alertas. Ele nada pode contra mim sem a ajuda dos reinos vizinhos e faz apenas alguns meses que as alianças foram fortalecidas. Não se preocupe mais com isto. Venha para a cama e não se aflija mais, ou terei que pedir a Kabhir para lhe preparar alguma de suas poções calmantes.

Não se contendo, Nalini vociferou:

– Uma guerra, Chandan? Sabe o que isso significa? Tenho horror às guerras, à divisão das famílias, ao medo nos olhos das mulheres e crianças. A escravidão que advém dessas conquistas me é odiosa. Não, não quero imaginar tal cenário pavoroso.

E, retomando o fôlego, acrescentou:

– Uma guerra só nos trará dores sem fim. Além disso, Nimit mataria nosso filho ou lançaria contra ele algum feitiço fatal. Não, Chandan. Temos que evitar tantas mortes e tamanha desolação.

Chandan, mostrando-se um homem apaixonado mais do que um soberano, disse:

– Deduzo que em sua mente já resida alguma ideia. Diga-me então o que pensa e lhe direi se é sensato. Prometo evitar a guerra a qualquer custo, Rajkumari, oferecendo a Nimit tesouros em profusão a fim de garantir a paz.

Nalini então tornou-se lívida e sua voz adquiriu uma entonação desconhecida por Chandan:

– Nossa criança deverá ser entregue a Kalanthara, que a criará como se fosse seu próprio filho. Dessa forma, Nimit acreditará que o herdeiro tem seu sangue e não entrará em guerra com este reino.

E antes que Chandan respondesse, continuou:

– Procurarei Kalanthara amanhã para lhe expor o que penso. Não tenho dúvida de que aceitará a proposta. Ela sempre desejou ser mãe e dar um herdeiro ao trono. Ninguém sabe ao certo o motivo de minhas ausências nos eventos do palácio. Portanto, minha gravidez ainda é segredo e não suscita comentários. Kalanthara, por sua vez, pouco aparece em público. Então ninguém jamais poderá afirmar que a criança não saiu de seu ventre, ainda que ela tenha idade improvável para ser mãe.

Ele ainda a ouvia atônito, mas ela prosseguiu:

– Minhas aias são de confiança e nada falarão, assim como Kabhir, Janaka e Kanti, que nos ajudarão a simular o nascimento como se o bebê fosse realmente seu filho com a rainha.

Absolutamente pasmo com o alcance do plano de Nalini,

Chandan respondeu:

– Não posso permitir tamanho sacrifício, Nalini. Não permitirei que se sacrifique por mim ou pelo reino dessa forma. Como viverá, sabendo que nosso filho chama outra mulher de mãe?

– Chandan, faço isso por nosso filho e pela paz. Sinto do fundo de meu coração que esta é a única coisa a fazer. A criança crescerá a seu lado e poderá vê-la sempre que quiser, sabendo que estará segura enquanto Nimit acreditar que Kalanthara é a mãe.

Chandan a abraçou, sentindo que algo muito grave estava por vir, mas sabia como soberano que aquela era a melhor solução.

Na manhã seguinte, Nalini e Kalanthara conversaram longamente, tentando encontrar a melhor forma de colocar em prática o plano para evitar o pior.

– Nalini, que feliz notícia me traz. Sabe que jamais me furtaria a ajudá-la, mas isto é sacrifício demasiado para uma mãe. Consegue imaginar a tristeza que lhe traria?

– Consigo, Kalanthara. Pensei em tudo. Concluí que minha dor não seria maior que a das mães que perderiam seus filhos, seus maridos, sua própria vida, caso uma guerra irrompesse. Só lhe peço que ame nosso filho e cuide dele muito bem, permitindo-me visitá-lo, sem jamais identificar-me.

Kalanthara, emocionada, prometeu-lhe que até o fim de seus dias cuidaria da criança e que jamais revelaria a verdade a quem quer que fosse. Sábia, poderia facilmente forjar que uma noite que passara meses antes em companhia do rei teria resultado em gravidez. Somente suas aias mais próximas sabiam que tais encontros eram totalmente isentos de qualquer contato físico.

Além disso, não lhe seria difícil haver escondido a gravidez com as roupas que usava, e poderia alegar, convincentemente, que só desejara tornar o fato público quando houvesse passado o período crítico da gestação, já que perdera outros bebês precocemente.

A rainha tinha servas fiéis que a ajudariam em todas as circunstâncias. Pensou então que deveriam se dirigir a um dos mosteiros da região, onde Nalini poderia dar à luz em paz. Algumas semanas depois, ambas voltariam ao palácio e a criança seria apresentada como herdeira oficial de Chandan e Kalanthara. Kanti e Kabhir acompanhariam Nalini, além de uma pequena escolta pessoal.

E assim foi feito. Em alguns dias chegaram ao remoto mosteiro nas montanhas. Nalini sofreu muito com a viagem, mas teve contínuo amparo de Kalanthara e Kanti.

Em pouco tempo, deu à luz a um menino forte e radioso como o pai. Prontamente entregou a criança a Kalanthara, para evitar o risco de se apegar e mudar de ideia. Jamais poderia fraquejar em seus planos, pois isto colocaria todos em risco.

– Foi um gesto de incomparável bravura, Rajkumari – disse-lhe Kabhir. – Vejo que você um dia receberá a gratidão de muitos espíritos que nascerão em uma nação próspera, graças a sua decisão. Terá meu respeito e admiração eternos, Nalini.

Calou-se então, com lágrimas lhe despontando. Mesmo sendo homem, Kabhir sentia no coração o imenso sacrifício que a jovem fizera, mas sabia que estava amparada por entidades da mais elevada estirpe, que a ajudaram inclusive a tomar a difícil decisão. Essa atitude sublime daria a Nalini, durante todas as próximas encarnações, a dedicada proteção de um seleto grupo de espíritos.

Retornando ao palácio, Kalanthara e Nalini foram recebidas por todos com exultante alegria. Reis vizinhos e nobres de todos os cantos vieram saudar a rainha por ter, ainda que tardiamente, dado um herdeiro ao trono. Se havia comentários acintosos, eram logo desfeitos pela perfeita harmonia que reinava entre Chandan, Kalanthara e Nalini.

Em uma bela manhã, Chandan, na companhia de Kalanthara, apresentou aos súditos do reino seu pequeno herdeiro, que se chamaria Agha.

Nalini, no vistoso balcão, estava atrás de Chandan, que orgulhoso erguia a vigorosa criança. Kalanthara se pusera ao lado da jovem, segurando sua mão gelada, como o fizera durante o trabalho de parto. Quem olhasse Nalini de perto a veria se esvair em lágrimas sentidas, invisíveis atrás de seu véu azul. Chandan jamais saberia o grau de amargor de tais lágrimas.

O destino de uma nação fora selado no sacrifício e na dor.

26. Relembrando

O sacrifício de Nalini a aproximara ainda mais dos que formavam sua verdadeira família espiritual: Chandan, Kanti, Kalanthara, Janaka, Agha e mestre Kabhir.

A jovem via o menino crescer feliz, cercada pelo amor de Kalanthara, que com frequência a convidava para estar junto dele. Nalini, porém, preferia restringir esses momentos, evitando sofrer mais a cada separação.

Chandan sentia aumentar cada vez mais seu amor pela jovem, tornando-se quase uma devoção pessoal, e a consolava de todas as formas: presentes, estudos, passeios pelo reino. Nalini, embora amasse o rei intensamente, sentia algo mudar dentro de si.

– Kabhir – dizia-lhe ela –, que sensação estranha tenho com o pequeno Agha. Sinto que o amo profundamente e faria qualquer sacrifício por ele. Quando estamos no jardim de Kalanthara, ele se aproxima e me oferece flores de jasmim. Sempre um sorriso incomparável molda seu rosto e recebo seu abraço caloroso como se ele soubesse de toda a verdade.

– Somos todos devedores uns dos outros, Nalini. Quando renunciamos a algo sem a revolta do coração, estamos na verdade buscando o equilíbrio junto à Lei Divina.

E continuou:

– O pequeno Agha não poderia nascer da rainha, mas aquilo que chamamos de destino usou o amor que você tem por Chandan para trazê-lo ao mundo. Agha é um espírito ligado a todos nós pelos laços do amor, porém muito mais adiantado. Observe como ele trata as pessoas, os animais e mesmo as plantas. Quanta docilidade e, ao mesmo tempo, que imensa força ele tem no olhar.

Nalini acenou com a cabeça. Naquele momento, Chandan adentrou os aposentos e saudou Kabhir:

– Salve, Mestre Kabhir. Que bom que está alegrando nossa Rajkumari, que tem se mostrado tão triste. – E abraçou Nalini carinhosamente.

A jovem estava ainda mais bela depois do nascimento da criança e Chandan não se cansava de contemplá-la e demonstrar-lhe seu intenso amor.

– Algo me preocupa, Chandan – revelou Nalini, um pouco intranquila. – Ontem mesmo Kalanthara disse que Nimit deseja conhecer o menino e que virá visitá-lo em breve, trazendo presentes. Eu não gostaria de vê-lo. Receio que nosso encontro tenha resultados terríveis.

– Sim – disse Chandan. – Meu cunhado deseja conhecer o menino, além de saudar a irmã e a mim. Você não precisa se preocupar com tal visita, embora eu me inquiete com o que sua beleza possa nele despertar.

Kabhir começava a mostrar algum desassossego, mas manteve o olhar perdido nos aposentos, como se alguém o instruísse de que a jovem deveria ausentar-se da cidade enquanto Nimit ali estivesse. Virou-se então para ambos e disse:

– Os receios de Nalini fazem sentido, Majestade. Por que não permitir que eu mesmo a leve para um mosteiro próximo enquanto seu cunhado permanece no palácio? Assim...

Chandan encolerizou-se de imediato:

– Não me separarei dela nem por um dia, Kabhir. Nimit sabe que tenho minha favorita, assim como ele mesmo as tem em seu palácio. Não esconderei Nalini.

Kabhir sabia ser impossível demover Chandan de qualquer ideia fixa, mas recomendou que a jovem aparecesse o menos possível durante a visita de Nimit. Afirmou então para ambos:

– Já conversamos bastante, queridos meus, sobre as muitas vidas que nosso espírito carrega. Em algumas delas, os laços que nos unem, inclusive ao próprio Nimit, se tornaram perigosamente odiosos.

E explicou:

– Em sonhos, vi que éramos todos habitantes de uma das muitas colônias da grande ilha naufragada. Vivíamos uma vida de luxo, garantida com o massacre de almas inocentes. Usávamos a magia como instrumento de manipulação e poder, até que fomos alcançados pela Lei Divina e esta permitiu que as águas apagassem nossos erros para o mundo, mas não para nós mesmos.

O mago tornou-se então sério e prosseguiu, agora com uma voz que não lhe pertencia:

– Você e Nalini há muito caminham juntos, atraindo-se mutuamente e sempre causando algum sofrimento a outros. Foi o caso de Nimit, que perdeu a amada esposa após uma batalha, na qual Vossa Majestade não agiu corretamente, visto que utilizou a magia para derrotá-lo, e infelizmente com minha ajuda. Creio que a roda do carma agora cobrará a necessária reparação. Por isto peço-lhes muita cautela e serenidade nas decisões.

– Ora, Kabhir – disse Chandan –, sempre soube que fazíamos parte do povo das águas e manipulávamos o fogo. Meus sonhos assim me avisaram há muito tempo, mas isso ficou no passado e não creio que Nimit, impaciente como é, se recorde de tal feito.

– Não, Soberano. A Lei Divina não permite pontas soltas. Devemos evitar provocar nossos algozes esfregando-lhes na cara nossa felicidade e nossas realizações afetivas.

Nalini ouvia tudo emudecida, como se estivesse em transe profundo. Parecia que, ali mesmo, toda a sua existência passava-lhe diante dos olhos.

Cerrou então seus olhos físicos, mas os do espírito se abriram de vez, exibindo, em detalhes, cenas terríveis que se enfileiravam dolorosamente, trazendo sentimentos tão nefastos que ela acreditava que jamais viria a sentir. A história que ela contara anos atrás para Chandan era então verdadeira e não mero fruto de sua imaginação:

Via-se em uma grandiosa sala, ricamente ornamentada com objetos estranhos, cercada de muitos escravos que a serviam dia e noite, sem descanso. Vários deles permaneciam períodos inteiros sem alimentar-se ou dormir, carregando-a para onde desejasse em uma liteira. Diversas crianças estavam entre esses escravos, agindo como autômatos quando recebiam ordens de Nalini, que naqueles tempos chamava-se Dahaya.

Sua pele apresentava tonalidade ora azulada ora branca, como a neve. Um mar gigantesco estendia-se a sua frente. O céu coloria-se de laranja-escuro e duas luas despontavam resplendentes.

Via Chandan, também de cor azulada, usando trajes feitos de um metal avermelhado que nunca vira antes, em um campo de batalha sangrento, lutando ensandecido. Na visão, ele se apresentava gigantesco, com cabelos negros emoldurados por enorme elmo. Empunhava duas imensas espadas flamejantes e cruelmente ceifava a vida de centenas de homens, que tombavam inertes ao chão.

Via a si mesma e Chandan, que se chamava Aluryus, insuflando em outros homens o desejo insano de guerrear e conquistar novas terras, aumentando um reino já bastante extenso. A seu lado identificava Kabhir, cujo nome era Aghrantes. Ele usava um manto vermelho-escuro, que revelava sua iniciação na alta magia.

Ajoelhado a seu lado, viu um homem contido por grossas correntes, que espumava em ódio por Nalini. Era o soberano Materu: o próprio Nimit.

– Maldita seja, Dahaya, pela traição que me impôs! Você e seu sórdido amante, além deste feiticeiro maldito, pagarão caro por tudo. Você roubou-me e traiu-me com meu general, tornando-me objeto de zombaria entre os reis e o conselho. Irá pagar-me muito caro por essa humilhação.

– Cale-se, Materu! Você é fraco e insensato. Como pode imaginar que eu, sacerdotisa do mais alto grau, continuaria ligada a um homem sem maiores ambições, enquanto um belo e valente general me cortejava abertamente? E você o tinha como amigo, tolo que é. Quantas noites passamos juntos enquanto você se entretinha em suas campanhas de paz pelos reinos. Fez perder muitas de nossas fabulosas riquezas, dividindo-as entre povos estúpidos e débeis. Agora basta. Morrerá como o covarde que é.

Então revelou a ele:

– Sim, saiba que eu o envenenei para que Aluryus lhe tomasse o posto. No entanto, não o fiz sozinha. Contei com a ajuda de sua própria filha Khima, que o detesta. Somente sua mãe, aquela parva, é que chorará por você antes de vê-lo ser devorado pelas feras que aguardam seu corpo como repasto.

E ordenou que trouxessem a mãe do infeliz, uma mulher já idosa chamada Awati, que Nalini prontamente identificou como sendo a rainha Kalanthara.

Então, outra rápida cena lhe veio à memória, na qual Aluryus olhava satisfeito para o inimigo ajoelhado, ameaçando-o com a espada e ordenando que fosse levado às feras para ser devorado.

Quase incapaz de reagir, Nalini suava frio, prestes a perder os sentidos. Lágrimas de vergonha e pesar caíam de seus olhos.

– Chandan, Kabhir... Só agora vejo o mal que fizemos a Nimit em uma vida passada. Reconheço minha própria revolta e percebo minha ignorância de então sobre a Lei do Carma. Que vergonha, que vergonha de mim mesma...

Serenamente, Kabhir explicou-lhe:

– A benção do esquecimento, Nalini, não permite que acessemos tais desventuras. No entanto, foi concedida a você, a Chandan, a Kanti e a mim mesmo, além de Nimit, a oportunidade de devassar alguns poucos momentos de nosso passado, não por privilégio, mas para que nos sirva de poderoso guia para firmar nossas ações no bem.

E completou:

– Diria mesmo que nossa atual condição de consciências orgulhosas e ainda não plenamente empenhadas do bem é que nos arrasta para vidas passadas, de forma que possamos contemplar o mal que fizemos àqueles que hoje cobram a justificada dívida. Que este breve relance que tivemos de nosso lamentável passado nos inspire no bem e na disposição de repararmos o mal realizado.

Voltando-se então a Chandan, continuou:

– Somos devedores de Nimit e creio que ele ainda não está preparado para nos perdoar, visto que Nalini também acessou pequena parte de uma vida pregressa que marcou a todos nós.

Chandan, mostrando algum ceticismo, disse ao mago:

– Esta não é a história que Nalini me contou antes de se tornar minha favorita?

– Sim! – confirmou Kabhir. – Ela sempre se recordou desta experiência infeliz do passado de todos nós, mas encontrou um meio de fantasiá-la para conseguir viver em paz com a própria consciência. Cabe-nos agora tentar evitar o mal maior, Chandan, ao menos resguardando Nalini em alguma parte do palácio em que ele não possa vê-la. Enquanto estiver aqui, ela deverá permanecer isolada de tudo e de todos. O encontro de ambos não é recomendado por enquanto.

Embora fosse um homem sábio já em vidas anteriores, Kabhir esquecera que ninguém pode ludibriar a Lei do Carma. Ela nos alcança nos mais escuros recônditos do mundo e nos cobra regeneração. Assim seria com todos os envolvidos. Toda ação implica em reação e esta é primeira lei que gravaremos na mente, queiramos ou não.

27. A visita

A comitiva de Nimit havia chegado. A pompa demonstrada pela caravana que acompanhava o rei era impressionante, suscitando comentários de espanto e admiração entre os súditos de Chandan por muito tempo após a comitiva partir.

Comerciantes lucravam três, quatro vezes o valor de suas mercadorias. As dançarinas da Casa Amarela nunca obtiveram tanto dinhciro como naquelas semanas em que Nimit e sua extensa comitiva visitaram o reino.

Nimit estava majestoso em seu carro puxado por gauros. Portava sua famosa coroa dourada cravejada de turmalinas e ametistas. Vestia-se de vermelho e ouro, hábito tanto de sua família como dos nobres de seu reino, que os tornava prontamente reconhecíveis onde estivessem.

Chandan, ao receber o cunhado, fez-se acompanhar de Kalanthara, que estava muito apreensiva, receando que o irmão descobrisse que a criança era filha de outra mulher. Nimit, porém, nada percebeu, principalmente por ter sempre a atenção voltada a coisas valiosas e para si mesmo. Ao menos por enquanto...

A cordialidade marcou o encontro de ambos e Kalanthara apresentou então o pequeno Agha, que se comportou muito bem para uma criança, recebendo presentes riquíssimos do tio.

Durante três dias, Chandan, Nimit e seus funcionários trocaram ideias sobre como qualificar as relações comerciais entre os reinos e tornar as estradas mais seguras, livrando-as de malfeitores e de caravaneiros vindos do oriente, que tinham por hábito roubar as mulheres mais belas, atraindo-as com falsas promessas de liberdade.

Nimit visitou a Academia Militar e elogiou a forma como Chandan aprimorava o próprio exército, porém, não aguentando reter a língua ferina e desmanchando-se de inveja, disse:

– Devo tomar cuidado com você, Chandan, pois com este poderoso exército, aliado à lealdade de seus homens preparados desde a infância, você poderá desejar um dia, quem sabe, invadir minhas próprias terras.

Chandan sorriu e mudou de assunto, perguntando:

– Sua rainha não o acompanhou? Creio que Kalanthara desejava conhecer sua esposa, Nimit.

– Não, Chandan – respondeu, balançando a cabeça coroada. – Minha esposa me enfastia. Aliás, vejo-a francamente como uma estúpida, como eram o pai e o irmão. Casei-me apenas por dever, e passo mais tempo com as concubinas que com a rainha. Já temos seis herdeiros para o trono. Creio ser desnecessária a continuidade de nosso convívio. Infelizmente, ainda não encontrei, como você, uma companheira à altura de minhas ambições. E não falo de minha irmã.

A fisionomia de Chandan mudou de repente, como se um punhal se cravasse em sua garganta. Mas Nimit continuou:

– Não se acanhe, Chandan. Todos temos nossas favoritas e sei que tem a sua própria. A jovem Nalini, não é?

– Vejo que está bem-informado – respondeu Chandan contrariado.

Nimit olhou-o como fizera uma vez, milênios atrás, ainda nos tempos da Lemúria, tentando descobrir-lhe o que se passava no coração.

Chandan, sem encontrar melhor resposta após a investida do cunhado, e recordando-se da cautela recomendada por Kabhir, respondeu simplesmente:

– Sim, divirto-me às vezes com ela, mas evito me apegar a qualquer das mulheres que me visitam.

Disse tais palavras olhando para cima e caminhando, enquanto seu cunhado o mirava pelas costas, com sorriso desdenhoso.

– E quando conhecerei a bela princesa de que todos falam?

Chandan não imaginava que outros comentassem sobre sua vida pessoal de forma tão aberta, lembrando-se de que os intercâmbios comerciais entre os reinos, aliado ao ócio em que tantos nobres viviam, certamente teriam levado ao cunhado notícias sobre sua preferida. Fingiu então certo desdém e continuou:

– Não sei por onde anda a jovem. Talvez esteja na escola das meninas ou mesmo com Kabhir, aprimorando-se em estudos. Em todo caso, há tempos não a vejo e, na verdade, não me faz muita falta. Como pôde notar, o palácio dispõe de inúmeras beldades. Não tenho motivos para dar atenção especial à presença de mais uma jovem.

Chandan fervia de ódio em pensar que Nimit poderia colocar os olhos em Nalini. Resolveu então mudar o rumo da conversa:

– Gostaria de conhecer nossa arena de treinos e nossa fábrica de sabres e arcos? Sei que são atividades de seu grande interesse.

Nimit, sorrindo maliciosamente, aquiesceu:

– Sim, quem sabe amanhã. Hoje desejo descansar.

Despediram-se.

– Maldito Chandan – ruminou Nimit em seus aposentos. – Pensa que pode me enganar com falso desprezo. Sei muito bem com quem lido. Não me faltam informações.

Nimit por muito já enviava espiões para viverem na proximidade ou mesmo dentro do palácio, mantendo-o a par de tudo, embora a gravidez da irmã tivesse sido confirmada por tais informantes. Cada um realmente acredita naquilo que melhor lhe convém...

Chamou então um de seus servidores mais astutos, que nascera em terras próximas ao palácio de Chandan, mas se mudara para seu reino, tornando-se habilidoso informante e facilmente corruptível com lautos pagamentos.

– Vá discretamente e misture-se entre os nobres e funcionários do palácio. Verifique onde se encontra a favorita do rei, que ele insiste em esconder. Já soube que é extremamente bela e muito talentosa, além de ter inteligência peculiar. Descubra tudo e traga-me notícias.

No dia seguinte, logo ao cair da tarde, nuvens escuras dominavam o céu, prenunciando a chegada de forte tempestade. O servidor de Nimit retornou afobado:

– Meu Senhor, não foram necessários grandes esforços para localizá-la. Soube que tem aposentos secundários bem próximos aos da rainha, sua irmã. Há ali um pequeno jardim de jasmins, onde ela passa bom tempo estudando. Segundo me disseram, está ali desde que a comitiva chegou, sendo visitada apenas pelo astrólogo Kabhir e por seu cunhado.

Nimit sorriu maldosamente.

– Bom trabalho! Será muito bem recompensado. Esteja aqui amanhã cedo para me acompanhar até a entrada desses aposentos. Iremos sós, pois não quero que saibam que descobri o embuste de meu cunhado e de seu feiticeiro. Verificarei se as informações que me deram sobre a jovem procedem e, caso ela me agrade, a levarei daqui, de um modo ou de outro.

À noite, uma tempestade sem igual se alastrou pelas redondezas, como se o céu estivesse prevendo os próximos acontecimentos, que se prenunciavam catastróficos.

De sua varanda, Nimit observava a temível borrasca e assustou-se quando um raio fulminou um centenário carvalho a sua frente. Sentiu repentinamente uma desconhecida fragilidade e um medo jamais experimentado. Rapidamente afastou tais sentimentos e recolheu-se ao leito, sem receber nenhuma das jovens com as quais se comprometera. Uma súbita exaustão tomou conta de si, fazendo-o dormir pesadamente.

Sonhou que vivia em outro tempo e que amava a jovem Nalini. Mesmo sem tê-la ainda visto, guardava dentro de si a convicção de que era ela. Via Chandan a abraçá-la, cena que fazia seu coração encher-se do mais profundo desprezo pelo cunhado. Sentia que bebia algo que lentamente o entorpecia e ao mesmo tempo o sufocava. Um fogo intenso dominou sua alma, que se desesperava para rever a jovem.

Acordou ensopado em suor e não mais cerrou os olhos.

28. O bote da serpente

Nalini andava aborrecida pelos dias que fora obrigada a se afastar de Chandan e do amigo Kabhir. Sentia falta também do movimento das meninas da escola, que frequentemente visitava para conversar, buscando maneiras de ajudá-las no possível para que não se sentissem sós.

Em seu jardim, Nalini olhava desapontada para os jasmins caídos no chão, arrancados pela tempestade da noite anterior, e pensava como poderia evitar que isso novamente ocorresse com sua planta favorita. As flores caídas e ainda tocadas pela umidade exalavam perfume inebriante, como se desejassem que seu aroma embalasse o mundo mais uma vez antes de secarem.

Nalini resolveu ocupar-se e arrumar o local, pois tinha nítido incômodo em permanecer longo tempo inativa.

Dispensou as aias que a acompanhavam, dizendo preferir estar sozinha. Tirou suas joias e removeu parte das vestes de seda, permanecendo apenas com uma simples túnica branca de linho fino. Amarrou os cabelos com um cordão dourado em uma trança lateral e começou seu trabalho de colher as flores e ajeitar os ramos caídos.

Estava finalmente sozinha naquele recanto do palácio, desejando que Nimit e sua comitiva voltassem rapidamente a seu reino. Dessa forma, sua vida voltaria mais uma vez ao normal.

Parecia encontrar alento em seu trabalho de recompor o jardim, sujando as mãos e as vestes com terra, sem se incomodar minimamente. Uma sensação de liberdade e de pertencer a si mesma tomou conta de seu espírito. Aos poucos, recordava-se dos tempos em que era uma menina na escola.

Lembrou-se da divina combinação de aromas, entre o sândalo e o jasmim, que sentira no dia em que encontrara Chandan pela primeira vez em seu esconderijo secreto. Com a lembrança, viu-se visitada por grande saudade do rei.

Enquanto isso, Nimit, acompanhado de seu servidor, caminhava pelos extensos corredores do palácio, procurando Nalini.

No caminho, passou por outro jardim interno, próximo à escola das meninas. De lá provinha um canto suave, doce e quase hipnótico, que o fez transportar-se a um passado distante, em que era feliz.

Ficou intrigado com a suave voz feminina que entoava a melodiosa canção. Tomado por esse enlevo, deteve-se por algum tempo, indagando-se de onde viria tão belo som.

Sentiu-se feliz e em paz por esses poucos minutos, quando foi bruscamente despertado do devaneio por seu guia.

– Senhor, meu Senhor! Venha. O caminho é por aqui!

Se Nimit houvesse adentrado o jardim de onde provinha o maravilhoso canto, teria encontrado seu verdadeiro amor: uma princesa chamada Taali.

Ela vivia na escola desde os doze anos e, em existência pregressa, havia sido o grande amor de Nimit. Alguns segundos ao lado da jovem, e o revoltado rei teria se transformado. Uma pequena decisão de Nimit teria mudado a vida de todos – para sempre. Mas isto é outra história...

Chegou afinal a seu destino e deparou com Nalini, entretida em seu afazer.

– Bom dia, Nalini – disse com voz grave e irônica que cortou o ar, atingindo o espírito da jovem como um punhal.

Nalini tentou descobrir de onde vinha aquela voz, que lhe causara arrepio tenebroso. Virou-se e não viu ninguém. Caminhou para perto de uma pequena fonte repleta de flores que jaziam caídas, virando-se repentinamente para a entrada do jardim, onde pensou ter visto um vulto. Ali, uma figura masculina a surpreendeu. Vestia uma túnica vermelha que contrastava com sua magnífica coroa dourada. Os cabelos presos atrás da nuca deixavam à mostra um rosto másculo e duro, onde olhos cruéis, cravados na jovem, sobressaíam. Os lábios sorriam maliciosamente.

– Finalmente nos conhecemos, Nalini. Sabe quem sou?

A moça corou, pois vestia apenas a túnica de linho.

– Sim – disse ela ajoelhando-se. – Eu o saúdo.

– Ora, Nalini, entre amigos não cabem tais cerimônias – disse o orgulhoso monarca, mostrando-se irônico. – Somos praticamente parentes, se pensar quão próxima é de meu cunhado.

Um sentimento de desprezo tomou conta de Nalini, que precisou conter-se para não esbofetear Nimit.

– Deseja algo, Majestade? Estes aposentos estão isolados do palácio pela vontade do rei e não estão abertos a visitantes. Creio que seria prudente acolher o pedido de seu anfitrião e retirar-se. O palácio é grande o bastante para que este jardim seja preservado de visitas não anunciadas.

Sem cerimônia, Nimit acercou-se da moça, que não se continha em raiva pela ousadia do visitante em encará-la de tal forma. Ainda que estivesse desalinhada, Nalini tinha beleza incomum, cuja aura irradiava altivez tranquila e nobreza.

O visitante parecia hipnotizado. Mulher nenhuma provocara nele tamanhas sensações na alma.

– Ora, Nalini, vim vê-la para constatar se é verdade o que todos dizem sobre sua beleza. Sabia que meu cunhado e minha própria irmã a esconderiam de mim e decidi eu mesmo encontrá-la. Chandan fez bem em guardá-la de mim, pois posso garantir-lhe que pagaria muito para poder tê-la a meu lado.

Nimit ia prosseguir quando Kalanthara adentrou o jardim.

– Nimit! O que está fazendo nos aposentos da favorita do rei? Estes recantos são proibidos.

Sem conter-se, Nimit respondeu:

– Não se dirija a mim desta forma, Kalanthara. Jamais me

afronte, ainda que seja minha irmã. Eu a previno!

E, vestindo um sorriso desdenhoso, continuou, irônico:

– Irmã, não tem ciúmes da bela jovem que, conforme me informaram, roubou o coração de seu marido? Não percebe que está criando, aqui no palácio, uma serpente que poderá um dia ocupar seu lugar?

Kalanthara se enfureceu e contestou:

– Não desejo e nem preciso de sua proteção, meu irmão. Você teve a chance de me fazer feliz ao me casar com Harit anos atrás, mas não o fez. Agora peço que respeite a mim e a meu esposo e mantenha sua inoportuna visita no campo da cortesia. Conheço Nalini e sei que ela não me representa nenhuma ameaça. Muito pelo contrário, ela mesma recomendou ao rei que me visitasse mensalmente para garantir um herdeiro.

Nimit enrubesceu e levou a mão à espada, ordenando:

– Cale-se, Kalanthara! Você é uma tola. Todos me tomam por um estúpido que não sabe o que acontece neste palácio imundo. Você e Chandan não merecem minha confiança e esta jovem, tão bem guardada, representa grande risco a nossa família. Sei que os avós de Nalini descendem de uma linhagem de príncipes e generais e que foram muito estimados pelos dois reinos. Nada a impede de gerar um herdeiro que pleiteie o trono um dia!

Nalini corou de raiva e ia revidar as palavras grosseiras de Nimit quando foi interrompida por Kalanthara, que com os olhos implorou por seu silêncio.

– Então deseja apenas roubar o que seu cunhado tem, não é isso? Deseja apenas afrontar meu esposo. Pois abrirei mão de meu tesouro pessoal, se assim desejar, Nimit, e poderá carregá-lo para seu reino com sua corja de sanguessugas. Mas deixe Nalini em paz.

– Já está decidido, Kalanthara: ela virá comigo! Chandan que encontre uma nova favorita para preencher seus dias.

Nalini, então, sem poder mais escutar tais insultos, ergueu o braço para esbofetear o visitante, sem perceber o perigo em que se encontrava, nem entender o alcance de tal gesto. Nimit a segurou e, mirando-lhe profundamente os olhos, disse:

– Despeça-se deste lugar e de seu soberano. Virá para meu palácio em pouco tempo e nunca mais voltará, nem quando estiver velha e enrugada. Morrerá em terras estrangeiras. Poderá levar apenas uma serva e nada mais. Não traga roupas nem joias, pois nada quero em meu palácio que lembre este reino maldito, que um dia voltará para nossa linhagem através de meu sobrinho.

Nalini então gritou:

– Só irei morta, pois viva jamais me deixarei subjugar pelo peso da sua falsa autoridade. Jamais abandonarei Chandan e ele nunca me abandonará. Se me levar, matarei você na primeira oportunidade, sem temer represálias.

Nimit, sem abalar-se, a fitava inabalado. As palavras da jovem pareciam atiçá-lo ainda mais.

– Dizer isto, cara Nalini, apenas aumenta meu desejo de levá-la, e se não me acompanhar por bem, irá por mal. Invadirei este reino infeliz e não farei sobrar uma planta viva, uma única semente para contar a história desta dinastia desprezível. Queimarei tudo o que estiver vivo. Meu cunhado tem seu bom exército, bem o sei, mas não se compara ao meu, que se movimenta motivado pela cobiça e pela ira. Sabe que nada agita mais um soldado que poder saquear um reino, não sabe?

Virou as costas e deixou as duas mulheres no jardim. Kalanthara chorava. Nalini, apesar de tudo, falou em tom alentador:

– Não chore, Kalanthara. Chandan não permitirá que ele me leve daqui, mas sinto que, como já temia, o pior acontecerá. Uma guerra será inevitável.

Ouvindo essas palavras, Kalanthara respondeu entre lágrimas:

– Eu deveria ter alertado Chandan com mais veemência. Fui informada por servidores fiéis que Nimit não se continha em desejo de saber quem era a favorita do rei. A disputa entre ambos é antiga, Nalini, e nem mesmo nosso casamento bastou para aplacar a rivalidade entre eles. Temo que agora meu irmão tenha descoberto o ponto fraco de Chandan e não poupará esforços para apoderar-se do que crê lhe pertencer.

Resignada, Nalini lhe respondeu:

– Triste é o destino de nós, mulheres. Somos menos que objetos nas mãos dos homens. Sofreremos bastante antes que nossos gritos deixem de ser sufocados pelas mãos opressoras dos que, embora nos alimentem, nos cubram de joias e nos acalentem, pisam com todo o seu peso sobre nossas cabeças baixadas.

29. A tempestade que vem do oeste

Não houve despedida formal entre os reis; apenas um gelado aceno de cabeça. Algo piorara de vez na relação já pouco amistosa de ambos.

Nimit e seu séquito se retiraram sem alarde nem movimentos chamativos, em grande contraste com o modo como chegaram. Não houve abraços nem lamentos; somente uma troca de olhares ameaçadora que revelava o início de uma rivalidade sem igual entre os reinos. A paz cautelosamente construída pelos ancestrais de ambos estava ameaçada.

Chandan parecia de certa forma satisfeito com a possibilidade de algum desentendimento, embora desconfiasse que Nalini fosse a causa de tal animosidade, ainda que as duas mulheres houvessem guardado segredo sepulcral sobre o ocorrido, esperando que Nimit mudasse de ideia.

Certa manhã, um mensageiro de Nimit chegou ao palácio pedindo audiência com Chandan, que, cercado por Kabhir, Janaka e outros servidores, o recebeu irônico e frio.

– Majestade, venho em nome do rei Nimit. Ele deseja comunicar-lhe que em três dias sua favorita Nalini deverá ser enviada a ele para que seja resguardado o acordo de paz entre os reinos. Ela deverá partir sem bagagem nenhuma, acompanhada de uma única serva e...

O homem mal terminou a frase e Chandan já desembainhava a espada para lhe decepar a cabeça. Nesse momento, foi impedido por Janaka.

– Senhor, não matamos mensageiros! Esta é sua própria lei.

E baixou a cabeça circunspecto, com receio da reação de Chandan que, orgulhoso e irado de forma nunca vista pelos companheiros, alertou o mensageiro:

– Retorne para sua maldita terra antes que me arrependa e devolva sua cabeça no mesmo saco em que seu rei traiçoeiramente me presenteou com um elmo quando aqui esteve. Vá e diga-lhe que aguardaremos ansiosos que ele venha pessoalmente buscar o que deseja, se tiver coragem. Daqui Nimit não retira nem uma folha morta.

E completou:

– Diga-lhe também que, caso insista em violar nosso acordo de paz, outros reinos se sentirão igualmente ultrajados e se aliarão a mim contra ele.

Chandan e Kabhir mal podiam acreditar no que ouviram. Finalmente, Nimit arrumara um pretexto para fazer o que sempre desejara: dominar o vasto e próspero reino que pertencia a seu cunhado, usando, para apressar tal plano, Nalini. Contudo, as verdadeiras motivações de Nimit um dia seriam ainda descobertas, visto terem raízes em um passado enterrado no fundo do mar.

O mensageiro, com sorriso frouxo nos lábios, retirou-se prontamente.

Janaka tentou diplomaticamente abordar o delicado assunto com Chandan, porém o olhar de Kabhir o impediu de emitir qualquer palavra moderadora. O momento exigia cautela até com as palavras dirigidas ao rei.

– Majestade – disse Kabhir –, se me permite, eu mesmo gostaria de ir até seu cunhado e tentar um ajuste de ideias e objetivos. A diplomacia precisa ser mais explorada nesta questão, ainda mais com um celerado como Nimit.

Chandan, embora visivelmente irritado, acabou por aquiescer:

– Creio que seu conselho seja prudente, Kabhir. Os reinos aliados admirarão essa tentativa de instilar bom senso em meu cunhado, mas você deve ir acompanhado de três diplomatas experientes, que outrora serviram meu pai. São já idosos e precisarão de seus préstimos na viagem. Dessa forma, você também poderá observar e compreender melhor o que está por vir.

E continuou, com grande seriedade:

– Hoje pela manhã, Nalini me explicou o que ocorreu naquele malfadado encontro entre ela e Nimit. Lembro-me de seu receio em encontrar o déspota. Além disso, Kalanthara havia me prevenido contra as investidas de seu irmão, mas de alguma forma ignorei a todos. Agora acredito que a única saída será realmente uma guerra. Sei que Nalini é apenas um pretexto, meu caro Kabhir, mas penso que alguém deve tê-lo informado de minha ligação profunda com ela.

Detendo-se por breve momento, prosseguiu, incisivo:

– Já adianto que jamais renunciarei a Nalini ou a qualquer outra coisa de nosso reino. Sabemos que se trata apenas de uma desculpa esfarrapada para uma invasão que ele ardentemente deseja concretizar. Tenho certeza, porém, que nossos aliados ficarão definitivamente a nosso lado, pois não é segredo o quanto Nimit desagrada aos governantes dos reinos vassalos.

Kabhir então intercedeu:

– Creio, Chandan, que desta vez Nimit esteja também movido por algum sentimento que ainda não sabemos precisar. Lembre-se do que Nalini nos relatou em desdobramento sobre uma vida em que prejudicamos seu cunhado. Talvez neste momento estejamos sendo alcançados pela Lei Divina, que nos pede reparação.

E prosseguiu, preocupado:

– Majestade, quando a Lei Divina é violada, a reparação se torna absolutamente necessária. Podemos esperar muitas vidas para que um antigo desafeto venha até nós para quitarmos tal débito, mas este deverá ser equilibrado em algum momento. Creio que este seja o caso agora.

E continuou:

– Pense bem, Chandan. Seus súditos ainda o veriam como um bom rei se soubessem que entrou em uma guerra movido por seu apego a uma mulher? Sei bem do amor que os liga, mas seu povo não terá a mesma compreensão. Como dizer a uma mãe que seus filhos e seu marido morreram em uma guerra que poderia ter sido evitada com diplomacia? Pior, Majestade: como justificar ao Criador que milhares de homens, mulheres e crianças pereceram apenas porque você não foi capaz de se desapegar de Nalini?

Muito irritado, Chandan retrucou:

– Ora, Kabhir, sabe que Nalini é apenas um pretexto. Depois dela, outras exigências virão, até que alguma contrariedade nos leve à inevitável guerra. E esqueceu ainda, Astrólogo, que Nalini é mãe de Agha, o herdeiro do trono? Como poderei viver com o peso de tal anuência? Jamais! Jamais permitirei que Nimit a leve para longe de mim. Ela e eu estamos unidos por laços que não lhe é possível imaginar, pois você nunca amou uma mulher...

Repentinamente, deteve-se, recordando-se da noite em que Nalini fora envenenada e Kabhir deixara escapar, ainda que por poucos segundos, que amava a princesa.

O mago, intuindo que Chandan relembrava tal evento, disse-lhe em voz calma, até resignada:

– Sim, Majestade. Eu acreditava amar Nalini, mas tais sentimentos foram suplantados por minhas obrigações morais na atual existência. Saiba que os laços que me ligam a Nalini são tão profundos quanto os seus, mas não se manifestam como paixões ou desejos físicos. Nalini é uma alma benquista, que agora mais se assemelha a uma filha que a uma esposa.

Então revelou:

– Por algum tempo acreditei amá-la, mas percebi que era apenas uma ilusão criada por entidades ignorantes, que se aproveitaram de resquícios de vidas passadas para criarem em meu coração sensações irreais, não condizentes com a posição que ocupo e com a qual me comprometi antes do nascimento. Tenho por Nalini grande afeto e um sentimento de devoção inexplicável, porém o amor de um homem por uma mulher, como você muito bem o conhece, não o tenho! Por outro lado, aprendi a devotar meu coração a uma alma estimada que é uma caminhante como nós desde tempos imemoriais, cuja presença me ilumina e me eleva acima desta existência de forma arrebatadora. Aprendemos a nos amar sem depender dos desejos da carne, elevando nosso sentimento a um nível incompreensível aos seres desta época.

Chandan olhou intrigado para Kabhir, sem, no entanto, nenhum resquício de despeito pelo homem que se tornara seu notável amigo, e indagou-lhe:

– De quem você fala, Kabhir? Creio que nunca o vi na companhia de mulher nenhuma no palácio. A não ser que tenha se apaixonado por alguma das moças da escola ou, quem sabe, pela meiga Kanti...

Corado, o mago acenou afirmativamente com a cabeça. Seus olhos azuis ganharam um brilho singular.

– Confesso, Chandan: caso Nalini vá para o reino de seu cunhado, certamente levará Kanti, e com isso nós dois sofreríamos. Portanto, não veja como egoísta minha recomendação de permitir a partida de Nalini, já que perderia também minha amada Kanti. Por isso, insisto na missão de trazer Nimit ao bom senso, acompanhando seus diplomatas.

Iniciaram-se então os preparativos da viagem.

30. Ultraje

A viagem ao reino de Nimit não era difícil, o que aumentava bastante a probabilidade de uma guerra envolver quase todo o poderio militar de ambos. Chandan, como excelente estrategista e apoiado pelos generais de seu bem treinado exército, já se preparava para o pior.

Os soldados de Chandan, de certa forma, desejavam a guerra, não apenas pelo espírito violento e belicoso que dominava os homens desses tempos, mas também porque apreciavam a ideia de saquear o reino de Nimit. Tal atitude era proibida pelo rei, que tratava os vencidos com dignidade, jamais escravizando crianças ou mulheres, embora impondo as regras de seu reino.

Chegando às terras de Nimit, a comitiva encabeçada por Kabhir foi recebida pelo soberano, que imediatamente, sem nem mesmo ouvir aos apelos dos enviados, passou os três diplomatas pela espada, sem consideração pelos cabelos brancos que possuíam. Kabhir teve a vida poupada, sendo, porém, imediatamente recolhido às prisões imundas.

Antes de encarcerar o mago, Nimit zombou de sua inocência, chamando-o de tolo e infantil, já que se dirigira sem cerimônias a um país que não era mais um aliado.

Muito calmamente, Kabhir tentou apelar ao bom senso

de Nimit, usando palavras poderosas, inspiradas por espíritos elevados, visando estancar a possibilidade de uma guerra sangrenta entre os reinos. Tal tentativa suscitava ainda mais a raiva em Nimit, que, ensandecido, esbofeteou o mago, proibindo-o de proferir qualquer palavra.

Em seu palácio, Chandan logo percebeu que a missão havia falhado. Decidiu então enviar Nalini, Kalanthara e seu filho para longe, escondendo-os em um dos mosteiros nas montanhas. Temia que pudessem ser envenenados por algum nobre ou oficial corrompido por Nimit.

Embora contrariada, Kalanthara aceitou refugiar-se com Agha. Nalini, porém, negou-se com veemência, sendo então intolerantemente forçada à partida por Chandan.

Ele se mostrava agora diferente. Tornara-se sério e asperamente contrariado com a falta de notícias de seus emissários, prevendo que o pior tivesse ocorrido. Kanti, porém, dizia que em seus sonhos conversava com Kabhir, que lhe pedia calma e instruía para que não tentassem resgatá-lo.

Nos dias seguintes, providências foram tomadas. Os exércitos foram mobilizados e já se sabia por todo o reino que a guerra era inevitável.

Kalanthara e Agha já estavam a caminho das montanhas e, poucos dias depois, Nalini e Chandan se despediram. O desalento desse instante os marcaria por séculos a fio. O casal sentia que os anos felizes já vividos seriam para ambos o único lenitivo até o fim de seus dias.

– Nalini – disse Chandan –, nada mais posso pedir ao Criador, pois que Ele me trouxe você, que encheu meus dias de júbilo e alegria. Kabhir sempre me ensinou a ter gratidão e renunciar a qualquer benefício pessoal. Quero que saiba que meu amor por você será eterno e que, enquanto minha alma existir, eu lhe pertencerei, ainda quando não mais me quiser.

Prometeu-lhe então:

– Em cada vida que tivermos, eu a procurarei. Ainda que eu tenha que adentrar os infernos mais profundos, eu a trarei para junto de meu coração. Nem a morte nem os séculos nos separarão, Nalini. Jamais!

Beijou a jovem, que nenhuma palavra dizia, porém seus

olhos consentiram com Chandan, cujo gesto de amor e apego lhes custaria ainda muito caro, e por muitas vidas. Ela também jurou jamais deixá-lo.

– Chandan – disse ela emocionada –, desde alguns dias o percebo abatido, apático. Sente-se bem? Peço mais uma vez que me permita ficar com você e, se for nosso destino, morreremos juntos. Nada temerei a seu lado, nem a morte.

Chandan estava de fato com saúde abalada. Algo mudara em seu vigor e ele mesmo admitia que a perda de Nalini era a causa de seu súbito abatimento. Infelizmente, estavam enganados: a despedida de Nalini apenas agravou um estado físico que na verdade se deteriorava desde alguns dias. Em breve se descobriria o porquê.

Nalini e Kanti seguiram com alguns soldados para outro templo. Era importante, porém, não chamarem atenção sobre si. Nimit poderia ter espiões por toda parte e rapidamente descobrir ambas as jovens em fuga. Nalini vestiu-se de modo simples e deixou todas as joias, que não eram poucas, em seu esconderijo secreto: a estátua antiquíssima que um dia admirara e que a levou a descobrir a passagem secreta de Chandan.

No caminho chuvoso, pensava nos anos de felicidade que vivera no palácio, mesmo antes de encontrar seu verdadeiro amor. O ódio a Nimit aumentava à medida que suas recordações emergiam.

Lembrava-se das noites observando as estrelas, do perfume de sândalo exalado pelo amado rei. Lembrava-se das tardes em que ambos conversavam com Kabhir sobre o mundo, sobre a vida e a morte. Lágrimas desceram-lhe sem controle.

Kanti a acalmava e buscava serenar seus sentimentos, embora a lembrança de Kabhir doesse também nela.

– Vamos rezar, Nalini. Kabhir sempre nos disse que a oração nos fortalece em momentos difíceis. Este, aliás, tem sido meu único alento, pois sofro em pensar que meu querido mestre se encontre enjaulado por Nimit.

– Temo que seja verdade, Kanti. A falta de notícias pressagia o pior e só acredito que ele ainda esteja vivo porque você me diz que se comunicam durante o sono. Que saudades do querido Kabhir e de suas sábias palavras. Que esta maldita guerra termine logo, com a vitória de...

Repentinamente, a conversa esperançosa foi interrompida por gritos em meio à escolta.

Levantaram a cortina assustadas, vendo então soldados tombando ensanguentados ao chão. Nalini agora esperava pelo pior. Mal teve tempo de pensar no que poderia acontecer, quando uma mão a arrancou da liteira e lançou-a ao chão. Sandálias de couro a chutaram e pisotearam-lhe a cabeça. Kanti foi arrancada da mesma maneira brusca e suas roupas foram rasgadas, trazendo enorme constrangimento para a jovem que sempre fora tão tímida.

Os poderosos pés mantinham Nalini presa ao solo. Seu nariz sangrava e a roupa estava marcada pelo barro da estrada. Acreditando que fosse morrer, começou a orar, como Kabhir a ensinara:

Meu Criador e Senhor de todas as coisas:
eu não O vejo; apenas sinto Seu imenso amor.
Sei que jamais nos desampara.
Cuide de meu espírito nestes momentos de desespero.
Se meu corpo perecer nas provas que me encaminha,
inunde-me de coragem para saber que são breves
e que me conduzirão a Suas mãos
e a Seu magnífico reino de amor e bondade...

Nesse momento, um grito foi ouvido, ordenando que os soldados as deixassem em paz e as levassem o quanto antes ao palácio de Nimit. Era Agrit, alto-comandante do exército de Nimit, que seguia a comitiva de Nalini sorrateiramente, mas não conseguira impedir a brutalidade de seus subordinados. Ele sabia que se Nalini chegasse ao palácio de Nimit com um arranhão sequer, ele teria sua cabeça cortada sem piedade.

Valendo-se de apenas um braço, Agrit ergueu a moça e a jogou de volta à liteira. Naquele mesmo momento, ia transpassar Kanti com sua espada, quando Nalini gritou:

– Pare agora mesmo, imundo! Se tocar um dedo em minha aia, eu mesma pedirei sua cabeça como prêmio a Nimit e sei que ele não me negará tal oferenda. Afaste-se dela imediatamente!

Dizendo isso, saiu da liteira e colocou um pequeno manto

ao redor da moça, que jazia seminua sobre o chão barrento, chorando copiosamente em seu pudor.

Nalini a abraçou, acalmando-a durante o resto da viagem.

– Você tem coragem imensa, Nalini, mas não enfrente assim Nimit e seus asseclas, ou isso será sua morte. Tenhamos fé no que o destino nos revelará, sabendo que nem mesmo uma folha cai sem que o Senhor de Tudo o saiba. Tudo caminha conforme nossas escolhas e cada uma delas é conhecida de nosso Criador. Não tema por mim, Nalini, jamais. Creio na continuidade da vida e desejo ansiosamente deixar este vale de tristezas, mesmo que me custe alguns dentes.

Nalini fez um silêncio que não era de consentimento, e sim de extremo inconformismo. Esse mesmo inconformismo, que na verdade era muito mais uma manifestação perniciosa e recorrente em sua alma, iria arrastá-la para trevas muito profundas dentro em breve.

Ela pensava:

– Se tudo o que Kabhir me ensinou é verdadeiro, por que motivo Deus permite que isto aconteça? Será que minha oração não chegou até Ele e fui privada de sua proteção? Por quê? – ela indagava. – Por quê?...

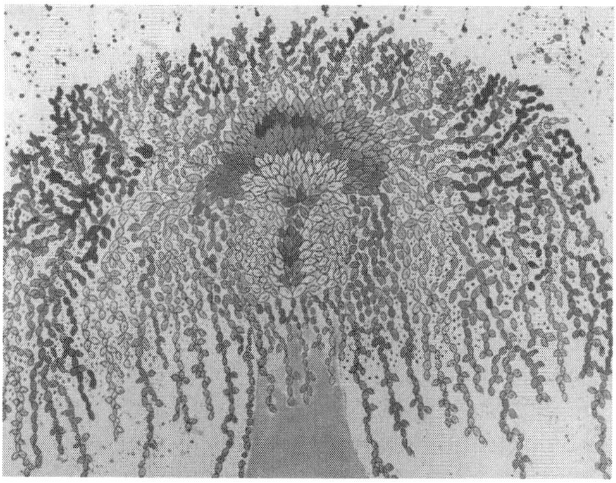

31. As profundas raízes do carvalho

Chegando ao palácio de Nimit, Agrit ia solicitar que uma aia cuidasse das feridas de Nalini e que a conduzisse asseada e dignamente vestida à presença de Nimit. No entanto, para infortúnio dos soldados que a haviam agredido, o rei já os aguardava às portas do palácio e transtornou-se ao ver o estado em que Nalini lhe seria entregue.

Nimit dirigiu-se à jovem, questionando-a para saber se alguém a tocara indevidamente, ainda mais por ver que Kanti se cobria apenas com um simples manto.

– Quem ousou tocar em você, Rajkumari? Pagará com a vida, seja quem tenha sido o infeliz que tocou em algo que doravante me pertence!

Apesar da aversão que sentia dos soldados e de Agrit, a moça guardou silêncio, ciente de que não era oportuno arregimentar mais inimigos nesta vida.

– Quem tocou na princesa, Agrit? – vociferou o soberano, já com a espada em mãos.

O homem ajoelhou-se desesperado, sabendo que a ira de Nimit não tinha limites.

– Ninguém nos tocou – intercedeu Nalini, para surpresa de Agrit. – Apenas tivemos um acidente com nossa liteira, pois nossos batedores foram atacados por javalis selvagens e fugiram em pânico. Corremos então dos bichos ferozes e nos ferimos, perdendo também algumas roupas.

Intrigadíssimo, Agrit olhava para a jovem que poupara da morte certa a ele e seus soldados, entre os quais seu próprio filho e um amado sobrinho. Nalini havia conquistado para sempre os bons préstimos de Agrit e isto lhe seria muito útil oportunamente.

Ele se tornaria um dos imediatos de Nimit em Adharma e facilitaria a fuga futura de Nalini, indicando para sua guarda, antes do fatídico tsunâmi, dois soldados desatentos, que seriam facilmente adormecidos por Kabhir, facilitando assim o resgate da princesa.

Nalini finalmente compreendera que cada gesto seu teria repercussão para todo o sempre. Aprendeu naquele instante que um ato de generosidade, como este com Agrit, bem como para com seus soldados, fizera com que ela arregimentasse um protetor eterno. Mais uma lição fora aprendida em meio à dor!

Nimit vestia-se de púrpura e ouro. Ostentava sua estimada coroa com soberba, expressando arrogância e impiedade. Tal comportamento gerava um cenário de falsa obediência, das mais frágeis que existem: a obediência pelo temor.

Aproximou-se de Nalini e sussurrou-lhe:

– Esqueça Chandan e seu reino, Princesa. Pertence agora unicamente a mim e viverá o resto de seus dias como minha concubina. Aceite seu destino, mas aviso-a de que somente a aceitarei por sua livre vontade. Quero que implore por minha atenção e afeto...

– Sim, Nimit. Vejo que estou aqui em sua presença voluntariamente – respondeu ela, com olhar de desprezo.

Nimit, por sua vez, parecia divertir-se com os sentimentos da jovem, que apesar de ferida e desgrenhada estava ainda belíssima.

Então, não se contendo, ela desatou:

– Jamais me entregarei de livre vontade a um javali imundo como você, Nimit. Jamais! Prefiro ser a meretriz maior em seu reino a ceder a seus sentimentos infantis. Você é um homem patético se comparado a Chandan. Que figura risível você é perto dele. Sua presença chega a nausear-me.

Ouvindo tal atrevimento, Nimit desferiu uma bofetada no rosto de Kanti, que tombou desfalecida.

– Prossiga, Nalini. Prossiga com suas afrontas. Em breve não sobrarão dentes em sua aia. E saiba que, quando ela não tiver mais o que sofrer em minhas mãos, teremos ainda muita diversão com seu maldito astrólogo, que jaz faminto no subterrâneo do palácio.

Nalini jogou-se aos pés de Nimit, implorando que não tocasse em Kanti e Kabhir:

– Farei sua vontade, Nimit. Serei o que quiser que eu seja, pois nada mais me importa. Apenas poupe estas pessoas que me são tão caras.

Nalini sentia-se cair em um abismo. As saudades de Chandan doíam imensamente em sua alma e esse sentimento se agravava ao saber que Kabhir jazia encarcerado.

A cena de Kanti sendo esbofeteada lhe causara cortante dissabor e, somando-se aos últimos eventos, a fez perder os sentidos. Acordou bem mais tarde, com muita febre.

Soube por Kanti que os magos da corte não conseguiram reanimá-la, obrigando Nimit a recorrer a Kabhir, que prontamente a curou, por conhecê-la desde pequena e saber que as emoções muito fortes a adoeciam facilmente.

– Kabhir... Você está aqui! Tudo foi um pesadelo? Que sonho horrível...

– Não, querida Rajkumari. Não foi um sonho. Fortaleça seu espírito, pois o pior ainda está por vir.

Pela primeira vez notou relutância real em Kabhir, percebendo-o muito magro e com cabelos brancos a despontar-lhe.

Naquela mesma noite, Nalini se apresentou nos aposentos de Nimit.

Tal convívio pernicioso, fundado na cupidez e no desprezo, criava entre eles um vínculo odioso. Ela se divertia agora em humilhá-lo, contrastando-o com Chandan. Nimit, cada vez mais apaixonado, sujeitava-se às ironias incessantes de Nalini.

A jovem lentamente sentia sua humanidade se transformar em ironia e desprezo, aliados a uma crueldade que ela não sabia existir dentro de si.

As humilhações sofridas por Nimit pareciam agradá-lo cada vez mais. Quase que prevendo o final infeliz que teriam, ele lhe dizia:

– Nalini, esqueça meu cunhado. Lembre-se de que agora me pertence e nada fará com que eu a devolva. Se não pode me amar, contento-me com seu ódio. Se não pudermos estar juntos em seu paraíso, reinaremos juntos nos infernos. Não me importa.

Nimit preparava-se para a guerra contra Chandan e durante algum tempo deixou Nalini na companhia de Kabhir e Kanti, que permaneciam vigiados todo o tempo.

Kabhir pedia que a jovem não sucumbisse ao ódio e tentasse acessar o coração ferido de Nimit, auxiliando-o a enxergar melhores possibilidades evolutivas para si mesmo.

Ela, porém, se mantinha irredutível.

– Jamais, Kabhir! O que me pede é impossível. Odeio Nimit e serei eu mesma sua carcereira, usando para tanto a fraqueza que ele aparentemente sente por mim.

– Nalini, não se afaste dos ensinamentos que durante tantos anos incuti amorosamente em seu coração. Não permita que tais sentimentos endureçam sua bondade e a afastem da luz em que se comprazia em viver. Lembre-se de que estamos nesta vida por breves momentos e que um dia Nimit também lhe será caro.

– Repito, Mestre Kabhir: jamais terei piedade de Nimit e o assolarei com todas as humilhações imagináveis. Ele me tirou a única pessoa que amei nesta vida, além de aprisionar você e Kanti tão brutalmente. Pior ainda: o infeliz provocou uma guerra tosca usando-me como pretexto.

Após breve pausa, e parecendo ler dentro de si, complementou:

– Sinto que jamais verei Chandan novamente e isso me desespera. Não vejo nosso amado rei saindo vitorioso dessa guerra. Nimit tem soldados movidos pelo ódio e pela cobiça, enquanto Chandan moldou seus exércitos estimulando o espírito dos soldados para agirem como guerreiros, não como assassinos. Creio que as perdas serão imensas, mas sei que meu amado rei me aguardará no mundo das almas de que você tanto me falou.

Então, percebendo a oportunidade, Kabhir interveio:

– Não pense, porém, que poderá usufruir do mesmo espaço espiritual que Chandan se continuar com esta vingança impensada e este ódio em seu coração. Não, Princesa: ao morrer iremos permanecer junto de nossos sentimentos, bons ou maus, que atuam como algemas.

– Pois que seja! – irrompeu ela. – De que me adiantou ser gentil e generosa? Por acaso Deus está aqui, cuidando de todos nós?

Kabhir baixou a cabeça, tristonho, e disse:

– Sim, Nalini. Sinto-O cada vez mais presente em meu espírito e ele me enche de coragem para seguir pelo caminho tortuoso que foi traçado pelas minhas próprias escolhas.

E explicou-lhe:

– Seu ódio por Nimit a imantará irremediavelmente a ele e a afastará cada vez mais de Chandan. Acorde antes que seja tarde, pois prevejo tempos de escuridão e sofrimento para ambos! Perdoe Nimit. Não permita que esses sentimentos maléficos, tão cultivados por todos nós em vidas passadas, emerjam sem controle e a dominem. Não desperdice os aprendizados que acumulou nesta vida.

Infelizmente, as palavras de Kabhir surtiram pouco ou nenhum efeito na jovem. O aviso foi dado, mas a escolha feita por Nalini baseou-se em seu orgulho e egoísmo, ainda muito exacerbados em seu caráter, mas que ela enxergava como virtudes.

Enquanto esteve ao lado de Chandan, Kanti, Kalanthara e Kabhir, as decisões sensatas sempre lhe foram fáceis de alcançar, mas ao encontrar o primeiro desafeto de vidas passadas, e que ela mesma cultivara, Nalini sucumbiu avassaladoramente. Ainda seria assim por séculos...[8]

[8] Ver livros 2, 3 e 4 da tetralogia *O Sândalo e o Jasmim*.

32. O sândalo tomba

Nimit parecia imbatível em seu carro de guerra. Acompanhava-o seu exército e se dirigiam à batalha contra Chandan. Seu elmo e armadura eram assustadores.

Nalini não estava minimamente confiante que Chandan venceria a luta. Em seus pensamentos, via a si mesma decepando a cabeça de Nimit, tal a repulsa que sentia por ele.

Oportunidades não lhe faltaram, mas ela sempre fraquejava na tentativa de tirar-lhe a vida, como se algo invisível detivesse suas mãos. Lembrava-se sempre da frase que ele dissera:

"Reinaremos juntos nos infernos!"

Um sentimento quase profético de um sombrio futuro se aninhava em seu coração, agora corrompido por ódio e desprezo. Nalini não fora capaz de manter-se serena como recomendaram Kabhir e Kanti. Escolhera o caminho da vingança e muito em breve outro caminho, ainda mais doloroso, se abriria em seu destino.

Nimit portava uma armadura animalesca, decorada com dentes de javali sobre metal escuro. Seus feiticeiros haviam preparado uma poção que, diziam, lhe daria, além da vitória, uma coragem ímpar. Seus olhos refulgiam vermelhos e mostravam-se impiedosos. Ele dividia tal beberagem com seus generais, que também se tornaram ensandecidos e ávidos de sangue.

A turba era seguida por milhares de espíritos de aparência horrenda, que insuflavam ao embate físico.

Um extenso vale fora escolhido pelos generais como campo de batalha. Milhares de soldados, armas, animais e tendas se espalhavam, anunciando uma carnificina sem fim. O confronto não seria pequeno.

Chandan estava emocionalmente motivado, mas afetivamente enfraquecido pela ausência de Nalini. Alguns efeitos de sua consternação já se faziam presentes em seu sistema digestivo e nervoso. A ausência de Kabhir, que sempre o ajudara a equilibrar-se, só agravava a situação.

Mesmo debilitado, participou de todas as decisões sobre a batalha, usando sua brilhante inteligência para evitar o maior número de baixas possível e para desarticular o inimigo o quanto antes. Sua presença constante nos acampamentos motivava seus soldados, que tinham por ele grande respeito e admiração, fato este que não ocorria com Nimit, que era apenas temido, quando não odiado.

Os soberanos permitiam que seus generais sacrificassem animais em conformidade com suas crenças, mas Chandan não participava de tais rituais.

Chandan apenas não contava com um detalhe, que só descobriria bem mais tarde. Estava sendo lentamente envenenado a mando de Nimit, que conseguira corromper um dos mais leais camareiros de Chandan, responsável por sua alimentação, usando para isto o filho recém-nascido do servo, que fora feito refém e mantido em cativeiro. Desta forma, Nimit obrigara o servo de Chandan a envenenar aos poucos o rei, usando para tal um veneno de gosto imperceptível, mas que o debilitaria fatalmente.

Ainda consternado pelo sequestro de Nalini, Chandan não percebia o malefício que o vitimava, acreditando que adoecera meramente pelos desgostos sofridos. Lembrava-se das conversas com Kabhir, que afirmava que nosso espírito adoece antes do corpo. Acreditava que a saudade de Nalini é que lhe fazia mal.

As dosagens do veneno foram intensificadas nos dias que antecederam a batalha. No momento do combate, Chandan se mostrava debilitado, preocupando seriamente seus generais.

Os detalhes dessa sangrenta batalha são dispensáveis. Cabe, porém, dizer que a contenda foi terrível para ambos os lados, com perdas indiscriminadas em ambas as falanges. Em poucas horas, o campo de combate já era cercado por aves de rapina e feras ávidas por alimentar-se com o farto repasto disponível.

Não foi difícil para Nimit aproximar-se de Chandan durante a batalha. Este, afastado de seus generais e de seu amigo Janaka, lutava no limite das próprias forças.

Nimit, aproveitando-se desse momento, atacou-o pelas costas com a espada, arrastando-o em seguida para uma clareira próxima. O rei já havia sido ferido na perna, sucumbindo facilmente ao ataque do inimigo.

O rancoroso Nimit, no entanto, não terminaria essa tarefa de imediato. Desejava prolongar o sofrimento de seu rival. Voltaria depois e o mataria lentamente, levando seus restos para Nalini. Ele a faria contemplar seu amado em frangalhos, apenas confirmando quão fraco era o escolhido de seu coração.

Nimit desejava voltar logo ao campo de batalha e continuar a instigar seus soldados ao assassinato indiscriminado. Ensandecido, não desconfiava que o preparado que recebera de seus feiticeiros o tornara também presa fácil de espíritos trevosos, que desejavam mais e mais mortes, fossem de que lado fossem.

A maldade não calcula muito bem os próprios passos, mas o bem espera sempre o melhor momento para agir e, desta forma, Chandan seria poupado da morte certa no campo de batalha.

Sem forças e perfurado pela espada de Nimit, Chandan ouviu javalis selvagens se aproximarem e, ávidos, farejarem seu corpo, para em seguida, inesperadamente, se afastarem assustados. O veneno que o debilitara durante semanas foi o mesmo que impeliu as feras para longe. Os animais percebem quando a presa está contaminada.

Semiconsciente e exaurido, Chandan percebeu-se arrastado, distanciando-se cada vez mais dos ruídos da batalha, até que estes se esvaíram por completo. Seus ouvidos começavam a distinguir o rumor de um riacho.

Reparou, antes de desfalecer, que alguns monges o carregavam em uma padiola improvisada e o levavam para longe. Perdeu então os sentidos e só acordou semanas depois, em uma sala singela e iluminada. Sua coroa e espada foram preservadas pelos monges, que as devolveriam em futuro próximo.

Os abnegados monges lhe relataram que seu reino fora tomado por Nimit e que ele havia sido sistematicamente envenenado. Chandan, ao saber disso, caiu em preocupante depressão.

Enquanto isso, Janaka, desesperado, tentava encontrar o amigo, pois fora informado por soldados que Nimit arrastara Chandan ferido a uma clareira. Tentou ainda procurá-lo, mas nada encontrou.

Esse bravo companheiro, desolado, vestiu-se então como um mercador e saiu à procura de seu rei. Peregrinou por longo tempo, até que um de seus muitos informantes lhe disse que, em uma das entregas de mantimentos ao mosteiro das montanhas do norte, os monges encomendaram ervas atípicas, para curar alguém que fora seriamente ferido na Batalha dos Rochedos, como ficou conhecido o cruento episódio de enfrentamento entre os dois reinos.

Janaka teve certeza de que o homem ferido era seu amigo. As monjas que viviam nos templos dos deuses que ele venerava haviam profetizado que o rei estava vivo.

Em pouco tempo, localizou Chandan, sem suspeitar, porém, quanto o soberano havia mudado.

O contato com a morte, que nunca assustara o rei, desta vez deixara sequelas dolorosas em sua alma. Seu coração oscilava entre desejo de vingança contra Nimit e a necessidade do perdão para obter a verdadeira paz interior, tão pregada pelos monges.

A saudade de Nalini o consumia, por vezes levando-o ao desespero, porém pensava que seria melhor se ela jamais o visse novamente. Seu estado era deplorável e seria mais justo que ela permanecesse ao lado de alguém que pudesse protegê-la, ainda que fosse Nimit.

A última batalha impusera sofrimentos terríveis a seu espírito. Ao mesmo tempo, experimentava profunda gratidão pelos monges do templo, que passou a considerar irmãos. Um despertar acontecia em meio à intensa dor íntima. Seu orgulho se diluía aos poucos no dilacerante sofrimento que experimentava.

Sua perna esquerda fora atingida durante a batalha, causando-lhe dores atrozes e uma infecção que demoraria meses para ser contida. Até o fim de seus dias, o Sândalo iria claudicar. Isto lhe causaria grande constrangimento, para além da dor física, à qual ele bravamente sempre resistiu. O orgulho fora ferido e sentia-se agora um inválido. Jamais permitiria que Nalini o visse novamente assim.

Sentava-se durante horas nos pátios do templo, meditando conforme lhe fora ensinado, tentando não pensar em Nalini.

Certa tarde, estava sentado em um tronco de sândalo que os monges conservavam respeitosamente, como faziam com tudo o mais naquele local de paz, quando um dos muitos aspirantes ao monastério se aproximou e lhe disse que um homem desejava vê-lo, declarando ser seu amigo. Mal teve tempo de olhar para os lados e Janaka já se apresentava, ajoelhando-se em respeito, como sempre o fazia. Chandan afetuosamente ergueu seu caro companheiro.

– Meu Soberano e inigualável amigo! Não sabe como me alegra vê-lo bem e restabelecido! Quando pretende voltar a seu reino e mostrar a todos que está vivo e bem? Quando nos sentaremos e beberemos para que possa me contar o que aconteceu naquele fatídico dia em que foi atingido pela espada traiçoeira?

A espontaneidade e impetuosidade de Janaka trouxeram um leve sorriso aos lábios de Chandan, que disse, sereno:

– Jamais voltarei a ser rei, meu amigo. A realeza não mais me interessa desde que perdi Nalini. Na verdade, afastar-me da coroa e do trono são verdadeiros alívios para meu coração. Desejo apenas terminar meus dias me embriagando de conhecimentos, e não com bebidas inebriantes, como fazíamos nos tempos da Casa Amarela.

E prosseguiu:

– Não se inquiete por mim, Janaka. Você foi o mais fiel dos amigos e o mais bravo dos soldados, mas agora nossas necessidades são outras. As experiências que aqui tive com os monges transformaram o homem que fui. Sei que você não acredita em um Deus único, dizendo que, se temos tantas deidades, por que se apegar a apenas uma delas, mas depois que conheci Nalini, tudo vem se transformando em mim.

Revelou então:

– Com os ensinamentos recebidos aqui, aprendi a acessar algumas vidas passadas e hoje sei que eu, Nimit, Nalini, Kabhir e até mesmo você, meu amigo, somos parte de um gigantesco e infindável colar de raras pérolas, cujos destinos estão ligados pelo mesmo fio. Esse fio que nos une é o mesmo que nos levará à redenção individual e à harmonia entre nós mesmos. O perdão é a chave de tudo.

Buscando apaziguar o amigo, disse-lhe:

– Não se inquiete por mim, Janaka. A roda do destino seguirá seu curso implacavelmente e meus débitos com Nimit precisarão ser quitados para que um dia eu e Nalini possamos novamente merecer uma vida juntos. Faço este sacrifício por ela, pois sei que agora está novamente entregue a sentimentos menos dignos e precisarei de todas as forças para trazê-la de volta à luz! Enquanto isso, instruirei minha alma com os saberes e a simplicidade deste mosteiro, dando continuidade aos ensinamentos recebidos de Kabhir. Preciso me fortalecer e seguir o destino que me foi reservado, arcando com a responsabilidade de meus erros e de ter levado milhares de soldados aos campos de batalha, onde encontraram as mãos gélidas da morte.

Por fim, complementou:

– Meu orgulho me cegou, Janaka. Hoje, caro amigo, um grande desequilíbrio precisa ser sanado. Somente o estudo e o trabalho em mim mesmo poderão, no porvir, socorrer Nalini, e para isso contarei com sua ajuda. Se desejar, poderá ficar aqui a meu lado. Sei que os monges não se oporão a sua presença.

Janaka se comoveu com as sinceras palavras de Chandan, que parecia um novo homem. Mesmo envolto em seu simples manto de lã, não perdera a majestade nem a força interior, mas estava mais humilde e sereno que nunca. Colocou as mãos sobre os ombros do amigo e disse-lhe:

– Sou um soldado, Chandan, e tenho tantos crimes e pecados que mal posso carregá-los. Se me disser que sentirei algum alívio neste peso que carrego no coração ao permanecer aqui no mosteiro, ficarei a seu lado.

Janaka, então, bastante comovido, deu ao rei as notícias que recebera de seus informantes sobre o destino de seus caros companheiros de jornada.

Receosamente, contou-lhe que Nalini estava morta, assim como Nimit, Kabhir e Kanti, em circunstâncias que elucidaremos a seguir.

Lágrimas desceram pelo rosto de Chandan, resultantes tanto do remorso por não ter evitado a guerra quanto pelo destino de seus amigos, que no íntimo ele já pressentia. Maior dor ainda lhe foi reservada ao perceber que Nalini e Nimit haviam se ligado por fortes laços de ódio.

Os dois amigos perderam seus olhares no horizonte, enquanto Hajinuri, o monge que se tornaria o mestre de ambos, os observava silencioso.

Meses antes do reencontro de Chandan e Janaka, fatos complexos e tenebrosos invadiram o palácio de Nimit.

Tão logo retornou da fatídica batalha trazendo seus espólios, Nimit chamou Nalini a sua presença e informou-a, irônico, que Chandan fora morto por ele, fornecendo detalhes inventados para se sentir superior, ao menos em sua mente.

Ao receber a confirmação de um fato que seu coração já sentia, ela caiu em estado catatônico. Não sorria nem chorava; não falava nem se alimentava. Em seu rosto apenas transparecia que ela aguardava o dia seguinte, e depois o seguinte, e o seguinte, sem esboçar qualquer emoção, fosse de tristeza, alegria ou desespero. Apenas vegetava em suas emoções...

O coração de Nalini se enrijecera por completo e durante muitas vidas esse poderoso e transformador sentimento – o amor – estaria adormecido em sua alma, levando-a a tomar decisões inteiramente equivocadas e a arrastar muitos outros espíritos para a mesma tenebrosa teia de inércia moral em que vivia.

Nalini criava dia após dia a certeza interior de que amar seria sofrer e endurecera as fibras mais preciosas de seu ser, a ponto de nada mais sentir. Um medo incontrolável de reviver a perda de seres amados a dominava inteiramente.

Refletia com frequência se essa era a vida que o Ser Supremo lhe havia destinado e pensava que, além de Kabhir e Kanti, ninguém mais lhe restava neste mundo. A dor de perder Chandan a tornara amarga e revoltada. Fechou-se cada vez mais, cogitando até mesmo que, na primeira oportunidade, daria fim à própria vida.

Certa manhã, Nimit adentrou bruscamente seus aposentos e disse-lhe, altivo:

– Nalini, prepare-se. Iremos em breve ao palácio que pertenceu a meu cunhado e que agora, como tudo mais, a mim pertence. Desfilarei para o povo e o ensinarei a temer-me. Você, o mago maldito e sua aia virão comigo. Eles como prisioneiros, é claro. Alguém tão especial como Kabhir, o feiticeiro, certamente irá despertar temor na população.

No dia da partida, Nalini viu-se forçada a sentar-se ao lado de Nimit em uma liteira ornamentada de insígnias militares. Seus olhos estavam sem fulgor. Nem as tinturas que fora obrigada a aplicar no rosto animaram seu semblante fenecido.

O trajeto foi horrendo. Milhares de corpos jaziam inertes pelo caminho, mortos há tempos e sendo devorados por animais. Mulheres e crianças que haviam perdido seus provedores na batalha imploravam por alimento. O outrora belo e próspero reino estava mergulhado em caos.

Nalini, profundamente tocada pela dor das mulheres e sabendo o poder que tinha sobre Nimit, implorou-lhe para que não desamparasse aquelas pessoas. Ele então, orgulhoso, pediu que seus soldados alimentassem os famintos e liberassem sacas de grãos dos armazéns, agora duramente cerrados à população.

O orgulhoso rei sentia verdadeira soberba ao ceder a qualquer desejo de Nalini, que agradecia apenas com um aceno, fingindo não importar-se muito com os aflitos. Aquela cena, por alguns minutos, a fizera voltar a si.

O coração humano opera de modo curioso: somente as piores dores são capazes de destruir camadas e camadas de descaso e de inércia moral. Assim foi com Nalini.

Ela sabia, contudo, que não poderia demonstrar preocupação demasiada pelos sofredores da estrada, pois tudo aquilo pelo qual ela sentia ao menos um mínimo de afeto ou consideração era imediatamente aniquilado por Nimit.

Nas últimas fileiras da comitiva, iam aprisionados Kabhir e Kanti.

O palácio em que ela vivera tão feliz já se avizinhava, mostrando-se imponente como sempre. Nobres e funcionários que o mantinham já estavam sob as ordens dos servidores de Nimit e prontamente passaram a adorar o novo rei, visto que ele lhes prometera imensas recompensas pela lealdade.

Nalini os desprezava e os chamava de cobras traiçoeiras. Entre eles estava Raavil, o soldado detestável que fazia a guarda de Kalanthara.

Para infelicidade de Nalini, ele caíra nas boas graças de Nimit, que o incumbiu de vigiá-la, o que ele fez de muito bom grado, dificultando sobremaneira a rotina da jovem e humilhando-a quanto podia.

Raavil jamais perdia a oportunidade de mostrar seu desprezo por Nalini, chamando-a de meretriz real. Certa vez, ela desabafou a Nimit que odiava Raavil, pedindo sua imediata substituição. O algoz, porém, respondeu-lhe:

– Ora, minha querida, se você o detesta, será minha alegria mantê-lo diuturnamente a seu lado. Obedeça-o e jamais o provoque, pois darei a ele autorização para lhe aplicar corretivos sempre que o desobedecer.

Nalini voltou a seus antigos aposentos no palácio, enquanto Nimit ocupava os aposentos reais, que outrora pertenceram a Chandan.

Certa noite, Nalini pensava no filho Agha e agradecia sinceramente em seu coração a Kalanthara, que o havia salvo de Nimit, refugiando-se com o pequeno em algum local distante, que nem mesmo ela sabia onde ficava. De repente, como costumeiramente o fazia, Nimit adentrou seus aposentos transtornado. Desta vez, porém, espumava de ódio:

– Maldita! Quer então dizer que Agha, a criança bastarda, é seu filho?

Nalini sentiu uma corrente gelada correr pela própria espinha, mas procurou manter-se fria e impassível, comportamento que havia desenvolvido nos últimos tempos.

Ele prosseguiu, irado como Nalini jamais o vira:

– Vou encontrá-lo e acabar com sua vida e com a de Kalanthara, aquela víbora. Você e seus comparsas me pagarão caro por essa mentira! Os que agora riem de mim irão chorar em breve. Malditos todos! – vociferava, transtornado. – Que este palácio seja fulminado pelo fogo!

E chamou Raavil, ordenando que tudo fosse queimado: móveis, jardins, animais, pessoas – tudo.

O soldado assustou-se, pois ele também tinha familiares no palácio e temia ter que queimar vivas suas próprias irmãs, que trabalhavam na escola.

Nalini, impassível, virou-se e disse em voz plenamente calculada:

– Não sei do que fala, Nimit. Você continua o mesmo insensato de sempre: limitado e mau observador. Jamais engravidei. O próprio Kabhir preparava remédios que evitavam que qualquer mulher engravidasse do rei. Quem lhe disse essa tolice deve estar rindo de seu destempero.

Ninguém além de Nalini falava assim com Nimit. Desta vez, porém, ele estava possuído por raiva nunca antes vista e mostrou-se enfurecido com o cinismo que ela aparentava.

– Meus espiões, Nalini! Eles descobrem qualquer coisa e uma monja das montanhas confessou a tramoia. Ela jurou que os recebeu e que você deu à luz a malfadada criança. Todos me pagarão caro pela mentira!

Nalini então desatou a gargalhar, a ponto de precisar sentar-se.

– Você não passa de um estúpido, Nimit, que foi enganado por todos. A criança vive e, sim, é meu filho com Chandan, sendo por isso o verdadeiro herdeiro deste reino. Um dia ele marchará sobre você e o esmagará com seus pés, se eu não matar você antes!

E, prosseguindo, gritou:

– Nunca deixei de amar Chandan e a cada minuto a seu lado era nele em quem eu pensava.

Nimit mal ouvia as palavras de Nalini, tal era o ódio que o consumia. Decidiu ali mesmo vingar-se de todos, mas sabia que não conseguiria matar Nalini. Seus sentimentos por ela eram tamanhos que dificilmente reuniria forças para tentar algo contra sua vida. Mas... e a vergonha? Todos comentariam sua frouxidão.

Pensou rapidamente. Ordenaria que a criança e Kalanthara fossem trazidas para serem queimadas vivas, a fim de que todos vissem. Kabhir e Kanti também estavam em sua lista de desafetos.

– Traga-me o mago maldito e sua prostituta. Veremos se a verdade aparece em meio à dor que, juro, irão sentir, assim como você, Nalini.

Dizendo isso, ordenou que seus soldados montassem um cenário de horror no grande terraço.

Em minutos, Kabhir e Kanti foram trazidos. Nimit, furioso, segurava Nalini pelo braço, apavorada por ver, bem a sua frente, em uma jaula, três descomunais javalis, animais que sempre a atemorizavam tremendamente.

– Mate-me de uma vez, sendo ao menos piedoso com a mulher que você destruiu! Mas valha-se de sua espada, como um rei deve fazer. Não me atire a essas feras abjetas!

– Não, Nalini, jamais a matarei. Viverá a meu lado até o dia de minha morte, quando meus soldados irão queimá-la viva, para que continuemos juntos mesmo depois. Nunca me separarei de você e prometo que a farei pagar por toda a humilhação que me faz passar.

Quem tivesse apurados olhos espirituais, como os tinha Kabhir, veria ao lado do enfurecido rei inúmeras criaturas trevosas, instigando-o ao mal. Ele cedia sem nenhuma resistência.

Kabhir parecia ouvir o que os espíritos sussurravam nos ouvidos espirituais do tirano: "Vamos, Nimit! Acabe logo com todos. Não permita que riam de você! Eles o enganaram e o humilharam publicamente. Vingue-se! É a única forma de lavar sua honra".

Nimit, parecendo incorporar instruções tão sinistras, sorriu despoticamente e gritou para Kabhir e Kanti:

– Confirmem agora a verdade e os pouparei: Agha é filho de minha irmã ou de Nalini? Não mintam, pois saberei farejar a verdade.

Nalini atirou-se aos pés de seu antigo mestre, chorando pela primeira vez em muitos meses. Ele a ergueu e disse-lhe:

– Não chore, Nalini. É preciso que o destino se cumpra. Kanti e eu estamos preparados para nos apresentar ao mundo espiritual, onde a aguardaremos no momento certo. Não antecipe com sofrimentos sua morte, que virá no tempo justo. Enquanto isso, você poderá servir ao Criador, mesmo ao lado de Nimit. Aprenda a falar a seu coração e, quem sabe, muitas outras vidas serão poupadas. Não erre mais.

No mesmo instante, Nimit, acreditando que nenhuma informação lhe seria dada, arrancou a jovem dos pés de Kabhir e esfaqueou o mago três vezes no abdome, embora superficialmente, apenas para que o sangue despertasse a ira dos javalis, que já grunhiam afoitos.

Fez o mesmo com Kanti, que, resignada, não esboçou reação alguma. Ordenou então a seus soldados que os atirassem aos animais furiosos para que lhes servissem de repasto.

Raavil, o infame soldado, segurou Nalini, obrigando-a a olhar a cena, que por séculos ficaria guardada em sua memória espiritual.

Ouvindo o rosnado das feras, Nalini gritava em desespero. De repente, os mesmos espíritos que assolavam Nimit passaram a entorpecer e instigar a invigilante princesa: "Vamos, Nalini! Mate-o agora. Agarre o punhal da cintura de Raavil e poderá matar Nimit prontamente. Vingue-se! Não permita que a morte de seus amados fique sem vingança. Vamos! Mate seu algoz. Olhe a faca reluzindo na cintura de Raavil... Pegue-a já! Vingue-se!".

Nalini, dando acolhida às sugestões maléficas, virou-se como uma serpente envenenada para Nimit, que se mantinha altivo apreciando sua própria demonstração de poder.

Em segundos, Nalini arrancou o punhal da cintura de Raavil, que jamais imaginaria que a jovem teria tamanho impulso e força. Ela então libertou-se dos braços vacilantes do soldado, avançou contra Nimit e correu-lhe o punhal, impiedosamente, pela jugular. Em seguida, velozmente, em um giro ensaiado, atingiu-o no fígado.

Tal lição sobre como tirar a vida em segundos lhe fora ensinada por Chandan, para que se protegesse em caso extremo.

A jovem proferiu o golpe com tanta força que os poucos soldados presentes no fatídico momento não conseguiram arrancar a arma de sua mão. Gerou-se assim uma cena tenebrosa, não só no plano físico, mas ainda mais no plano espiritual: Nalini, caída sobre o corpo de Nimit, segurava a faca nele cravada.

Nimit já agonizava pela profusa perda de sangue e, com o fio de vida que lhe restava, agarrou-se a Nalini com todas as suas forças, como a lhe dizer que jamais a deixaria ter paz.

Raavil, assistindo a cena que se desenrolava, desembainhou a espada e transpassou o coração de Nalini pelas costas, com tamanha força, que o metal alcançou também o coração de Nimit. Ambos morreram no mesmo instante.

Todos estavam mortos...

Kanti e Kabhir, porém, já recebiam o amoroso acolhimento em Ashwattha para o justo restabelecimento. Nimit e Nalini teriam destinos bem diferentes.

Não restara ali ninguém que pudesse revelar que Agha era filho de Nalini.

33. A essência

No mosteiro, Chandan repousava em sua cama simples de feno, forrada apenas com peles e alguns tecidos de lã. O fogo permanecia aceso a noite toda para amenizar o frio intenso das montanhas. Sobre a pequena mesa a seu lado, uma cesta com alguns figos, um pouco de mel, pão e uma vasilha de água.

Anos haviam se passado e sua cabeça se cobria de fios brancos, mas as feições continuavam fortes e altivas. O antigo rei não perdera sua imponência. Tristonho, porém resignado, passava seus dias auxiliando os moradores das aldeias próximas, sobre as quais em outros tempos reinara absoluto.

Cuidava dos enfermos, ajudava os aldeões na colheita, construía casas para os mais velhos. Fez-se um homem útil e afável, sendo abençoado por todos. Nunca foi reconhecido como Chandan, o rei, pois para as pessoas o rei estava morto. Todos o chamavam apenas de "o Monge". Nada mais.

À noite, exausto, deitava-se em seu singelo aposento, feliz por servir, mas ainda desolado de saudades de Nalini, a Rajkumari, sua Flor de Lótus e o bem mais precioso que já tivera nas mãos.

Certa noite, dormia e sonhava com as deleitosas tardes no palácio, época em que o amigo Kabhir o visitava e lhe falava sobre o mundo, a criação e a evolução do espírito. Acordou subitamente, percebendo-se confortado e feliz. Sentiu um perfume de cedro invadir seu aposento, seguido de uma sensação de leveza. Sentou-se na cama e viu uma pequena luz ganhar forma a sua frente, formando aos poucos uma figura humana. Reconheceu Kabhir, que lhe sorria gentilmente. O mago vestia uma túnica azul, bordada com símbolos dourados nunca vistos por Chandan. No peito, uma cruz azul, que mais tarde se tornaria o símbolo do Cordeiro.

– Saudações, Chandan!

– Kabhir, meu velho amigo, que visita agradável! Estou sonhando?

Muito sereno, o mago respondeu:

– Não, Chandan. Não está sonhando. Está me vendo com os olhos de seu espírito. Seu aprendizado neste abençoado templo o ajudou a se recordar de habilidades adormecidas desde os tempos da antiga pátria naufragada.

E quis saber:

– Como está, meu prezado Rei?

Chandan, acabrunhado, relatou-lhe:

– Kabhir, bem sabe que esse título não me pertence mais. Além disso, não mais o quero. Apenas almejo fortalecer-me em espírito e aguardar o dia em que a morte virá me levar para os braços de minha amada Nalini. Eu a vejo, Kabhir: ela me sorri. Sinto o perfume de jasmim que dela emana, mas de repente, quando tento tocá-la, uma escuridão oblitera minha visão e minha amada desaparece, deixando-me completamente desolado.

– Infelizmente, Chandan, nossa querida Nalini está presa nas garras do mal. Acalme seu coração, pois o que tenho a lhe dizer promete ser muito triste.

Notando a expressão do amigo, começou a expor-lhe:

– Inicialmente, saiba que a guerra entre você e Nimit aconteceria de qualquer forma. Nenhuma vida inocente foi ceifada, pois em ambos os reinos habitavam espíritos muito endurecidos, que precisavam ser isolados em áreas inferiores a fim de não conspurcarem a atmosfera do planeta, que receberá em breve nosso verdadeiro Mestre. Os últimos dias de

Nalini na Terra foram muito comprometedores e a arrastaram para regiões inferiores, onde está imantada a Nimit por débitos pretéritos que se agravaram nesta existência.

E prosseguiu:

– Nalini poderia ter desenvolvido, considerando seu coração destemido e seu natural temperamento afetuoso, uma aproximação a Nimit, que não teria resistido a seu carinho, permitindo que ela o tornasse, em algum tempo, um homem mais sereno, justo e receptivo. As palavras amorosas e a benevolência aumentariam as chances de uma encarnação redentora para ambos. Se existia alguém capaz de extrair o melhor de Nimit, esta era Nalini, mas o ódio e o inconformismo a consumiram a ponto de tornar-se fria e vingativa, provocando-o nas menores coisas. Com frequência, eu e Kanti, ainda no cativeiro, ou mesmo em desdobramentos durante o sono físico, tentávamos chamá-la para sua tarefa espiritual, sem nunca conseguirmos ser ouvidos.

Então relatou:

– Ao presenciar nossa morte, Nalini desesperou-se e matou Nimit, imantando-se a ele de forma irremediável. Tão logo passou ao plano espiritual, Nimit foi abduzido por entidades que cobravam os favores a ele prestados e se alimentavam de sua maldade, mas o antigo rei não perdeu suas habilidades e em pouco tempo já dominava parte da apavorante Cidade das Sombras, continuando implacável. Nalini, automaticamente, foi atraída a ele e ali continuou a humilhá-lo e a fazer dele o que bem entendesse, fortalecendo vínculos já bastante perniciosos.

E com preocupação no olhar, finalizou:

– Nimit reina nas trevas, instigado por forças poderosas que não querem que nosso grupo de espíritos se liberte do mal. Essas entidades nos seguem por afinidade desde o último exílio planetário e não desejam nossa emancipação espiritual, atacando-nos vida após vida sempre que nos aproximamos da redenção. Você conheceu um deles, no dia em que libertamos Nalini daquele veneno mortal.

– Mas, Kabhir, Nalini tem um coração bondoso. Veja o que ela fez pelas jovens da escola, por outros tantos súditos e por mim mesmo. Como pode este Deus abandoná-la? Não posso imaginar Nalini sofrendo nas garras de Nimit.

– Chandan, meu amigo e irmão, sabe que amo Nalini como a uma filha, mas é preciso que saiba que ela se ligou a Nimit nas trevas por vontade própria. Imensa culpa a persegue e precisará quitar os débitos com ele, assim como precisaremos nós, se quisermos realmente progredir no alvorecer das eras. Nada existe que não siga a Lei que o Pai Supremo criou. Jamais questione tal justiça, ou não poderá ajudar Nalini. No momento, ela precisa de suas preces e de sua fortaleza espiritual, que está se forjando neste abençoado mosteiro e nos trabalhos que desempenha junto aos mais pobres.

E, como eterno amigo, instruiu-o:

– Fortaleça seu espírito aprendendo a doar-se a quem não pode lhe retribuir. Perdoe sempre e procure entender os que lhe fizeram algum mal. Desta forma, estará antecipando em sua alma os ensinamentos que, em algumas décadas, serão trazidos pelo Supremo Avatar da mais elevada esfera, conhecida apenas pelos que amam profunda e verdadeiramente. Essa esfera é conhecida como Esfera dos Amadores[9], podendo assim auxiliar não apenas Nalini, mas as inúmeras almas que necessitam de entendimento.

Chandan ouvia, reconhecendo que as palavras de Kabhir faziam absoluto sentido. Os ensinamentos recebidos, o trabalho desinteressado realizado nas vilas próximas e as meditações no templo burilaram seu entendimento e sua alma. Não sentia por Nimit nenhum desprezo ou ódio, mas doía-lhe no coração saber que Nalini fazia companhia ao antigo inimigo e que se degradava moralmente dia após dia.

Kabhir, sentindo as vibrações do amigo, disse-lhe:

– Não pense que o período em que Nalini e Nimit passam nas trevas não tenha um propósito. Ambos depuram, assim como você, as dores advindas de débitos contraídos pelo orgulho e pela falta de perdão. No momento certo, quando a última moeda de dor for paga, Nalini será resgatada, assim como Nimit.

[9] A Esfera dos Amadores é formada por um agrupamento de almas puras cujo padrão espiritual de evolução se compara ao de Jesus. São espíritos que alcançaram, entre outras conquistas, o amor e a fraternidade absolutos. (Ver a obra *O Sublime Peregrino*, de Ramatís, psicografada por Hercílio Maes, **EDITORA DO CONHECIMENTO**.)

E prosseguiu:

– Chegou a hora de você saber, meu amigo, que a visão que Nalini teve no palácio a nosso lado, quando ainda grávida, refere-se a uma vida passada em que prejudicamos Nimit profundamente. Ele era um monarca poderoso, de uma das cidades mais prósperas de um reino que não mais existe, mas os erros que cometemos não se apagam e permanecem em nós, agarrados nos recônditos de nossa alma. São eles que acinzentam nossa luminosa consciência, que deseja e necessita libertar-se!

Descreveu-lhe então:

– Naquela existência, você, Nalini e eu mesmo conspiramos para que Nimit fracassasse em uma batalha, envenenando-o lentamente para que fosse facilmente atingido e morresse em campo. No entanto, ele foi avisado de nossa trama, deixando de ingerir doses maiores do preparado que lhe era dado pela própria filha.

E revelou:

– Você e Nalini eram amantes e usurparam dele o trono, atirando-o ferido às feras famintas, suplício este que eu e Kanti, que na época chamava-se Khima e era então filha dele, ajudamos a concretizar. Nalini chamava-se Dahaya-Mali, em homenagem a uma conhecida sacerdotisa da Lemúria, sendo afilhada desta, embora em nada fizesse lembrar sua madrinha, que era exemplo de caridade, disciplina, amor e justiça. Dahaya foi um espólio de guerra para Nimit, que se chamava Materu. Ela nunca o perdoou por haver-lhe matado toda a família e destruído seu lar, mas ele passou a amá-la de verdade e a satisfazer todos os seus desejos. Ambos viveram uma vida de falsidade e traições.

Acrescentou então:

– Quanto a você, Chandan, chamava-se Aluryus e era, além de meu próprio filho, um dos mais brilhantes generais, mas também o mais ambicioso e cruel entre todos. Era temido por sua ira e capacidade de perseguir implacavelmente quem o enfrentasse.

E admitiu:

– Infelizmente, ambos foram ajudados por mim, que usei

a magia e a intriga palaciana para afastar aliados de Materu. A caridosa sacerdotisa Mali me alertava em espírito para que seguisse o bem e ajudasse sua afilhada a percorrer o caminho da verdade, mas não dei ouvidos a minha mestra. Encarnado como mago Aghrantes, perpetrei os piores feitos, valendo-me da mais baixa magia.

Kabhir, finalizando sua fala, mirou profundamente os olhos de Chandan, que marejavam de tristeza, e disse-lhe:

– Prepare seu filho, nosso querido Agha, para reinar de forma justa e magnânima sobre os dois reinos. Em breve, o filho mais velho de Nimit morrerá da mesma doença que matou seus outros irmãos e, não havendo outros herdeiros, Agha deverá unificar o que foi separado.

E instruiu:

– Busque-o no templo das montanhas, onde vive desde que Kalanthara para lá o levou. Ela o educou bem e ele será flexível aos ensinamentos que você lhe levará. Ela ainda vive e poderá dar o testemunho de sua paternidade.

Garantiu-lhe então:

– No dia de sua morte, prometo estar a seu lado, meu amigo.

Dizendo estas palavras, desfez-se no ar, deixando Chandan pensativo, porém a ordem de Kabhir seria cumprida rigorosamente pelo antigo rei. Faria tudo para quitar seus débitos e poder resgatar Nalini de si mesma.

34. A semente

Bem a leste de onde Chandan outrora reinara, havia uma verdejante floresta, cortada por límpidos rios, riachos e uma profusão de cachoeiras. Montanhas nevadas erguiam-se silenciosas, convidando homens desejosos de paz a buscarem os templos que nelas foram erguidos e que o tempo se incumbiria de apagar.

Chandan sabia exatamente para onde Kalanthara fugira antes da batalha e, junto de seu amigo Janaka, agora renovado em sentimentos, seguiu em longa caminhada para encontrar o filho, que nunca mais vira desde aquele triste momento, anos antes, em que perdera tudo o que lhe era mais caro.

Agha se tornara uma esperança no coração de Chandan, que desejava ardentemente ver também no menino os olhos de Nalini, a relembrar-lhe os momentos de alegria que vivera ao lado da princesa.

A viagem foi penosa, prenunciando quão inóspito poderia ser o frio das montanhas. Janaka, homem resistente, já sentia a umidade a corroer-lhe os ossos e dificultar-lhe a caminhada. Chandan, também cansado, não perdia a oportunidade de brincar com o amigo, mesmo que ele próprio ainda sentisse dores persistentes na perna atingida no passado.

– Janaka, você parece uma velha caminhando. Será que

precisarei carregá-lo?

O amigo, surpreso e envergonhado por exibir algum mínimo sinal de velhice, virou-se e respondeu-lhe prontamente:

– Ora, Chandan, não se iluda por minha lentidão. Poderia carregar você e mais duas belas mulheres em minhas costas, por dias seguidos sem me cansar! Apenas sinto o frio a me congelar os pés e as mãos.

Chandan desatou a rir:

– Creio, Janaka, que se um tigre aparecesse, ambos seríamos uma lauta refeição, já que estamos velhos e lerdos e ele não teria trabalho em me jantar e guardar você para o dia seguinte!

Ambos então suspiraram, lembrando os tempos de vigor e força de que usufruíram outrora.

Em mais alguns penosos dias, estavam ao pé da inspiradora cordilheira, onde avistaram o templo edificado séculos antes por remanescentes dos povos da Lemúria que, guiados por seus sacerdotes, percorreram toda a planície e galgaram as montanhas, onde se sentiram mais protegidos e seguros.

Fazia muitos anos que o templo sagrado recebera Kalanthara e Agha. Janaka também obtivera de fontes confiáveis mais algumas informações sobre o paradeiro de ambos.

Ao chegarem, foram recebidos com alegria pelos monges, que reconheceram seus trajes como os de um mosteiro irmão.

Chandan foi saudado como o antigo rei, pois Kabhir, mesmo no plano espiritual, comunicara-se mediunicamente com esses monges, avisando-os que o monarca os visitaria buscando pelo filho.

Ali, Chandan soube que Kalanthara estava bastante debilitada e vivia na casa destinada às mulheres, a poucos quilômetros, e que Agha visitava a mãe diariamente, cuidando de todas as suas necessidades.

O ancião responsável pela acolhida liberou duas camas e algum alimento para os visitantes, pedindo que um dos monges mais jovens buscasse Agha onde Kalanthara vivia. Chandan, no entanto, decidiu visitá-la, prestando-lhe seus respeitos.

Naquele mesmo dia, caminhou montanha abaixo e em menos de uma hora viu-se frente a uma construção singularmente alongada, de madeira vermelha e dourada, cujo interior abrigava pequenos compartimentos para orações, além de salas de repouso e meditação. Foi recebido por uma monja idosa, que não entendia sua língua, mas que sabia exatamente quem ele viera visitar. Levou-o então, prontamente, à esposa.

Encontrou Kalanthara muito envelhecida, trazendo no rosto marcas profundas que revelavam os eventos dolorosos vividos no passado e enfrentados com bravura. Repousava no leito com a respiração pesada e, a seus pés, estava sentado o jovem, que foi imediatamente reconhecido como Agha.

Para Chandan, a cena não poderia ser mais emocionante e aflitiva. Quando ainda era rei, sua imprevidência com o próprio coração havia praticamente isolado Kalanthara no palácio. Dedicara-se unicamente a Nalini e se esquecera dos contínuos sacrifícios feitos pela esposa.

Agha, por sua vez, havia se tornado um jovem de beleza singular, de olhos brilhantes, sorriso bondoso e uma aura de realeza e de superioridade moral. Ao ver Chandan, imediatamente reconheceu o pai e o abraçou amorosamente.

– Entre, meu pai. Que felicidade os céus me reservaram hoje! Desejava há tanto tempo conhecê-lo e pedir que me aconselhasse sobre os passos que o sábio que aparece em meus sonhos me pede que siga.

Eram da mesma altura e tinham o mesmo porte. Agha era a cópia do pai: apenas os olhos, perscrutadores e profundos, lembravam Nalini, o que fez o antigo rei se emocionar até as lágrimas.

– Agha, meu filho, que alegria vê-lo bem! Apenas sinto por Kalanthara, minha esposa devotada, que sei estar neste instante tão enferma. Desejo pedir perdão a ela pelos sacrifícios que lhe impus durante nossa vida conjunta.

– Meu pai – disse Agha, sereno –, minha mãe sente carinho e gratidão, por você ter sido um esposo e um regente compreensivo, que nunca a obrigou a cumprir as funções reais de esposa contra a própria vontade.

E prosseguiu:

– Ela me contou toda a triste história com minha mãe, Nalini, para quem oro diariamente. Sim, pai, sei de tudo o que se passou desde o momento em que minha verdadeira mãe soube da gestação, e todos os sacrifícios que ambas fizeram por mim.

E, com olhar tranquilo, mas firme, completou:

– Chegou a hora de mostrar minha gratidão a elas e a você, meu pai. Desejo, acima de tudo, cumprir meu papel junto aos povos do norte, que estão abandonados à própria sorte, e para isso preciso que me instrua e oriente nas artes da diplomacia. Sei que tenho um papel a desempenhar como regente, garantindo a nova união dos reinos. O trabalho não será fácil, mas os anos passados no monastério muito me ajudaram a desenvolver a habilidade de ouvir conselheiros confiáveis, que se encontram em um mundo diferente do nosso: o mundo espiritual.

Revelou então:

– Vejo esses espíritos desde muito novo e nunca os temi. Muito pelo contrário: parece-me que o consolo desses bons amigos sempre me alcança na hora certa. Foram eles que me avisaram de sua visita.

Feliz em ver como Agha estava em paz consigo mesmo, não guardando a mais leve mágoa ou revolta, teve certeza de que ele seria o rei que novamente traria prosperidade ao povo, não pela espada, mas através da uma bondade natural e da habilidade ímpar de falar ao coração dos homens.

"Sim", pensou Chandan, "tudo corre certo pelo rio do destino." Decidiu então que permaneceria no mosteiro com Agha, ensinando-o, com a ajuda de Janaka, tudo o que ele precisaria aprender.

Kalanthara, ao abrir os olhos, ergueu-se vagarosamente e pôde contemplar feliz a cena entre pai e filho. Sentiu naquele momento profunda gratidão por perceber, ainda em vida, que tudo caminha como deve caminhar. Kabhir estava certo sobre a Providência e sobre a sabedoria de não rejeitarmos o caminho que nos parece mais difícil. Os sacrifícios têm o poder de nos proporcionar felicidade quando ajudam a calar nossa vaidade e orgulho.

Agora poderia morrer em paz. A doença silenciosa que aos poucos a consumia, inchando seu ventre e afligindo-a com dores quase insuportáveis, a vencera no corpo, mas nunca no espírito.

O majestoso sândalo floresceria novamente e brindaria seu amado país com sementes renovadoras.

35. O perfume do sândalo volta a se espalhar pelo reino

E os anos se passaram, branqueando os cabelos de Janaka.

– Vejo que está bem exausto, Janaka – comentou Agha após um dia de caçadas e treinos de arco e flecha. – Você e meu pai são excelentes instrutores, mas creio que o tempo lhe manda algum recado para que se esforce menos e deixe as grandes lutas aos mais jovens e mais vigorosos! – E ria-se ao perceber como Janaka o olhava incomodado ao ser chamado de velhote. Mas isso não deteve Agha, que prosseguiu:

– Ah, Janaka, sabe que o amo e que jamais poderia pagar tudo o que você e meu pai me ensinaram nestes anos, mas penso que já me encontro em condições de pleitear os reinos.

Janaka, ainda recuperando o fôlego, respondeu:

– Agha, você certamente será um rei valoroso e talvez tenha mais habilidades que eu e seu pai juntos, mas nunca se esqueça de que o verdadeiro governante se faz no coração. Para isso, deve ainda ouvir seu pai sobre como conciliar interesses sem ferir suscetibilidades, como fazer a lei ser cumprida sem temor e como vencer uma batalha sem usar a espada.

E propôs:

– Vamos. Seu pai me pediu que após estes dias na floresta voltássemos ao templo, pois já deve ter retornado de uma longa viagem, em que foi buscar algo que, penso eu, selará definitivamente seu treinamento.

Seguiram juntos, conversando como verdadeiros companheiros. Agha ouvia Janaka com sincero respeito e este sentia grande orgulho do homem que Agha se tornara.

No dia seguinte, Agha encontrou uma comitiva na varanda, que incluía Chandan, dois monges idosos e um general de cada um dos reinos vassalos. Estes sabiam ser urgente que um novo e legítimo soberano fosse coroado, visto que os altos funcionários, na falta de herdeiros vivos, vinham exercendo o poder como bem entendiam, levando os reinos a verdadeiro caos.

– Agha, filho meu, esperei tanto por este dia... Você se encontra frente a frente com os representantes dos exércitos, bem como em presença dos monges mais antigos, para os quais deverá fazer o juramento de ser um rei justo, leal e misericordioso. Eles o exaltarão como novo soberano, pois têm influência sobre todo o reino.

Chandan então o instruiu:

– Você deverá colocar a felicidade e o bem-estar do povo acima dos seus, permitindo as diferentes práticas religiosas pelos reinos, exigindo respeito às mulheres e proteção às viúvas, às crianças e aos idosos. Garanta a subsistência dos templos e dos monges. Você também deverá exigir que todos tratem bem seus servos e garantir salário justo aos soldados e demais trabalhadores. Acima de tudo, deverá se assegurar de que em nenhuma mesa falte um prato de comida. Esta é sua tarefa como regente!

Agha, bastante emocionado, ajoelhou-se aos pés do pai, que já apresentava dificuldades em enxergar, e disse-lhe:

– Pai, juro diante de todos que aqui estão que serei um soberano justo e misericordioso, colocando o bem-estar do povo acima do meu! Evitarei a guerra a qualquer custo e zelarei para que os vilarejos voltem a prosperar e todos possam usufruir da paz e do progresso.

As palavras de Agha tocaram Chandan e Janaka profundamente, acalmando também o coração dos generais, cansados da desolação em que os reinos se encontravam. Juraram então fidelidade ao novo rei, que vislumbrava com seus olhos espirituais muitos de seus entes queridos. Lá estavam Kabhir, Kalanthara, Harit, Pavit, Kanti, a sacerdotisa Mali e muitos outros que não fizeram parte desta história. Apenas Nalini não se fazia presente, visto que ainda estava envolvida pelo manto das sombras.

Chandan trouxe então um pano de lã vermelha, que envolvia sua antiga coroa e sua espada. Ambas foram recuperadas e guardadas anos antes pelos monges, no dia da grande batalha.

A coroa era belíssima e tinha formato de elmo. Era incrustada de pedras e folhas de sândalo em ouro e estava intacta, servindo perfeitamente na nobre cabeça de Agha, que agora via todos os presentes ajoelharem-se a seus pés – inclusive seu pai.

Tal atitude o emocionou, sem, porém, preenchê-lo do famigerado orgulho que corrói o coração de tantos reis. Não, Agha teria uma tarefa específica na majestade. Seria o grande apaziguador de corações e mentes, o grande unificador dos reinos e aquele que traria a paz necessária para a vinda do Cordeiro.

Em poucos meses, Agha já subia ao trono, unificando os reinos sem dificuldades, visto ser reconhecido como legítimo filho de Chandan. A linhagem de Nimit não trouxera bons governantes, que acabaram por levar os reinos a enfrentarem situações extremas, por pouco não sofrendo com as invasões de belicosos povos estrangeiros.

Chandan, o magnífico Sândalo, após longos anos de espera na carne, doente, quase cego e debilitado pelos anos de trabalho e dedicação ao próximo, dirigiu-se à floresta em uma luminosa manhã, sendo acariciado pelo aroma dos cedros que o cercavam. Deitou-se na relva e em poucas horas seu espírito cansado desligou-se do corpo físico, auxiliado por Kabhir.

Seu corpo serviu de alimento às feras, que um dia o pouparam da morte certa. Agora ele serviria de repasto aos animais, não pela dor, mas pelo amor. Nesse momento, o valoroso rei já estava desligado do corpo físico e adentrava os portais de Ashwattha. Agha lamentou a partida do pai, orando fervorosamente para que ele encontrasse Nalini no mundo espiritual.

Agha casou-se com uma das descendentes mais novas de Nimit, uma jovem bondosa e meiga chamada Champa, que o tornou imensamente feliz. Tiveram vários filhos, que se espalharam pelos reinos. Champa também é o nome dado a uma flor aromática e muito delicada, cujo perfume acalma e suaviza.

Nalini e Chandan, portanto, deram origem a reinos poderosos, mas cuja memória o tempo apagou com sua brisa enevoada.

Durante quase oitenta anos, Agha reinou em paz, lúcido até seus últimos dias. Morreu em seu leito, cercado de entes amados. Seus netos, bisnetos e tataranetos ali estavam e o homenagearam no momento da viagem à pátria espiritual. Um período próspero e de grande justiça foi a marca de seu reinado.

Agha foi recebido na espiritualidade pela própria sacerdotisa Mali, por Kabhir e por outros espíritos da mais alta hierarquia, que sempre o acompanharam em vida.

Uma era se findava e o Mestre dos Mestres poderia em breve descer à Terra.

Um dos muitos descendentes de Agha que vivia em um templo bem distante viria a ser um dos reis que visitariam a criança divina logo em seus primeiros dias de vida, louvando sua missão de paz, bondade e amor. Esse descendente seguiria, como os demais enviados de outras partes do mundo, a estrela de seis pontas que se formaria no céu no dia em que o Messias nascesse.

36. Dores trazidas pelas lembranças

Em Ashwattha, a manhã estava esplendorosa, ambientação possível graças às elevadas vibrações dos espíritos que lá atuavam nos serviços de socorro, instrução e proteção.

Na biblioteca, ao lado de Chandan e de Kabhir, Nalini estudava antigos manuscritos que falavam sobre a origem da vida e a criação da Terra.

Ela se surpreendia com a perfeição das Leis que orquestravam o universo e que nos conduzirão inexoravelmente à desejada evolução, embora na maioria dos casos ainda através de dores e provações, em razão de nosso caráter resistente ao bem e impermeável ao amor.

Nalini, com a ajuda de Chandan e Kabhir, recuperava-se das décadas passadas sob o poder das sombras, a cujas redes ainda se sentia muitas vezes imantada, embora sempre recebendo de ambos palavras de consolo, ânimo e bondade.

Nimit continuava em intenso tratamento espiritual a fim de livrar-se das vibrações deletérias que ainda o prendiam a entidades perniciosas. Era perceptível, no entanto, que algum progresso fora alcançado, graças ao desvelo de Kabhir, Kanti, Kalanthara e mesmo do próprio Chandan. Nalini, contudo, ainda não o visitara, visto que continuava a sentir perturbadora culpa pelos anos em que esteve a seu lado na Cidade das Sombras.

Percebendo que tais sentimentos poderiam futuramente dificultar os planos da espiritualidade para uma reencarnação conciliatória, Kabhir e Agha, espíritos que tinham profunda influência sobre Nalini, a procuraram em particular. Era necessário um reordenamento urgente de seu psiquismo, antes que ela cristalizasse perigosas emoções que a fariam perder oportunidades valiosas.

Kabhir introduziu o assunto:

– Nalini, você sabe que desde sempre foi um espírito por quem Agha e eu temos extrema gratidão e intenso amor, quase inexplicável. Os laços que nos ligam são tão profundos que se perdem no tempo. Somos uma família formada por muitos espíritos que caminham juntos antes mesmo da criação deste mundo. Infelizmente, nosso egoísmo e orgulho nos fizeram cair e, hoje, estamos separados de grande parte de nossos entes queridos, que se encontram em orbes infinitamente melhores que este. Não pense, porém, que esses seres de luz nos abandonaram à própria sorte. Tenha certeza de que aqueles que já se encontram em melhores condições auxiliam os que ainda têm dificuldades no próprio reerguimento. Assim é conosco e da mesma forma devemos proceder com Nimit, nosso irmão. Somente com o apoio amoroso que temos uns dos outros é que poderemos vencer.

Kabhir então lhe explicou:

– Você foi dotada, Nalini, desde sua criação, com o dom de ser amada e querida, trazendo para perto de si almas aflitas que podem ser prontamente curadas por suas palavras, pois você consegue enxergar para além do que as pessoas mostram. Esse dom é uma conquista e sempre a acompanhará nas encarnações futuras. Sei que agregará a seu redor almas aflitas que resistem ao necessário progresso espiritual e que precisarão de sua força para se reerguerem, sendo esta sua maior tarefa nas próximas encarnações. É fundamental que utilize em si mesma os dons com que beneficia o próximo, pois falta-lhe o autoamor e a confiança no próprio reerguimento.

Percebendo-a receptiva a suas palavras, ele prosseguiu, em tom sereníssimo:

– As decisões equivocadas que tomou ao longo de muitas existências a inundam de culpa e a impedem de sentir-se plena, mesmo em momentos de relativa felicidade. A culpa de nada adianta, Nalini, visto que Deus não é juiz e jamais nos condena. Ele criou leis perfeitas que regem todo o Universo e, incorporando-as, encontraremos nosso reordenamento na senda evolutiva. Devemos nos responsabilizar por nossos atos e abraçar fortemente as misericordiosas e redentoras oportunidades de reparação que a reencarnação nos oferece.

Agha, agora aparentando um jovem de vinte anos, aproximou-se de Nalini e a abraçou, dizendo-lhe:

– Nalini, você foi capaz de atos significativos de generosidade em sua última vida. Pensou em seu filho e no reino antes de em si mesma, ajudou inúmeras alunas da escola e, com isso, muitas pessoas tiveram a vida definitivamente corrigida graças a sua atuação. Mesmo nas trevas, serviu de alguma forma aos princípios incutidos em seu espírito milênios atrás por nossa mestra Mali.

E elucidou-a:

– Saiba que o mal não existe por si mesmo, pois não é uma criação de nosso excelso Pai. Tal força, se é que podemos assim nos referir ao mal, só se manifesta quando nos afastamos voluntariamente do bem. Contudo, chega um momento em que nossa alma se exaure desse sentimento.

Prosseguiu então:

– Até na cidade trevosa onde você esteve com Nimit, foi possível perceber algo de generoso em suas atitudes. Este também foi o caso de Nimit, que, acreditando equivocadamente ter a incumbência de executar justiça com as próprias mãos, foi utilizado pela Luz como instrumento retificador de corações endurecidos, tendo você a seu lado para evitar que ele se excedesse nas punições que distribuía. Lembre-se de quantas famílias, quantos casais e quantas cidades foram poupados graças aos procedimentos de Nimit, prendendo em seus calabouços espíritos bastante empedernidos que poderiam causar terrível mal caso circulassem livremente entre os encarnados. Digo "livremente", sim, pois é necessária também a ação do livre-arbítrio para se fazer o mal, mas a lei de causa e efeito, no momento oportuno, nos apresenta o conjunto de nossas obras.

A jovem, que ouvia atenta as palavras de Agha, indagou então:

– Quer dizer que no final tudo se resume no bem?

– Sim – confirmou Agha. – Somos formados de amor. Na busca de nossa inteireza e plenitude, que é desejo inerente a todos nós, criaturas divinas, invariavelmente nos voltaremos a Ele, mais cedo ou mais tarde. Infelizmente, muitos de nós precisamos de muitas dores até que a casca superficial formada pelo mal se rompa e permita surgir nosso verdadeiro ser divino, que é a consciência.

Enquanto Nalini refletia sobre essas palavras, Agha a convidou:

– Venha. Vamos nos encontrar com Nimit. Nosso irmão precisa ser despertado para os próprios erros e saber que sempre estará amparado por nós. Jamais o abandonaremos, visto ser tão amado quanto você mesma o é.

Ela hesitou, mas acompanhou Kabhir e Agha até os afastados aposentos de Nimit. Os amigos haviam quebrado com poderosos argumentos todas as resistências de Nalini em perdoar.

Nimit estava nos aposentos destinados à recuperação de espíritos muito rebeldes, local este revestido de uma tessitura vibracional específica, que abrandava as sensações de culpa e amargor das almas em arrependimento e que poderiam, eventualmente, sentir ainda o gosto acre da revolta.

Na entrada da ala destinada a esses espíritos, os visitantes saudaram uma simpática senhora, trajada de forma simples, portando sobre a túnica um manto alaranjado típico das aldeias do sul. Sua bela pele escura mostrava certa idade, mas os olhos guardavam uma juventude mágica.

– Saudações, Nanda! Viemos em visita a Nimit.

– Saudações, Mestre Kabhir! Vou chamar Pavit para recebê-lo. Ele sempre fica feliz com suas visitas, que têm animado bastante os internos em recuperação.

Adentraram o amplo e claro saguão que levava aos dormitórios, onde foram recebidos por um homem muito alto e magro, de traços firmes, que os acolheu com um farto abraço.

Era Pavit, o médico.

– Olá, amigos. Que alegre dia temos hoje! As vibrações emanadas recentemente pelos monges das terras altas, na nascente do Ganges, têm ressoado muito positivamente neste templo e nossos amigos aqui mantidos para recuperação apresentam visíveis melhoras em seu estado mental.

Agha e Kabhir então apresentaram Nalini ao médico, que, olhando-a intrigado, disse-lhe:

– Sim, eis Nalini, a jovem que esteve com ele. Pude ler no psiquismo de Nimit várias emanações referentes a você e percebo que hoje ele se sentirá mais aliviado ao encontrá-la. Seja muito bem-vinda. Sua visita será salutar ao infeliz Nimit.

Nalini ficou visivelmente envergonhada pelas palavras do espontâneo Pavit, que, percebendo seu constrangimento, olhou-a profundamente, como a perscrutar seus pensamentos.

– Não se acanhe. Aqui nestes recintos de paz não há segredos que me fiquem velados por muito tempo. Afinal, é por meio dessas questões de cunho pessoal que podemos puxar pequenos fios de uma meada mental que se estende por milhares de séculos. Nosso intuito é auxiliar os que aqui nos são entregues, para que alcancem uma rememoração salutar, ajudando-os na busca do autoperdão e preparando-os, desta forma para o processo reencarnatório.

E para tranquilizá-la, complementou:

– Seus pensamentos, os de Kabhir e mesmo os de Agha não me são velados. Este é um dos dons que desenvolvi por muitas vidas. Não se preocupe, pois o julgamento de cada pensamento não me cabe, visto ser eu mesmo um devedor de muitos que, no passado, sucumbiram a meu poder mental. Hoje atuo junto às falanges do bem e só tenho como objetivo ajudar os que aqui estão.

Nalini, compreendendo essas palavras e amparada pelos amigos, acalmou seu coração e preparou-se para o encontro com o homem que um dia assassinara.

37. A reaproximação

O estado em que se encontrava Nimit ainda era entristecedor para quem o vira no auge da realeza. Guardava no corpo espiritual todos os ferimentos resultantes de batalhas e entraves pessoais, incluindo as lesões fatais que Nalini lhe infligira na garganta e ventre. Pavit zelosamente cuidava das várias feridas psíquicas, que continuavam sangrando e causando ao Carvalho tombado lancinante dor.

Por vezes, Nimit caía em choro convulsivo e desequilibrado, atirando-se aos pés de Pavit, pedindo que ele o perdoasse, como se tivera sido um dos algozes do afetuoso médico. Este, porém, o acalmava, aplicando magnetizações nas áreas afetadas, que prontamente cicatrizavam.

Pavit conversava muitas horas com Nimit, que o ouvia silencioso, grato pela bondade e desvelo que nunca havia recebido em vida, exceto de sua humilde aia, que morrera tão logo ele completara doze anos.

A vida de Nimit fora marcada por brutalidade e rudeza, exacerbando características combativas que lhe eram naturais, bem como seu espírito orgulhoso, ferido em vidas pregressas pela imprevidência de Nalini, Chandan e Kabhir.

No dia da visita de Nalini, o homem forte de outrora permanecia cabisbaixo, aguardando um visitante que ele, até então, não sabia quem era. Acreditava na verdade não ter ninguém que o amasse e que com ele se preocupasse a ponto de visitá-lo.

Foi levado por Nanda até uma sala muito clara destinada a pequenas reuniões, onde havia bancos convidativos. Uma pequena fonte acalmava com seu rumor suave os que lá estavam.

Ao ver Nalini, Nimit sentiu novamente as feridas começarem a sangrar profusamente. Não conseguia se mover nem dizer uma única palavra. Ela, nesse momento, dirigiu-se ao antigo inimigo como nunca o fizera, colocando suas mãos sobre o coração do infeliz homem. Fechou os olhos e imantou-lhe o plexo cardíaco com verdadeiro amor e profundo desejo de perdão, ao mesmo tempo em que lhe irradiava os mais afetuosos pensamentos.

Nimit suspirou profundamente e desatou a chorar como nunca o fizera. Aquele gigante, que crescera no desamor, havia sido tocado em seu íntimo com um gesto simples de Nalini, gesto esse que poderia ter se materializado décadas antes, evitando assim o imenso mal que os assolou.

Nalini sentiu-se grata, segurando o rosto de Nimit com ambas as mãos.

– Meu pobre irmão, se soubesse como me arrependo por ter desprezado seu amor, que poderia ter nos poupado de tantos sofrimentos... Sou eu quem precisa pedir seu perdão. Era de mim que o supremo Criador esperava tal atitude. Se me permitir, desejo uma oportunidade de mostrar meu arrependimento, se aceitar me tomar como sua esposa em uma próxima existência, que em breve se apresentará a nós. Antes, porém, deveremos renascer em situação bastante difícil, mas ainda assim contaremos com apoio mútuo.

E prosseguiu:

– Kabhir me disse que hoje receberemos uma visita inusitada que nos trará palavras de conforto e coragem.

Cabisbaixo, Nimit respondeu com voz trêmula:

– Sinto-me tomado de profundo e doloroso arrependimento Nalini, tanto pelo mal causado quanto pela vergonha em ver que alguns daqueles a quem impus sofrimento encontram-se hoje aqui, me acolhendo desveladamente. Minha aia sempre me contava da existência de um mundo verdadeiro, situado além de nosso corpo. Eu, porém, ria de sua inocência. Voluntariamente aderi às guerras, ao poder e ao sensualismo, conquistando e humilhando, acreditando que isso me traria a alegria e satisfação que sempre busquei. Às vezes, Nalini, desejo apenas desaparecer e nada mais sentir, nada mais ver e...

Agha prontamente interrompeu a conversa, ao perceber que Nalini também começava a apresentar sinais de desequilíbrio pela culpa.

Disse com voz firme:

– Não, Nimit, não caia nesse perigoso pensamento. Se soubesse quanto a culpa devora nossa alma, jamais permitiria que ela lhe invadisse o coração. O processo em que você se encontra pode ser perigoso e creio que somente reencarnações retificadoras imediatas poderão ajudar tanto você quanto Nalini.

Aproveitando o interesse que a intervenção lhes suscitara, revelou-lhes:

– Kabhir renascerá e terá Nalini como filha, preparando-a para encontrá-lo como sua esposa. Para você, no entanto, ainda se fazem necessários de dois a três nascimentos, dependendo de sua capacidade de regenerar seu corpo espiritual. Tais reencarnações serão marcadas pela brevidade e pela dor.

Nimit suspirou aliviado, expressando consentir com a prova apresentada.

– Essa dor, Nimit, terá apenas o intuito de ajudá-lo a cicatrizar as feridas espirituais e conduzi-lo oportunamente a reencarnar ao lado de Nalini, que antes também terá um nascimento expiatório. Prepare-se, pois esse processo terá início em breve, segundo informações dos altos emissários desta colônia. Penso que quanto mais demorar esse transcurso, mais você se consumirá na própria culpa.

– Agha, desejo o quanto antes me libertar das dores de minha consciência, que me devoram lentamente. Meus atos foram indesculpáveis e aceitarei tudo o que me for proposto

Nalini, emocionada, exclamou:

– Você é um homem destemido, Nimit! Gostaria de ter

sua coragem, mas penso que algumas provas são terríveis e às vezes o medo assola minha alma.

Ao dizer essas palavras, abraçou o pobre desafeto, enquanto Kabhir, Agha e Pavit cerravam os olhos, emitindo sons harmônicos de um cântico da língua morta, que há séculos e séculos ambos não ouviam.

Aos poucos, um pequeno ponto de luz se formou a partir da água que jorrava da fonte, intensificando-se gradativamente, até que deu forma a uma belíssima criatura feminina. Os três homens ajoelharam-se imediatamente, sendo nisso seguidos por Nalini e Nimit. Sentiam uma calidez agradável e uma imensa paz permearem o ambiente.

A mulher aparentava trinta anos. Tinha feições harmoniosas e olhos de um violeta impressionante. Espessas tranças desciam-lhe pelas laterais da cabeça, que estava coberta por um véu azul transparente. Um largo cinto dourado contornava sua cintura, mostrando seu grau de sacerdotisa dos povos da água.

Seu nome era Mali e trazia papiros enrolados, nos quais se via o nome de cada um dos desventurados que ansiavam por suas palavras consoladoras. Sua presença impunha tamanho respeito ao grupo que nenhum deles conseguiu erguer o rosto e fitar-lhe os olhos violeta.

– Saudações, filhos meus do coração. Venho hoje trazer palavras de incentivo a Nimit e Nalini, que em breve usufruirão de possibilidades redentoras de renascimento, mas que exigirão coragem e também confiança no Criador e em seu amor reconfortante.

E prosseguiu:

– Nosso amado Mestre em breve nascerá. Sua mensagem divina acompanhará a humanidade por muitos e muitos séculos, levando consolação e esperança a todos, além da crença no espírito imortal. É importante que saibam que não há mais tempo, queridos meus. É preciso acelerar o passo, se desejarem fazer parte de um mundo regenerado que já se aproxima. Um grande processo de exílio de almas que não mais apresentam condições de permanecer na Terra já começou e ambos precisarão lutar muito para se tornarem merecedores de aqui continuarem sua evolução.

Explicou-lhes então:

– O Criador não distribui punições nem benefícios, não premia nem pune como acreditam muitos. O Universo não funciona baseado em nossas leis falíveis, e sim na Lei do amor, que é a Lei maior de Deus. É ela que impulsiona nossa evolução até que nos reintegremos ao seio do Pai. Estamos permanentemente envoltos neste amor emanado e incessante. Vocês deverão aprender, na imensidão dos tempos e através da vida na matéria palpável, que a Lei Divina se aplica a todos, sem exceção. Cada ato, cada pensamento, gera no Universo uma responsabilidade e cada um deverá responder pelas próprias produções mentais. Evoluímos, assim, incessantemente, ao longo de sucessivos renascimentos, até que a balança esteja equilibrada e a vida na matéria se torne cada vez mais dispensável.

E disse-lhes, amorosa:

– Cabe a mim, como guia deste grupo de almas falidas, mas desejosas em buscar o caminho certo, orientá-los nas provas que se avizinham. Eu continuarei ao lado de todos, até que o último ceitil seja quitado e nossa família espiritual esteja absolutamente equilibrada com a Lei Divina, que rege tudo o que existe. Aceitem as provas que lhes foram amorosamente preparadas para a retificação de débitos e saibam que jamais estarão sozinhos nessa luta.

A sacerdotisa então concluiu:

– Aguardemos a era de amor que se aproxima e, com ela, as palavras confortadoras do Mestre dos Mestres. Saibam que quando a humanidade estiver preparada, novas revelações serão trazidas a todos os que desejarem conhecer o mundo em que agora vivemos: o mundo dos espíritos.

Complementou, por fim:

– Vocês já conhecem estes ensinamentos desde antes de aqui nascerem. Este conhecimento aumenta significativamente as responsabilidades de cada um nas provas que se apresentarem. Sejam os guias, o alento e o bálsamo dos que sofrem. Usem as conquistas que já alcançaram para iluminar o caminho dos que vivem na escuridão. Esta é a tarefa de nosso grupo de espíritos.

E a imagem se desfez, deixando a todos integralmente fortalecidos e encorajados para enfrentar as provas que se aproximavam.

Nimit e Nalini se despediram. O rei arrependido teria que encarar algumas encarnações de curta duração, onde nasceria com graves comprometimentos físicos, usufruindo somente de poucos anos de vida em cada uma. Essas existências purgariam boa parte das dores físicas que ele causara aos demais e o ajudariam no processo de diminuição da própria culpa.

Nalini renasceria em uma aldeia muito pobre na Índia, tornando-se mãe aos treze anos e dando à luz Nimit, que então viveria sua última encarnação redentora. Ambos morreriam no parto e estariam preparados para uma nova existência juntos.

Chandan, por determinação dos planos superiores, reencarnaria antes, visto ter realizado excelentes progressos na última existência enquanto estivera no monastério. Nasceria justamente no período em que Yeshua estaria na Terra.

Pavit, com o intuito de ajudar esses espíritos, também nasceria nas terras da antiga Galileia, em uma rica família judia.

Kabhir e Kanti nasceriam primos, filhos de altos funcionários governamentais, casando-se ainda jovens e trazendo ao mundo Nalini, novamente uma bela menina, cujo nome seria Parijat. Segundo a lenda, Parijat foi uma princesa que se apaixonou pelo Sol e, abandonada por ele, não mais quis viver, convertendo-se em uma árvore que abria suas flores apenas à noite.

Poucos anos antes, perto dali, no palácio real, nasceria Nimit, mais redimido dos erros do passado, agora com o nome Arjun.

Parijat seria uma bela menina, amorosa, inteligente e compreensiva desde pequenina.

Seus pais, Kabhir, agora Hakesh, e Kanti, agora Dalaja, a educariam para que em futuro próximo aceitasse entrar no templo da cidade, dedicando-se à prática do bem e da retidão, valores vistos por Hakesh e Dalaja como imprescindíveis para aquele período da humanidade.

Hakesh não se cansava de ensinar Parijat a respeitar a natureza, as pessoas e as leis, dedicando praticamente todo o seu tempo livre à educação amorosa da jovem, que novamente crescia bela. Nessa existência, porém, seus olhos perderam bastante do poder de sedução de outrora, guardando marcante e inexplicável tristeza. Quase nunca sorria e mantinha-se em um mundo paralelo, como se interagisse com seres que não pertenciam ao plano físico.

Mali aparecia-lhe em sonho com frequência, encorajando-a ao estudo e orientando-a a manter o coração puro e resignado. Nessas ocasiões, a jovem ao acordar sentia-se refeita e uma grande alegria invadia seu coração.

Nessas manhãs, seus pais compreendiam que ela havia sido visitada por algum espírito iluminado e a deixavam em paz com seus pensamentos. Hakesh e Dalaja ansiavam pelo dia em que a jovem seria aceita no templo e se dedicaria ao bem e aos estudos.

Este, no entanto, não era o plano traçado pela guardiã desse grupo de espíritos.

38. O rio corre para o mar

– Arjun! Venha! Seu pai o aguarda! – gritou a aia.

O garoto, já com quinze anos, era bastante voluntarioso, mas graças aos aprendizados adquiridos em vidas precedentes, desenvolvera boa dose de generosidade e tolerância com as pessoas.

– Daya, vê como consigo erguer este armário descomunal quase sem fazer força?

– Arjun, não vá se ferir! Não arranje problemas para sua velha aia. Sabe que em pouco tempo seu pai lhe passará o comando dos exércitos e ele não me perdoaria se algo acontecesse a você.

– Ora, Daya, sabe que nunca permitirei que a acusem. Minha mãe morreu cedo demais e você foi para mim muito mais do que imagina. Nada tema, pois quando eu me tornar rei você terá tudo com que sempre sonhou. Até mesmo um rico altar para seu deus.

– Arjun, Arjun... Não existe o "meu" deus. Existe apenas um único Deus, que tudo vê e tudo conhece. Ele nos ama e exige de cada um de nós um grande esforço no bem e persistência nas decisões acertadas. Mantenha-se sempre ligado a Ele, como lhe ensinei desde o berço.

Daya era Kalanthara, que nascera com a tarefa de educar

o jovem Arjun, incutindo-lhe desde a infância os conceitos necessários para que vencesse as provas que lhe seriam apresentadas.

De certa forma, o jovem absorveu muito do que aprendeu com a aia, tornando-se uma pessoa muito melhor do que fora em vidas pregressas, mas tinha grande dificuldade em perdoar o que lhe faziam, permanecendo semanas preso em cansativos diálogos mentais quando alguém o contrariava.

Nos anos em que Daya serviu Arjun, ela plantou sementes imprescindíveis em seu coração.

O futuro soberano tinha ainda outra pequena fraqueza: as mulheres, ou melhor, a conquista e o afago ao próprio ego masculino. Com a autoestima ainda em frangalhos pela experiência fracassada junto a Nalini, era de se esperar tal necessidade de aprovação do sexo oposto. O jovem cercava-se de belas princesas, bem como de filhas dos nobres, que o adulavam de todas as maneiras, com o consentimento orgulhoso de seu pai.

Daya não aprovava tal comportamento e dizia-lhe sempre que ele deveria procurar uma moça verdadeiramente amorosa para desposar, em vez de trazer mais e mais jovens desocupadas ao palácio.

Quando a quantidade de donzelas ali excedia o razoável, ele as dispensava friamente, mandando-as de volta a seus reinos, porém com as bolsas cheias de ouro e joias. Tal hábito começou a trazer-lhe algumas inimizades, principalmente das famílias delas, que tinham alguma esperança de que a filha se tornasse consorte real.

O rei divertia-se com a inconstância desse filho mais novo, seu legítimo herdeiro, visto que dois dos mais velhos morreram em batalhas e os demais rebentos eram do sexo feminino.

Ele desejava que o filho se casasse brevemente e, tão logo Arjun completou vinte anos, o rei organizou um suntuoso banquete real, convidando nobres, príncipes e monarcas, desde que tivessem filhas que pudessem se tornar pretendentes reais.

O banquete que deu início às comemorações foi um evento incomparável, com um sem-número de convidados trazendo suas filhas para serem apresentadas a Arjun, que tinha horror à ideia de matrimônio, mostrando mínimo interesse por essas jovens, alegando que elas eram companhias no entretenimento, mas jamais serviriam como consortes.

Hakesh e sua esposa foram convidados e obrigados pelo protocolo a levar a jovem Parijat, que se manteve alheia aos divertimentos, passando grande parte do tempo nos jardins internos, onde sonhava acordada, entorpecida pelo aroma dos sândalos floridos e dos jasmins. Nossa memória olfativa pode transitar de uma vida a outra mais facilmente do que pensamos...

O palácio que sediou o evento era o mesmo em que Nalini e Chandan viveram seu intenso e verdadeiro amor, e estar presente naquele local enchia Parijat de sentimentos estranhos, oscilando entre a familiaridade e saudosismo.

No último dia dos festejos, nenhuma consorte fora escolhida, embora os convidados tivessem embonecado suas filhas como se desejassem vendê-las ao futuro rei, em um orgulhoso mercado de interesses que hoje pareceria humilhante.

Hakesh, que não intencionava ver a filha casar-se, não fez o mínimo esforço para que Parijat se apresentasse a Arjun. Apenas pensava em integrá-la o quanto antes ao templo, acreditando que isto a impediria de sofrer as dores afetivas que o mundo costumava reservar às mulheres.

O antigo mago se esquecera de que não controlamos a Lei do carma e que este seguirá constante e implacável.

Na última manhã de festividades, os amigos de Arjun propuseram-lhe caçar um pássaro belíssimo que até então nunca fora visto naquelas terras, parecendo ter vindo de outro país. A ave, cuja plumagem tinha cores jamais vistas, aparecera no palácio dias antes. Seu canto era impressionantemente melodioso.

O rei, hábil em fazer armadilhas, sentiu-se desafiado e ficou ansioso em capturar a ave, tanto para poder exibir-se perante os companheiros quanto para agradar sua aia, dando-lhe o pássaro como presente.

A ave aparecia e desaparecia repentinamente, como se fosse mágica, afiando a curiosidade de todos sobre a origem de tão intrigante criatura.

Durante o repasto matinal, Arjun avistou o pássaro, que parecia observá-lo desafiadoramente. Imediatamente o jovem se ergueu e pôs-se a persegui-lo pelos extensos corredores, até que ele voou na direção dos jardins internos, onde estava Parijat.

Arjun, na excitação da caça e desconsiderando seu tamanho, mantinha seu olhar para o alto e acabou tropeçando na jovem, que caiu assustada, ferindo-se levemente e sujando suas vestes na terra.

Ele a olhou nitidamente envergonhado por haver sido tão desastrado com criatura tão frágil. Imediatamente estendeu-lhe a mão, levantando-a polidamente e desculpando-se constrangido:

– Perdão! Sequer a vi... Eu a machuquei? Deixe-me ver se há algum ferimento... – Dizendo isto, pegou as mãos da jovem, que, ainda assustada, retraiu-se toda.

Ele procurou acalmá-la:

– Não tenha medo de mim. Não intenciono fazer-lhe nenhum mal. Estava apenas caçando uma ave inigualável, que jamais tinha visto e...

Parijat o interrompeu:

– Não tem vergonha de caçar um pobre pássaro indefeso, cuja única função é nos alegrar com seu canto e nos inspirar com sua beleza? Como alguém tão desastrado pode perseguir uma ave que tem a capacidade de alçar-se ao céu com as asas, enquanto você tropeça pelo chão nessas sandálias pomposas? Deveria se envergonhar de tentar ferir um animal. E mais: deveria ter vergonha de caminhar como um javali raivoso e derrubar pessoas que desejam apenas usufruir da paz deste jardim. Espero que não capture essa ave jamais!

Arjun riu-se da audácia da jovem, que, só agora ele percebia, era tão bela. O futuro rei, não desejando constranger a formosa criatura que acabara de conhecer, pegou suas mãos que se sujaram na queda desastrosa e as limpou com seu manto rubro. Parijat, assustada, retraiu-se novamente:

– Como ousa tocar em mim? Além de assassino de animais, é um importunador de jovens?

– Acalme-se – disse ele sorrindo e sentindo uma felicidade inexplicável. – Apenas desejo limpar mãos tão belas, que se sujaram na terra por culpa deste... javali tão desastrado e estúpido.

Parijat envergonhou-se pela própria rispidez e baixou a cabeça, puxando as mãos de volta para si e desviando o olhar do jovem, que lhe sorria curioso.

– Quem é você e o que faz aqui? – perguntou ele.

– Não lhe devo explicações. Retire-se ou chamarei meu pai e...

Nesse momento, vários jovens, amigos de Arjun, adentraram o jardim, ansiosos em saberem se a captura da ave tivera êxito.

– Arjun, onde está o pássaro? Conseguiu pegá-lo?

Parijat, percebendo então com quem falava, retraiu-se ainda mais.

– Vejam só! Arjun conseguiu um pássaro ainda maior e mais belo para seu viveiro pessoal – alfinetou um deles.

Parijat ficou vermelha de raiva pela humilhação de ser comparada com um troféu de caça do herdeiro real. O orgulho ainda era uma inquestionável marca de sua alma.

– Cale a boca, Raju! Não ofenda a donzela que já passou maus bocados com o susto que lhe dei.

E, voltando-se a Parijat, disse-lhe:

– Perdão. Não me apresentei respeitosamente, como deveria. Sou Arjun, herdeiro do trono, e desejaria imensamente me desculpar e... também, se possível, saber seu nome.

Ainda se recompondo, ela respondeu:

– Sou Parijat, filha de Hakesh e Dalaja.

– Parijat... A triste árvore que se apaixonou pelo deus Sol e só floresce à noite. Que belo e apropriado nome seus pais escolheram, visto que seus olhos são lindamente tristes, parecendo que verteram lágrimas por toda uma noite.

E continuou, galanteador:

– Sim, conheço seu pai e admiro-o pela idoneidade e dedicação ao trono. Venha, vou levá-la até ele. Não convém que fique aqui sozinha, agora que meus amigos descobriram este jardim escondido.

Arjun acompanhou-a até o salão maior, onde a sentou ao lado do pai, que olhou a filha suja de terra, estarrecido. O rapaz então, dirigindo-se a Hakesh, explicou-lhe o que acontecera nos jardins e pediu sinceras desculpas pela imprevidência.

Em seguida, o futuro rei dirigiu-se ao próprio pai, que, de um grande trono dourado, interagia com seus vassalos.

– Meu pai, creio que minha consorte está escolhida. Desejo me casar apenas com Parijat.

O rei, feliz pelo fato de seu herdeiro haver finalmente selecionado uma esposa, anunciou a escolha publicamente, causando um torpor inimaginável em Parijat – nada, porém, se comparado ao que sentiu seu pai.

Ao longe, o belo pássaro observava o salão e entoava uma triste melodia. Hakesh olhou para a ave e baixou a cabeça conformado. Mais uma vez, o espírito da jovem Nalini-Parijat seria escolhido sem que ela pudesse se manifestar. Séculos antes, ele, como mago Kabhir, a retirara friamente de seus pais; agora, a filha amada lhe era retirada da mesma forma.

39. A visita

Hakesh aceitara o inevitável. Sua filha não iria ao mosteiro como ele planejara antes que ela nascesse, quinze anos antes. As tramas do destino são tão complexas que nem mesmo a ele, mago e astrólogo sapientíssimo em vidas passadas, fora dado o poder de prever o destino de Parijat.

Certa noite, após um dia cansativo planejando com altos funcionários reais a cerimônia e festejos do casamento, Hakesh dormia um sono pesado ao lado de Dalaja. Desprendeu-se rapidamente do corpo físico, sendo levado para Ashwattha, onde Agha e Harit o esperavam. Desdobrados como ele, estavam também Dalaja e o médico Pavit.

– Salve, amigo Hakesh – saudou-o Agha, mostrando-se apreensivo.

Hakesh, acostumado às visitas astrais que realizava durante o sono, mostrou-se alegre, mas em pouco tempo percebeu que não fora chamado para um encontro casual ou de estudos.

– Precisamos conversar sobre questões urgentes que se apresentam e que poderão comprometer os esforços de sua filha e Arjun no corpo físico. Acompanho os passos destes espíritos, encorajando-os e orientando-os como me é permitido, considerando que a vida na carne sempre representa uma possibilidade de tropeço para nós, almas ainda desacostumadas ao bem. Trata-se de um alerta da espiritualidade, que nos foi permitido transmitir aos envolvidos graças à bondade de Mali, nossa guia espiritual.

Prosseguiu então:

– Nimit-Arjun e Nalini-Parijat deverão contrair núpcias em breve, levando juntos uma vida dedicada ao progresso do reino em que vivem, ao mesmo tempo em que deverão aprender novamente a se respeitarem e se amarem como irmãos de caminhada. O burilamento dos dois egos se fará de forma lenta, porém contínua e precisa, visto que ambos já dispõem de algum senso de dever para com a espiritualidade. No entanto, este senso ainda é frágil.

E continuou, severo:

– Para que nossos queridos amigos tenham significativa evolução nesta vida, se apresentará uma situação decisiva, planejada há tempos pelos irmãos maiores e que se configurará na oportunidade de reencontro entre os três envolvidos: Parijat, Arjun e o antigo rei Chandan. Será preciso que lutem bravamente contra instintos inferiores, pois em alguns momentos decisivos estarão realmente entregues a si mesmos, como deve ser. Nós os amparar emos sem interferência, pois caberá a cada um deles vencer as imperfeições que os arrastaram aos desatinos cometidos em vidas passadas.

Agha então explicou:

– Ainda que tenham progredido entre vidas, é na carne que se darão as reais provas. Há cerca de vinte anos, foi conduzido novamente ao plano físico o antigo rei Chandan, meu pai em minha última encarnação. Como sabemos todos, ele e Nalini ficaram muito marcados pela existência em que sofreram a perseguição implacável de Nimit. Reencarnada tempos depois em experiências de resgate, Nalini viveu apenas treze anos, sendo que ela e Nimit pouco conviveram. Creio, meus caros, que agora, estando todos estes nossos irmãos vivenciando o reencarne ao mesmo tempo, as coisas tendem a ser diferentes.

Apesar de seus interlocutores bem o saberem, Agha ressaltou um ponto crucial:

– Grande parte dos ensinamentos aqui absorvidos serão obscurecidos pela vida cotidiana destes espíritos e, embora Chandan já disponha de significativa elevação moral, adquirida ainda nos templos de paz em que viveu, lhe será difícil resistir a Nalini, hoje Parijat. Tenho certeza de que ele, sabendo que Nalini está no mundo físico, irá inconscientemente procurá-la. Nunca houve obstáculo que o afastasse dela e hoje temo bastante pelo que pode acontecer se ele a encontrar. Ligações perigosíssimas poderão ser retomadas e, se assim for, muito se porá a perder. Precisamos pensar na melhor forma de evitarmos um desastre, ainda que saibamos que tudo acontece segundo os desígnios de Deus.

Agha então dirigiu-se aos demais:

– Sabemos que Chandan nasceu nas terras próximas às quais Jesus foi conduzido tempos atrás e também sabemos estar previsto que em algum momento ocorrerá o encontro entre o Divino Mestre e ele, quem sabe transformando-o definitivamente.

E completou:

– O que podemos afiançar é que, oportunamente, Chandan e Nalini se reencontrarão e ela precisará de todas as forças para não aumentar o débito junto a Nimit e a si mesma. De nossa parte, poderemos orientá-la durante o sono físico, porém apenas você, Hakesh, além de Dalaja e nossa venerável Mali, têm alguma influência sobre ela.

Um pouco contrariada, Dalaja, falou:

– Amigos meus, creio que não estão contando com a capacidade de minha filha em encontrar forças dentro de si mesma em meio às adversidades do mundo. Conheço-a bem e sei que seu senso de dever é significativo.

Harit, então, percebendo que de alguma maneira o orgulho de Dalaja como mãe fora levemente tocado, expôs-lhe:

– Cara amiga, creio que você sabe que no processo evolutivo em que nos encontramos não existem saltos. Não basta que apenas digamos não sermos mais orgulhosos, ou belicosos, ou egoístas, para que nossa transformação pessoal se opere. Somos espíritos atrasados no processo evolutivo e ainda temos em nós, de forma muito profunda, quase todos os defeitos que podem deslustrar nosso progresso. Nossa dificuldade está em transformarmos tais defeitos através do cultivo das virtudes.

E propôs-lhe:

– Observe Parijat atentamente. Veja como existe ainda em sua amada filha uma tendência a preocupar-se apenas com os próprios sentimentos.

Dalaja acenou contrariada, mas serena:

– Harit, lembre-se de quantas boas ações ela fez como Nalini. Quantas moças ajudou!

Harit pousou a mão no ombro da preocupada mãe e continuou:

– E não seria esta a obrigação de todos nós? Nalini tirou algo de sua própria mesa? Privou-se de quê, ao dar suas joias? Não é isto o mínimo que se espera de qualquer um de nós quando se vive na mais completa abundância?

Explicou-lhe então:

– Concordo que Nalini intercedeu pelas jovens, promoveu a paz em diversas famílias e certamente ajudou casais que se amavam a permanecerem unidos, mas observe que ela estava apenas quitando débitos do passado, no qual, como feiticeira, muito prejudicara pessoas que oportunamente pôde ajudar. Para que tal ajuda ocorresse, ela recebeu vários recursos, entre eles a fortuna e a oportunidade de estudar. Ela apenas quitou seus débitos e, neste processo, espera-se que evolua através da prática da sensibilidade, da solidariedade e da caridade desinteressadas. É no exercício de tais virtudes que vamos percebendo que outros existem a nosso redor com sofrimentos a serem sanados. É na oportunidade de servir que evoluímos, mas não podemos equivocadamente pensar que praticar o bem nos dê direito a alguma moeda de troca, visando obtermos benefícios pessoais, seja durante a vida ou depois dela.

– Mas está me dizendo, Harit, que Nalini ainda é má?

Desta vez, foi Hakesh que se interpôs:

– Entendo perfeitamente sobre o que deseja nos alertar, Harit. E sei que tem razão. Nalini fraquejou nas provas em que o amor, o perdão e a resignação eram fundamentais, mesmo com toda a orientação recebida. Hoje sei que, enquanto não refletirmos sobre nossa tendência a querer satisfazer nossos desejos a qualquer custo, nada em nós mudará. No entanto, sei também que se trata de uma condição inerente ao processo evolutivo em mundos como o que habitamos, tanto no plano físico quanto no espiritual. Enquanto não estivermos exauridos das energias desequilibrantes do egoísmo e do orgulho, pouco conseguiremos avançar.

Notando no semblante de Dalaja que sua paciente explanação parecia estar surtindo efeito, prosseguiu:

– Sim, meus amigos, hoje compreendo ser necessário que esgotemos o mal existente em nós, o qual é a inércia causada pelo afastamento da Lei Divina, para que assim, cansados da intranquilidade interior, comecemos o caminho de volta para o Criador. É preciso que estejamos cansados do egoísmo, do orgulho, da ausência de compromisso com a Lei Divina, para que nos voltemos, humildes e receptivos, ao amor original, emanado pelo Criador. Somente com o desgaste dos vícios que embaçam nossa alma é que poderemos novamente retomar em nossas mãos o arado que jaz abandonado na terra seca pelo ócio de nossos braços.

E concluiu:

– Só assim passaremos a cultivar as preciosas virtudes que nos sinalizarão o caminho de volta. Não existem saltos na evolução, amados meus!

Não havia mais o que falar. Parijat, Hakesh, Dalaja..., assim como cada um de nós, éramos vítimas conscientes de nossa própria inércia.

Hakesh agradeceu a todos, assim como Dalaja, que se propôs, junto ao marido, orientar a jovem Parijat no que fosse necessário até seu casamento, porque depois a influência de ambos sobre ela se tornaria praticamente nula.

40. As bodas

O palácio estava primorosamente enfeitado desde semanas antes do casamento, que se daria em poucos dias.

Parijat não se deslumbrou com os presentes recebidos, nem com a constante amabilidade de Arjun, acostumado desde muito cedo a ser galanteador. Ela estranhava a excessiva atenção que recebia, pois fora criada pelos pais dentro de padrões austeros de conduta.

Arjun desenvolveu sentimentos bastante intensos por ela: um misto de paixão, apego e permanente medo que ela lhe fugisse. Era algo inconsciente, que por vezes lhe tirava o sono. Reminiscências prováveis de um passado tenebroso...

Parijat, durante o escasso tempo em que passavam juntos antes do casamento, se mostrava amável e muito dedicada, sem entender claramente a dimensão dos sentimentos de Arjun. Ela era paparicada por todos, principalmente pelo noivo, que a agraciava com constantes presentes e galanteios.

Na rotina palaciana, seria fácil para qualquer jovem esquecer-se de examinar os próprios sentimentos e alinhar-se a forças espirituais menos dignas, mas ela se mantinha longe de mexericos e ocupações fúteis. A última encarnação e o desencarne precoce aos treze anos em um sofrido parto haviam-lhe ajudado a superar antigos vícios de sedução e tagarelice.

Ela se tornara mais propriamente uma observadora que uma participante da rotina monárquica.

Parijat fora educada desde cedo a ser bondosa, comedida e gentil com todos, mas guardava certa desconfiança das intenções afetivas do noivo, pois mais de uma vez o vira em arroubos afetivos com outras jovens, hábito este muito comum entre os homens nobres da época. Isso a incomodava agudamente e ela não disfarçava seu descontentamento.

Embora séculos já tivessem transcorrido desde sua encarnação como Nalini, as mulheres continuavam sendo consideradas mercadorias de ínfimo valor, facilmente substituíveis.

As intrigas palacianas eram constantes e os alcoviteiros se aproveitavam disso para levar e trazer informações – mediante certo pagamento, é claro – de moças e rapazes que poderiam usufruir de algum momento de prazer juntos.

Parijat jamais admitira mexericos ou falatórios dessa espécie perto de si, mas o mesmo não acontecia com Arjun. Isso levou os mais próximos ao rapaz a acreditarem que a jovem escolhida como esposa era excessivamente tímida e retraída para tornar-se rainha.

– Por que está tão calada hoje, querida? – perguntou Arjun a ela, ao vê-la sentada em seus novos aposentos.

– Nada me incomoda, Arjun, exceto por um pequeno aspecto que, acredito, devemos discutir, embora saiba que os detalhes de nosso casamento já foram acertados.

– Ora, Parijat, diga-me o que é e imediatamente providenciarei para que este "senão" se evapore.

Parijat, aproveitando a oportunidade, foi diretamente ao ponto:

– Arjun, sei que provavelmente não serei seu único objeto de afeto, mas desejo que me tome como sua verdadeira e única esposa e não me exponha às intrigas do palácio, que já se fazem volumosas mesmo antes de nos casarmos. Sei que os homens eventualmente usufruem de outras mulheres.

Arjun virou-se para a noiva, segurando afetuosamente sua mão, e disse-lhe:

– Desde muito cedo usufruí da companhia de moças dentro e fora do palácio, sendo algumas dessas oportunidades consideradas apenas "cortesias". Se lhe incomoda tanto tal fato, Parijat, jamais o farei novamente. Prometo dedicar-me apenas a nosso casamento e a você.

Era tudo o que Parijat precisava ouvir para sentir-se plenamente feliz. Abraçou o noivo, jurando amá-lo para sempre.

– Estarei sempre a seu lado, Arjun, amando-o incondicionalmente. Sua alegria será a minha e compartilharei de suas lágrimas quando elas escorrerem por seu rosto. Terá minha completa dedicação como esposa.

Estava selado, ao menos para Parijat, um pacto de fidelidade e amor.

E chegou o dia das núpcias.

– Está deslumbrante! – disse Dalaja à jovem filha, que, vestida para o casamento, era trazida sobre um vistoso elefante ornado em tons de vermelho e ouro. Mãe e filha eram assim conduzidas, de mãos dadas, para a cerimônia palaciana, cobertas por véus para que não atraíssem maus olhares.

Parijat, apesar de extremamente bela e bem talhada em proporções, não era a mais linda jovem do reino, sendo nisso superada por outras mulheres mais vaidosas, que aplicavam tinturas faciais para se tornarem mais atraentes.

Diferente das demais moças, que amavam o vermelho e o verde, Parijat optava por usar tons de amarelo, azul e rosa em suas vestes. Sem que o quisesse, tal preferência acabou por quase ditar um estilo a ser copiado: de repente, essas cores da seda sumiram do mercado e aplicar excesso de tinturas no rosto passou a ser de mau gosto. A moda era parecer-se com Parijat. Arjun se ria de tais preocupações femininas.

A mente de Parijat estava bastante inquieta, não pelo casamento, que para ela era apenas mais uma atividade a ser suportada pelas mulheres, mas pelos anseios de seu coração.

Várias noites, durante as semanas que antecederam as bodas, bem como na noite de véspera, sonhara com Chandan, sem lembrar ao certo quem ele havia sido. Apenas sentia amar muito aquele homem de aparência nobre e forte, que lhe correspondia os sentimentos. Isto lhe doía muito no coração, pois ela acreditava estar traindo os sentimentos de Arjun, e a desonestidade, fosse ela conhecida ou não, lhe fazia mal. Os erros que cometemos em vidas pregressas sempre nos são lembrados através de inexplicáveis sensações de mal-estar.

Uma saudade poderosa lhe fincara uma estaca nas profundezas da alma, levando-a às vezes a pedir que nunca mais acordasse de seus sonhos quando encontrasse aquele homem de olhos misteriosos. Será que um dia sentiria a mesma afeição por Arjun?, pensava ela em absoluto segredo.

O dia das núpcias amanheceu belíssimo e as exóticas flores que enfeitavam o palácio davam ao momento um colorido especial, que seria sempre lembrado pelos convidados como o "dia das grandes bodas". As pessoas passaram a se referir a uma cena bonita, a uma roupa vistosa ou a um momento feliz como: "Está tudo tão belo como no dia das grandes bodas...".

O casamento correu maravilhosamente bem e os meses se passaram em alegrias. Arjun dedicava-se à esposa, que deu à luz em menos de quatro anos a um belo menino, além de um casal de gêmeos, também meninos, que foram prontamente colocados sob os cuidados de aias e preceptores.

Um homem que não gostava nem um pouco de Parijat foi designado para sua guarda pessoal, pois era conhecido como extremamente corajoso, quieto e observador. Era ninguém menos que Raavil, o soldado que matara Nalini com a própria espada séculos antes e que agora retornara para zelar pela vida da jovem, aprendendo a respeitá-la como soberana.

Raavil agora era Dalbir e, mesmo após as encarnações refazedoras que tivera como escravo, ainda não conseguia desenvolver empatia com nada nem ninguém, exceto exercendo a função de soldado e carcereiro, que lhe preenchia os dias. O chicote muitas vezes lhe parecia a mais agradável das companhias. Não tolerava indisciplina das aias, fustigando-as sempre que julgava necessário.

Arjun e Parijat viviam felizes, lembrando mais propriamente dois adolescentes risonhos e despreocupados do que um casal de soberanos com três filhos.

Alguns meses após o nascimento dos gêmeos, o pai de Arjun morreu repentinamente durante o sono e o jovem príncipe precisou assumir o trono, o que fez, porém, sem dificuldades, visto que se preparara para tanto desde cedo. No mesmo ano Daya também faleceria.

O finado rei era casado em segundas núpcias com Lali, mulher de cerca de quarenta anos que detestava profundamente o jovem casal. Era muito temida por todos, já que manipulava o soberano a seu bel-prazer. Também era conhecida por ser feiticeira e manipular venenos e encantamentos que mais ninguém conhecia.

Essa consorte real era ninguém menos que Rahela, a antiga aia da escola das meninas, que agora reincidia nos mesmos erros de outrora, caminhando quase nada nestes séculos de escravidão pelas trevas, onde permanecera estacionada após o mais recente desencarne.

Seu resgate pela Luz, décadas atrás, exigira grandes esforços da espiritualidade, respondidos com resistência pela socorrida, comportamento que a fez ser imediatamente encaminhada a uma reencarnação compulsória. Nela, recorreu novamente à baixa magia para adquirir posses e, através de conchavos, chegou ao rei, que também foi vítima de sua feitiçaria, desposando-a em menos de um mês.

Na corte também vivia Maha, cuja função correspondia à de Kabhir. O mago, que serviu o pai de Arjun por décadas, era Janaka, que havia se redimido durante o período que passara no monastério e que na encarnação atual utilizava a magia para ajudar os doentes e aflitos.

Maha desaconselhava batalhas insensatas ou casamentos arranjados, tornando-se muito próximo de Arjun e de Parijat, a quem passou a considerar como filha.

Nalini-Parijat sempre contaria com bons mestres, que a ajudariam a manter-se firme no caminho do bem e nas decisões tomadas para o próprio progresso.

Tanto Arjun quanto o próprio Maha sabiam que a morte do rei parecia suspeita e que Lali, utilizando venenos, provocara o repentino evento, desejando favorecer um de seus poucos servidores mais próximos. No entanto, nada disso podia ser provado.

Lali começou a irritar-se com a proteção de Maha ao jovem casal e sabia que o astrólogo desconfiava que ela envenenara o rei, sendo uma questão de tempo até que ele descobrisse a verdade completa e a desmascarasse.

Decidida a se livrar dele, incumbiu-o a viajar a um reino próximo para tentar sanar uma praga nas plantações. Mesmo sabendo que seria emboscado, Maha aceitou a tarefa. Foi atacado impiedosamente em uma floresta, a mando de Lali, vindo a sucumbir poucos dias depois.

41. O aroma do nardo

Em uma pequena aldeia na Síria, renascia Chandan, antes mesmo dos renascimentos de Parijat e Arjun. Seu pai, Hafez, um próspero comerciante das areias quentes, o chamou de Jamal-al-Din, ou, como ficou mais tarde conhecido entre os comerciantes, Jamaludin.

Desde cedo, exibia nobres qualidades e imenso tino para negociar, sempre evitando, no entanto, levar vantagens sobre aqueles que não podiam pagar. Sua perspicácia, porém, era tamanha que jamais era ludibriado por outros mercadores, sendo impiedoso com aqueles que tentassem de alguma forma obter dele vantagens ilícitas.

Ainda jovem, recebeu como preceptor um bondoso médico vindo de Jerusalém, que, se tornara seu amigo, devido a certa proximidade das idades.

O médico fora expulso da cidade pela própria família em razão de sua conversão religiosa e foi encontrado amarrado no meio do deserto pelo pai de Jamaludin. Chamava-se Esahu e era a reencarnação de Pavit, o médico da ala de recuperação de Ashwattha, que agora vivenciava um nascimento de testemunho.

Esahu era um poderoso curador. Estudara na Síria e aprendera muito sobre as doenças que mais afligiam a humanidade, interessando-se principalmente por aquelas que não apresentam sintomas físicos, comprometendo o espírito antes do corpo.

Ambos se tornaram grandes amigos, sendo que Esahu passou a ensinar a Jamaludin como utilizar poções, filtros e unguentos eficazes. Aos poucos, passaram eles próprios a cultivar as plantas que originavam remédios, comercializando-as pelas cidades vizinhas. Jamais negavam medicamento a uma família sem posses e Jamaludin, ao visitar doentes que nada podiam pagar, deixava ainda algumas moedas para garantir-lhes subsistência durante a convalescença.

Jamaludin se casara cedo e, aos vinte e oito anos, já tinha três esposas, de tribos vizinhas. Tais casamentos tinham por objetivo garantir alianças entre famílias, necessárias em um período em que a solidariedade entre seres humanos era fundamental para a subsistência.

Esahu era um jovem atarracado e forte, de cabelos avermelhados e olhos muito azuis. Sua aparência poderia sugerir alguém voluntarioso e rude, mas era verdadeiramente afável e carinhoso, tendo grande apreço pela vida humana e profunda solidariedade com o sofrimento alheio.

Ele amava a função sagrada de cuidar de almas com enfermidades psíquicas desde que fora Pavit, em Ashwattha, sendo detentor de inquestionáveis conquistas espirituais, entre elas o dom da pacificação e da moderação.

Em sua terra natal, conhecera seguidores do homem que estava causando comoção entre os habitantes. Esse homem, Yeshua, pregava o perdão e a caridade, o que chamou imediatamente a atenção de Esahu, que um dia lhe escutou as palavras e embeveceu-se com as ideias do enigmático pregador, seguindo-o por algumas semanas.

Na nova encarnação, Esahu havia sido noivo de uma jovem orgulhosa e inconstante, que, temendo pela própria reputação, rompeu o noivado e ainda o difamou como insensato, divulgando que o noivo seguia um falso messias.

O pai de Esahu decidiu então casar a jovem com seu filho mais novo e não apenas expulsou o jovem médico de casa, como pediu que seus primos o levassem ao deserto e lá o abandonassem, para que jamais fosse novamente visto na cidade junto ao homem que ele jurava ser o Messias verdadeiro.

Foi quando o pai de Jamaludin ia a uma aldeia próxima, que deparou com Esahu quase morto. Compadecido, instalou-o em uma hospedaria, pagando pelos cuidados que instruiu a lhe ministrarem. Ao regressar da viagem, Hafez revisitou a hospedaria para saber do jovem e, vendo-o bem, quitou suas dívidas e o acolheu em sua própria aldeia.

O médico não conseguia esquecer os ensinamentos daquele ser magnificamente bom que conhecera em sua terra natal, cujo olhar bastava para fazê-lo cair em lágrimas doloridas e pesadas. Para sempre sua alma seria marcada pelas palavras daquele homem, que pedia apenas que as pessoas se amassem como irmãos. Contudo, não havia ainda no coração de Esahu, como no de muitos outros, a coragem necessária para segui-lo incondicionalmente.

Certa manhã, quando seguiam em caravana para Jerusalém, onde tantas pessoas se reuniam para as comemorações que se dariam naquele mês, Jamaludin pediu ao amigo Esahu que lhe contasse mais sobre aquele homem que diziam ser o Messias.

O médico, às vezes emocionado, falava sobre os ensinamentos de Yeshua durante horas e isto agradava Jamaludin.

A cidade de Jerusalém fervia de transeuntes para as comemorações da Páscoa. A segurança havia sido redobrada pelos romanos por causa das manifestações, em meio à agitação política do momento.

Pelas últimas notícias que Esahu ouvira em algumas casas visitadas, as palavras de Yeshua vinham causando séria contrariedade entre os abastados e os religiosos em geral, a ponto de preocupar inclusive o governador romano da província. Tudo isso deixava Jamaludin mais curioso sobre a figura que comovera seu amigo.

A cidade sempre fora irrequieta e belicosa, mas nesses dias Jamaludin notou uma pesada vibração que a circundava sorrateira, como se acontecimentos tenebrosos estivessem prestes a desencadear-se.

Tão logo adentraram o grande portão da cidade, buscaram a tenda ao leste a fim de trocarem algumas moedas e já perceberam que algo estranho estava de fato acontecendo.

Em poucos minutos de conversa com os locais, Esahu descobriu que Yeshua fora preso e seria crucificado na manhã seguinte, o que o abateu profundamente.

O médico incorporaria essa tristeza em seu espírito, na forma de desalento constante. Somente algumas encarnações de intenso devotamento ao próximo e estudos do Evangelho iriam trazer-lhe novamente alguma esperança, além do entendimento necessário de que Yeshua significava vida, renovação e esperança.

– Sim, Jamaludin – explicava ele ao amigo –, o Messias de quem lhe falei foi julgado e condenado pelos mesmos homens que ele veio redimir. É o ser mais puro que já nasceu e acredito realmente que ele seja nosso Messias.

Jamaludin, curioso em saber mais sobre o julgamento do que propriamente sobre as palavras de Yeshua, perguntou:

– Mas os romanos não lhe garantiram um julgamento justo? Se existe algo em que os romanos se aperfeiçoaram foi no conteúdo e na aplicação das leis, assim como seu próprio povo, não é, Esahu?

Este lhe respondeu, sereno:

– A lei humana está repleta de contradições e interesses, meu amigo. A Lei do nosso Pai é a única imorredoura e verdadeira. Ela deve ser nosso guia para uma vida reta e feliz. Sempre soube em meu coração, desde que vi Yeshua pela primeira vez, que ele era o enviado de Deus e que os homens não entenderiam a dimensão de suas ideias.

E acrescentou:

– Muitos séculos se passarão antes de entendermos a verdade por trás de tão inesquecíveis e poderosas atitudes que o Mestre teve, mas a você, caro amigo, que considero como um irmão, afirmo que somente poderemos renascer como homens melhores se compreendermos profundamente o significado das palavras que Yeshua não cansou de pregar nesses incomparáveis anos.

Intrigado, Jamaludin indagou-lhe:

– Refere-se a amar a Deus acima de tudo, ao perdão das

ofensas e também ao amor aos que nos querem mal? São palavras que o ouço repetir todas as vezes, Esahu.

E continuou, apreensivo e um tanto sem esperanças:

– Você bem sabe que tais palavras são belas e já foram ditas por outros profetas de outra forma, mas veja a nosso redor: observe as pessoas, como são ensandecidas; note o desrespeito à vida, à ordem; repare como aqueles que você chama de nossos irmãos mentem, roubam, espoliam. Não vejo como as palavras desse Yeshua poderiam tocar as pessoas de hoje.

Esahu sabia existir certa lógica nas observações de seu amigo, mas entre a lógica das palavras de Jamaludin e a amorosidade das palavras de Yeshua que lhe enterneciam o coração, escolhera as de Yeshua e decidira pautar sua vida por elas. Teria esperança na humanidade.

Naquela noite, os dois amigos e os quatro serviçais que os acompanhavam dormiram pesadamente na pensão que lhes fora improvisada nos telhados, pois a cidade estava repleta de visitantes.

Ao acordarem, dirigiram-se aos locais em que venderiam parte das mercadorias e comprariam outras que seriam levadas a longínquas partes da Ásia, principalmente a essência de nardo, tão apreciada por Jamaludin. Esse perfume, diziam, curava o corpo de dores e a alma de tristezas.

Era sexta-feira e só conseguiriam comprar e vender de alguns estrangeiros gregos, além de poucos judeus que comercializavam discretamente, devido às proibições mosaicas de fazê-lo nesse período.

Dirigiam-se à residência de um comerciante amigo quando foram parados por soldados romanos, que abriam caminho para dar passagem, entre a multidão, a um homem que carregava pesada cruz de madeira.

A cena não podia ter chocado mais aos dois viajantes, mas Esahu foi o que mais se abateu com o que via, quase perdendo os sentidos. Jamaludin fitou o homem que carregava aquele pesado madeiro, sentindo como se uma faca lhe perfurasse o peito. Naquele momento, mesmo sem que Yeshua mirasse seus olhos, sabia que ele o via, o sentia. Era como se ambos se reencontrassem.

Jamaludin sentiu um amor tão profundo por aquele homem, que desejou estar em seu lugar, sentir a dor que ele sentia. De seus olhos desceram lágrimas amargas, e uma mescla de piedade, amor e empatia tomou conta de seu espírito. Sua garganta, porém, secou como pedra, impedindo-o de emitir qualquer rumor. Seu corpo robusto se enrijeceu, não lhe permitindo qualquer movimento até que a multidão passasse e o Messias estivesse fora do alcance de seu olhar.

Perdidos em seus pensamentos, os dois amigos sentaram-se próximos um do outro, sem emitirem uma palavra. Os servos que os acompanhavam, nada compreendendo, acreditaram que seu amo estava tomado por alguma febre.

Esahu e Jamaludin perderam a noção do tempo e só voltaram a si quando desabou horrenda tempestade, nunca antes vista, ameaçando destruir as mercadorias adquiridas no dia anterior. Sem que percebessem, haviam permanecido lá sentados por horas.

Regressaram silenciosos e, na entrada da cidade, retomaram seus animais, voltando à aldeia em que viviam, ainda sem trocarem uma palavra sequer.

Ambos sofreram profundas transformações interiores ao olharem a cena lamentável. No entanto, não tocaram neste assunto por meses a fio.

Em algumas semanas prepararam cuidadosamente a caravana que sairia para a Ásia, escolhendo homens fortes e decidindo o melhor caminho a seguir. Analisavam se deveriam usar a Rota dos Incensos ou a Rota das Especiarias, visto que a Rota da Seda estava comprometida pela presença constante de saqueadores, ainda que a caravana de Jamaludin correspondesse a um pequeno exército, onde todos eram regiamente pagos e alimentados, defendendo assim o grupo de ataques.

42. O reencontro

Arjun e Parijat viviam felizes, dividindo o tempo entre a vida no palácio e visitas às aldeias.

A bondade divina sempre cria situações para que possamos sempre acertar – e não, como muitos pensam, dificuldades para nos desanimar. Os percalços nos fortalecem e deveriam ser encarados com mais maturidade por todos nós.

Os moradores dessas aldeias provinham em grande parte de Adharma, a Cidade das Sombras, e haviam reencarnado não longe de seus antigos líderes, Nalini e Nimit, a fim de usufruírem de oportunidades de convívio amoroso e propício ao perdão mútuo.

Utilizando o amor como regra de conduta, a Lei Divina permitiu a Parijat e Arjun que interferissem positivamente na vida dos aldeões, fazendo visitas de apaziguamento e conciliação entre os moradores, que eram tradicionalmente briguentos e vingativos, antes que conflitos inicialmente domésticos acabassem mais tarde atingindo proporções coletivas e se tornassem irreversíveis. Esse acompanhamento ajudava a manutenção da paz, das alianças e da prosperidade em todo o reino.

Na Cidade das Trevas, os paredões de água que foram sistematicamente enviados haviam higienizado consideravelmente o corrompido ambiente astral, levando muitos espíritos a renascerem compulsoriamente, para usufruírem de oportunidades de reerguimento espiritual por meio do trabalho edificante na lavoura, a fim de garantirem com o suor do rosto os recursos para a manutenção da própria vida.

A maioria desses reencarnados, portanto, estava agora próxima de seu antigo governante e carcereiro espiritual, Nimit, que fora temido pela crueldade com que lidava com seus súditos nas trevas. Reencarnado como Arjun, vinha em missão de conciliação. Ao lado da esposa, o rei incentivava novas técnicas para otimizar as plantações, a colheita abundante e a distribuição justa e igualitária dos grãos.

O aprendizado seria coletivo e, mais uma vez, a Sabedoria Divina se fazia presente, permitindo a reparação de erros mútuos. Nimit e Nalini, encarnados como Arjun e Parijat, já eram espíritos mais experientes e poderiam exercer liderança positiva naquelas almas caídas como eles, belicosas e bastante preguiçosas, aprendendo os valores da solidariedade e da responsabilidade para com todos.

Em que pesem os fracassos em que incidiriam como marido e mulher, grande parte do descaminho em relação àquelas almas que habitavam as aldeias seria resolvido, tornando muito produtivas as existências de Arjun e de Parijat.

Após passarem o dia em um dos vilarejos, evitando uma guerra local devido à morte de um animal que arava a terra, voltava o casal feliz em cortejo com seus batedores.

A guerra entre os proprietários teria causado mortes desnecessárias, além de prejuízos à produção agrícola e uma consequente fome coletiva. Arjun e Parijat sentiam seus deveres para com o povo satisfatoriamente cumpridos, o que os inundava de satisfação.

– Parijat, a Lua hoje será belíssima e cheia. Praticamente nem teremos noite. O que acha de treinarmos espadas ao anoitecer? Assim você aperfeiçoará sua visão e movimentos, para uma eventual luta na escuridão. Que tal?

– Não está cansado, meu querido Arjun? Sinto-me exausta após este dia interminável de negociações. Pareço sentir uma febre dominando meu corpo.

– Ora, Parijat, você está assim porque coloca toda a força de seu espírito nas argumentações junto aos aldeões, exaurindo-se facilmente. Parece mesmo que, de alguma forma, conciliar os interesses dos envolvidos se torna para você uma questão de vida ou morte.

– Sim, Arjun. Sinto que é nosso dever auxiliar essas pessoas, que na maioria das vezes apenas precisam de alguém que as conduza à concórdia. Agrada-me tal função. Creio que após algum descanso poderemos voltar a nosso treino. E deitou a cabeça no ombro do esposo, caindo em sono profundo.

Acordou assustada com ruídos dos animais, seguidos de falatório em uma língua que ela não conhecia.

– Arjun, que ruídos são esses? – indagou, erguendo a cabeça e procurando o marido, que já saíra da liteira e conversava com um homem que, à primeira vista, pareceu-lhe a criatura mais estranha do mundo. Parijat nunca vira um estrangeiro, nem mesmo em seu casamento, onde só compareceram representantes dos reinos próximos.

O marido então se aproximou sorridente, trazendo um homem alto, de uns trinta e poucos anos, vestido com uma túnica de lã clara, ricamente bordada. Sobre ela, trajava uma capa negra de mangas largas, presa à frente por um cordão de seda carmim. Na cabeça usava uma espécie de turbante solto, com longas pontas azuis, preso na altura da testa por um cordão dourado. A barba cerrada compunha um rosto nada comum, mas altivo e irônico. Os olhos eram cor de amêndoa e muito profundos, quase hipnóticos.

Parijat aprumou-se e ganhou uma visão mais direta do rosto do homem, que a fitou profundamente.

– Este é Jamal-al-Din – disse-lhe Arjun. – Ele me disse que tal nome, bem estranho para nós, significa "beleza da fé". Sua caravana visita novamente nossas terras, trazendo mercadorias que serão vendidas por aqui. Creio que os animais se estranharam por serem de espécies diferentes e porque nossos batedores também não conheciam as roupas usadas pela guarda pessoal de nosso amigo. Eu os convidei para o palácio, onde poderão se refrescar e refazer seus estoques de alimento e água.

Arjun aprendera com o pai um pouco da língua dos mercadores que circulavam por aquelas terras havia séculos, porém o estrangeiro falava muito bem a língua do casal, uma das muitas que ele dominava.

O tempo congelou-se naquele instante para Parijat. Ela não via nem ouvia nada além do estrangeiro, que a consumia com seu olhar demorado e profundo, carregado de mistério.

Uma vertigem fez com que tudo girasse. Em vão ela tentou se levantar, acabando por tropeçar e quase tombar da pequena liteira.

Jamaludin, em um movimento rápido, amparou-a e, sem hesitar, conduziu-a a uma clareira, sob os olhares pasmos de Arjun, que perdera completamente a iniciativa.

– Venha! – instruiu o mercador. – Sua esposa está doente e pode morrer. É a doença da época das chuvas. Cada lugar tem suas enfermidades e conheço a maioria delas, pois já perdi muitos escravos nos locais por onde andei. Esahu, meu médico poderá curá-la.

E continuou, enquanto carregava a jovem:

– O dia deve ter sido cansativo para vocês e ela foi afetada pela doença. Vejo que tem a respiração ofegante, rubor e transpiração intensa, indicando febre.

Ao dizer isto, o comerciante olhou para Arjun tão incisivamente que o deixou inteiramente inerte, incapaz de qualquer movimento para impedir que a esposa fosse atendida pelo médico, que, depois de examiná-la, ministrou-lhe estranhas poções que Arjun desconhecia.

Terminando de atendê-la, disse então ao rei:

– Sua esposa, a rainha, tem a doença da chuva em sua forma branda, porque a espécie de mosquito que lhe passou este mal não era das mais letais. Posso curá-la com medicamentos que trouxe comigo, mas será preciso que ela permaneça conosco por alguns dias, pois não aguentará nem mais um minuto na liteira e precisa ser medicada continuamente. Não existe cura para essa doença, como bem sabe, mas poderemos mantê-la saudável se ela poupar suas forças.

Não vendo outra alternativa, Arjun aceitou que ela passasse a noite na tenda que os visitantes haviam para ela improvisado e ele retornaria ao palácio com seus soldados, visto que assuntos urgentes o aguardavam.

Algumas mulheres que faziam parte da caravana de Jamaludin cuidariam de Parijat, assim evitando-se falatórios futuros. Além disso, o acampamento era muito bem guardado por experientes batedores. Ficou acertado que no dia seguinte as aias da rainha seriam encaminhadas ao acampamento para ajudá-la na recuperação.

Arjun, consternado e já mostrando alguma revolta por ter sua rotina alterada de forma tão brusca, regressou mal-humorado ao palácio, praguejando e repleto de diálogos mentais, amaldiçoando desde a floresta até os aldeões que discutiram e obrigaram o casal a visitá-los.

A revolta e o inconformismo não desaparecem de nosso coração do dia para a noite e Arjun, inconscientemente, começou a sentir-se outra vez invadido pelo medo de que a esposa lhe fosse subtraída.

Parijat acordou na madrugada ensopada de suor. A febre baixara, mas uma dor nos membros a impedia de se mover. Sua mente estava confusa e não sabia ao certo onde estava. Abria os olhos por breves momentos para cair novamente em sono profundo.

Arjun, nos primeiros dias, visitava-a diariamente, permanecendo a seu lado e voltando ao palácio ao entardecer, pois não convinha naqueles tempos abandonar o posto real, principalmente com Lali conspirando o tempo todo.

Esahu habilmente detectou uma forma de impedir que a jovem morresse da doença, aproveitando plantas da própria região, misturadas a ervas que ele aprendera a manipular.

Parijat começou a apresentar melhoras gradativas, diminuindo assim a ansiedade do esposo, que desejava levá-la o quanto antes ao palácio.

Arjun sabia que aqueles que manifestavam os sintomas da doença morriam quase todos em pouco tempo, enquanto a jovem rainha melhorava a cada dia. A medicina de Esahu deveria ser muito diferente daquela dos magos e médicos do palácio, pensou. Percebendo que a esposa se restabelecia, espaçou suas visitas e começou a receber outras mulheres em seus aposentos, aproveitando-se da ausência de Parijat.

Nenhuma evolução, nem as do espírito, dá saltos do dia para a noite. Para nosso amadurecimento espiritual, é necessário muito trabalho, força de vontade e abnegação. Arjun, embora amasse a esposa, ainda não apresentava condições de ser fiel a ela. Isto lhe custaria ainda muito caro.

Certa noite, após mais um sono repleto de pesadelos, Parijat acordou assustada. Levantou-se e caminhou sonâmbula até fora da tenda, onde as mulheres dormiam. Percebeu-se de repente no meio da floresta, vestida somente com a túnica que as mulheres do deserto costumavam usar. Os cabelos estavam molhados de suor, a mente parecia confusa e a boca estava seca. Sentia-se ainda muito fraca.

"Como vim parar aqui?", pensou. O temor de ser devorada por uma fera ou picada por uma das muitas serpentes venenosas da região encheu-a de pavor. Mal pensou nessa possibilidade e um tigre silencioso surgiu a sua frente, atraído pela caça que haviam cozido à tarde no acampamento. A fera aguardava apenas um movimento em falso da jovem para atacá-la.

De repente, ao lado do animal, plasmou-se a figura de um homem de beleza singular. Era Agha, seu filho em uma vida passada e agora seu benfeitor. O animal, assustado com a presença do antigo rei, fugiu nas sombras da noite.

– Parijat, eu saúdo sua força. Venho lhe dizer que em breve você deverá passar por um teste arriscado, que poderá comprometer não só a você mesma, mas a todos nós. Quero que saiba quanto todos a amamos e que estaremos a seu lado, amparando-a em suas vacilações. Siga os ensinamentos de Esahu. Eles poderão ser uma luz em seu caminho e ajudá-la a consolidar aquilo que seus pais lhe ensinaram com tanto fervor!

E instruiu-a:

– Não fraqueje, minha querida. Não dê passagem em seu coração, ainda frágil e inconstante, para a luxúria e o egoísmo. Chegará um dia em que o joio e o trigo serão separados pelo Amado Pai, sendo necessário que se esforce para ser trigo, mantendo-se fiel a seu companheiro de jornada, nosso querido irmão Arjun. Embora ele ainda oscile nas emoções, está no caminho certeiro para a evolução. Ajude-o a se fortalecer, como prometeu que faria antes de nascer.

Dizendo isto, esvaneceu-se na noite, deixando Parijat a crer que se tratava de uma alucinação causada pela febre.

Na verdade, Parijat não passaria pelas futuras provações desavisada ou desamparada. Ela fora preparada antes mesmo de seu nascimento para a necessária resignação, além de alertada por Agha e orientada por pais carinhosos. Durante todo o tempo em que esteve encarnada, foi protegida diretamente pelas amorosas emanações mentais da sacerdotisa Mali. Agora cabia a ela, e somente a si, a decisão pelo bem.

Ao recobrar a consciência, percebeu-se novamente sozinha e atemorizou-se. O medo da escuridão cresceu incontrolável. Nesse momento, sentiu uma mão firme tocar seu ombro e um aroma pungente lhe invadir a respiração. Virou-se e viu a seu lado, parado e altivo, Jamaludin, que a fitava como que hipnotizado.

– Majestade, não deve permanecer na floresta sozinha. Como eu explicaria a seu marido que a esposa deixada sob meus cuidados foi arrastada e devorada por um animal selvagem?

Nesse momento, infelizmente, parte do temperamento conquistador do antigo rei Chandan se sobrepôs aos ensinamentos adquiridos a duras penas na última existência, e os lábios de Jamaludin proferiram uma frase que se revelaria fatídica para ambos.

– Além do mais, um corpo tão jovem e uma beleza inesquecível como a sua devem ser sabiamente usufruídas antes que a morte os leve...

Mal dissera estas palavras e já se arrependera. Viu os olhos da jovem se inflamarem de cólera. De onde viria tamanha ousadia daquele forasteiro?

Jamaludin sentiu-se desprezível por abusar da boa vontade de Arjun, que lhe confiara a esposa doente. Ia se desculpar, quando Parijat desferiu-lhe ácidas palavras:

– Estes não são termos dignos de serem sussurrados a uma mulher casada, muito menos para uma rainha cujo marido o acolheu sem ressalvas – disse Parijat, em fúria. – Afaste-se de mim, estrangeiro ingrato, e jamais me dirija novamente a palavra. Você é insolente e abjeto.

Não fosse Esahu haver aparecido naquele momento, a jovem teria esbofeteado o ousado mercador. Jamaludin exalava o aroma pungente do nardo, que emanava forte de suas roupas, barba e turbante.

– Senhora Parijat! – exclamou Esahu, aflito. – Não deve se expor dessa maneira, pois seu estado ainda requer cuidados. Venha, vou acompanhá-la até a tenda das mulheres. – E conduziu a jovem de volta.

Jamaludin sentia-se sobressaltado. Dividia-se entre o dever moral e os mais estranhos sentimentos que explodiam pela bela Parijat. Algo se agarrara em seu coração como as unhas de um falcão e a paz não voltaria tão cedo àquela alma, agora atormentada e prestes novamente a fraquejar pelo desejo de possuir aquela mulher que, desta vez, não lhe pertencia.

43. O nardo e o jasmim

Em alguns dias, Arjun retornava para buscar a esposa, agradecendo sinceramente a Jamaludin e Esahu, tanto com palavras quanto com preciosos presentes.

Jamaludin não se aproximou novamente de Parijat. No entanto, algo doloroso e sem controle crescia dentro de seu peito. Via a jovem caminhando pela manhã com Esahu, acompanhada das aias, e nesses momentos o poderoso mercador mal podia respirar.

Parijat, quase que totalmente recuperada, ao cruzar seu olhar com o de Jamaludin também sentia algo diferente, uma sensação inexplicável a dominar-lhe o corpo e o espírito, como um fogo a consumi-la interiormente.

Ambos controlavam tais pensamentos, mantendo-se afastados respeitosamente.

– Jamaludin – disse Arjun –, e por gratidão o chamo agora de meu amigo: vejo que Parijat está plenamente recuperada pelo dedicado trabalho de seu médico pessoal. Jamais conseguirei quitar minha pesada dívida com ambos, mas desejo ao menos mostrar meus respeitos e gratidão convidando-os a passar algumas semanas no palácio, antes que sigam seu caminho. Poderão descansar em nossos frondosos jardins, degustar iguarias e, quem sabe, usufruir da companhia de belas damas, que têm grande curiosidade em conhecer estrangeiros e suas histórias.

Embora Esahu encarasse o amigo mostrando feições desaprovadoras, tentando instruí-lo a declinar do convite, Jamaludin prontamente aceitou a oferta, estabelecendo-se na ala norte do palácio, onde séculos antes vivera Kabhir.

Parijat retornou ao palácio na companhia de Arjun e se instalou em seus aposentos, não conseguindo tirar da cabeça o semblante de Jamaludin, cujo olhar estava cravado em seu espírito. Ela lutava agora com sua consciência, como que pedindo permissão para errar, mas esta companheira fiel, manifestação de Deus em cada ser, jamais consentiria em tal deslize. Por ser nossa parte mais divina, nossa consciência sempre nos direciona para o bem maior.

Parijat resolveu então orar fervorosamente, como seus pais lhe ensinaram, pedindo aos deuses bondosos que a todos protegiam que a livrasse desses pensamentos indignos de uma rainha.

Pediu a Arjun que ficasse a seu lado naquele delicado período de convalescença, alegando que gostaria de recuperar junto dele os dias em que estivera febril e afastada. Ele, porém, adquirira certo gosto pela companhia de outras jovens e disse a Parijat que tinha negócios a tratar, mas que se precisasse de algo o médico Esahu, agora hóspede do palácio, se colocara à disposição, pois conhecia muito bem a doença da qual ela se curava dia após dia.

– Arjun, peço que fique a meu lado. Sinto que ainda me faltam forças. Sua presença me acalma o coração.

Ele lhe respondia com respeito, mas um tanto impaciente:

– Parijat, sou soberano e tenho negócios a tratar. Não podemos ambos nos afastar dos deveres reais. Estranha-me seu comportamento frívolo desde que voltou do acampamento de Jamaludin. Falta-lhe algo neste palácio? Não lhe dou o bastante?

– Não, Arjun. Apenas desejo sua companhia amorosa. Não se trata de...

– Pare com lamúrias, Parijat. Está me cansando com tantas queixas! Tenho assuntos a cuidar e peço que encontre algo para se entreter, em vez de cobrar de mim mais do que já lhe dou.

Parijat nunca ouvira o marido dirigir-lhes palavras assim ásperas. Sentiu haver algo errado nesse comportamento. O jovem rei, desacostumado a prestar satisfações, saiu dos aposentos sem ao menos se despedir. Estava seguro demais da devoção da esposa e resolvera não concentrar nela seu afeto.

Parijat voltou então às suas orações.

Naquela mesma noite, estavam Jamaludin e Esahu contemplando as estrelas, enquanto uma refinada refeição lhes era servida por uma serva escolhida por Lali. O médico, aproveitando o momento, sabiamente decidiu alertar o amigo sobre os perigos que enfrentava.

– Está quieto, Jamaludin. Já há alguns dias que o percebo introspectivo, com pouco apetite e o olhar perdido nos astros.

Sem procurar disfarçar os próprios sentimentos, Jamaludin respondeu, quase que automaticamente:

– Sabe que desde o dia em que pousei meus olhos em Parijat penso somente nela? Pouco me importa o que viemos fazer neste país, pois penso que uma força maior me trouxe a ela. Algo inexplicável tomou conta de mim e sei que precisarei da companhia da bela rainha para ser feliz.

E revelou-lhe:

– Quando a vejo, Esahu, sinto que ela faz parte de meu ser. Desprezo esse idiota com vestes de rei, que não lhe dá o devido valor, economizando seu amor e carinho. Como um homem pode ser tão estúpido, Esahu, a ponto de abandonar uma pedra preciosa como Parijat? Saiba que ele mesmo me confessou, assim que chegamos, que tem passado suas noites na companhia de outras mulheres, ignorando a esposa que ainda convalesce.

O médico, indignado com as palavras do mercador e conhecendo sua impetuosidade, tentou manter-se sereno:

– Jamaludin, amigo meu, não pense que eu, por me devotar à cura dos enfermos e crer nas palavras de Yeshua, não tenho em meu coração almas que me são caras. Embora meu casamento fosse arranjado, amava a mulher que me foi confiada e a faria feliz de todo o coração, porém Deus assim não o quis e minha amada se permitiu envenenar por intrigas de meus irmãos, abandonando-me repleto de tristeza.

E continuou:

– Será, meu amigo, que nenhum dos ensinamentos do Mestre Yeshua, que pacientemente lhe relatei, ficaram retidos em seu coração? Nem sequer pensa em não fazer aos outros aquilo que não deseja para si? Como reagiria se alguém lhe subtraísse uma das três esposas?

O mercador prontamente respondeu:

– Que me importam aquelas mulheres, Esahu? São apenas alianças e serviram para garantir a continuidade de meu nome. Nada sinto por elas e às vezes tenho até certa dificuldade em guardar-lhes o nome ou as feições. Elas vivem bem, protegidas e ocupadas com nossos filhos. Nunca as amei e nem irei amá-las.

Baixando a cabeça, triste, Esahu completou:

– Jamaludin, as mulheres são bênçãos de luz em nossa vida e devemos dedicar-lhes nossa proteção, amor e respeito. A história mostra que os homens não foram corretos com as grandes heroínas de meu povo ou do seu, e guerras desnecessárias assim tiveram início. Será que não aprenderemos com os desatinos de nossos antepassados? Lembra-se das histórias dos livros antigos, que aprendi com meu avô? Recorda que lhe contei sobre Agar, mãe de Ismael, patriarca dos ismaelitas e de quem você descende? Lembra-se de que a mulher que deu origem a este valoroso povo foi abandonada com o filho em pleno deserto?

E reforçou:

– Vamos, Jamaludin! Não permita que seu coração abrigue esses desejos. Use o bom senso e esqueça a jovem rainha. Não deixe que algo nefasto se instale de vez em sua grandiosa alma, pois isso pode arrastá-lo para um desfecho fatal. Ou pior ainda: poderá comprometer a mulher a quem afirma amar.

– Tarde demais, Esahu. Meu coração está tomado pelo amor.

– Apelo para sua razão e prudência, Jamaludin. Não retribua a generosidade do rei subtraindo-lhe a esposa. Além disso, quem lhe garante que ela lhe corresponde o amor?

Pensativo, Jamaludin mirou os olhos do amigo e disse:

– Amanhã irei procurá-la e revelarei meus sentimentos. Se ela me corresponder, eu a levarei, nem que tenha que comprar a peso de ouro todos neste palácio. Sei que ela não é feliz ao lado do rei. Eu saberei ler seu coração.

Logo atrás dos belos sândalos, escutando a conversa de ambos, estava a serviçal fiel a Lali. A ouvinte sorrateira não tardou em levar à pérfida mulher os planos de Jamaludin.

Lali tinha espiões por todo o palácio, que a temiam pelos terríveis feitiços que preparava, mas não perdiam oportunidade de receber algum benefício, alimentando-a com intrigas.

– Muito bem... Quer dizer que aquela sonsa desprovida de impetuosidade despertou o coração do mercador que foi acolhido por meu enteado Arjun... Muito bom saber disto! Vá e espalhe entre as aias a notícia de que o rei tem passado todas as noites nos braços de outras mulheres e que tem se queixado de sua esposa. Garanta que as aias de Parijat escutem tal falatório.

E entregou algumas moedas à informante, que se retirou exultante, acreditando que fizera o negócio mais importante de sua vida.

Lali agora sabia que a oportunidade tão esperada muito em breve surgiria.

– E o idiota de meu enteado Arjun se diverte com mulheres noite após noite, sem saber o que se passa debaixo de seu nariz. Tolo! Eu mesma ajudarei Jamaludin a levar essa jovem e causarei ao rei uma perda terrível, desmoralizando-o perante todos. Assim, acabará por sucumbir às investidas dos generais, que nunca o aceitaram totalmente.

44. A consciência adormecida

Parijat vinha dormindo pesadamente nos últimos dias, talvez pelas ervas que Esahu lhe ministrava, que lhe relaxavam a musculatura, evitando-lhe sofrer dolorosos espasmos.

Em seus sonhos via Jamaludin, mas vestido de forma diferente, com trajes desconhecidos naquelas terras. Sua pele era azul e ele parecia ser um guerreiro implacável, que decepava cabeças sem o menor remorso. No mesmo sonho, via-se arrastada a um castelo tenebroso, onde um homem de olhar impiedoso a acorrentava com pesados ferros. Este sonho se repetia desconexa e continuamente e Parijat começava a apresentar sinais de alguma piora em sua saúde.

Esahu então foi chamado e dirigiu-se prontamente aos aposentos da rainha.

Arjun não a visitava havia dias e ela, em seu íntimo, desejou que ele não mais o fizesse, pois soubera pelas aias que o marido se divertia com outras jovens do palácio. Criou então profunda aversão pelo esposo, e uma crise matrimonial que poderia facilmente ter sido evitada começava a configurar-se.

Acreditara verdadeiramente que seria feliz no casamento e que as promessas que lhe foram feitas eram puras e verdadeiras.

– Como pôde ele me abandonar assim, quando mais preciso dele? Não o perdoarei jamais – dizia a si. Ela mesma vira que o marido caminhava livremente pelo palácio ostentando suas amantes, não mantendo a discrição que haviam pactuado antes de se desposarem.

– Que fique com elas. Já lhe dei herdeiros e penso que é chegado o momento de realizar meu desejo de infância e me retirar para um dos templos assim que me restabelecer – dizia Parijat quando sua mãe a visitava.

Dalaja sentia grande tristeza ao ver a filha enveredar pelos labirintos do ego e do orgulho e passou a aconselhá-la a ser paciente.

– Parijat, filha minha, não se deixe envolver por tais pensamentos. Teu marido é bom e tem procurado ser um rei dedicado. Ajude-o em sua árdua tarefa e não sucumba ao egoísmo e ao orgulho, que só poderão lhe trazer mais inquietude. Use seu tempo para instruir-se e fazer o bem. Não permita que esta vida ociosa a corrompa e a transforme em uma mulher manipuladora. Sei que já errou em vidas passadas, pois sinto isso em meu coração. Não acumule mais carma para seu frágil espírito.

Dalaja sabia, como mãe e espírito já em fase de redenção, que a filha estava permitindo que sentimentos inferiores brotassem em seu coração. As provas vividas nas existências precedentes deveriam ter erradicado tais sentimentos, mas, inadvertidamente, ela ainda os cultivava no jardim da alma.

Se Parijat soubesse o quanto sua família espiritual investira nesta encarnação para que os três envolvidos conseguissem superar as próprias falhas... Se percebesse, porém, quão próxima estava de novamente fomentar ligações afetivas perniciosas, prontamente se afastaria de Jamaludin e viveria uma vida de paz e estudos em seu palácio ao lado do marido, entendendo-lhe por vezes as tolas motivações afetivas e ajudando-o a seguir um caminho mais equilibrado e a governar com sabedoria e generosidade.

Ao cair da tarde, quando Lali veio visitá-la, a jovem, desavisada e consumida pelo próprio autocentrismo, tornou-se presa fácil nas mãos da manipuladora sogra.

– Minha querida Parijat, como está bela! Vejo que se recupera tão bem... Felizmente, hoje consegui visitá-la, pois tenho sofrido tanto com minhas dores de cabeça...

– Lamento saber que essas dores ainda a assolam, minha sogra – disse a nora, distante.

As dores de cabeça de Lali eram bem conhecidas por todos no palácio, visto que seus lamentos e gemidos podiam ser ouvidos por toda a noite. A rainha ficou penalizada pela mulher, que a procurara tão amistosamente.

– Diga-me, Parijat: que tristeza é esta em seus olhos? Sinto que algo a aborrece...

E, não perdendo oportunidade de praticar a intriga, continuou:

– Arjun deveria me ouvir e passar mais tempo a seu lado, ao invés de se exaltar com Dhareena e Miti, que, bem sei, lhe são companhias constantes. Todos comentam que ele passa o tempo divertindo-se com essas jovens, enquanto a pobre esposa fica confinada em seus aposentos. Parece, porém, que não tenho nenhuma influência sobre ele...

Lali lançara o vinagre na ferida aberta e apenas aguardava o desfecho de suas palavras, verdadeiras, mas desnecessárias.

– Agora – prosseguiu a naja, pronta a dar o bote – viajará pelos reinos com as duas princesas, exibindo-as a seu bel-prazer.

– Não me importa o que faz o rei! – explodiu Parijat, irritada. – Ele que faça o que desejar e com quem quiser, contanto que me deixe em paz e me liberte para me recolher para sempre ao templo das mulheres.

– Mas que ideia, Parijat... Abandonar a vida no palácio, onde usufrui de tudo, além, é claro, da companhia de belos admiradores, que, sei, também possui.

Parijat corou.

– Suas palavras não fazem o mínimo sentido, Lali! Sabe que sou fiel a meu esposo e que jamais fui cortejada por ninguém além dele.

– Ora, Parijat, sua virtude é imensamente conhecida, mas chegou a meus ouvidos que o rico mercador que a acolheu em seu acampamento está perdidamente apaixonado por você. Meus servidores assim o garantem.

E prosseguiu, peçonhenta:

– Sabe que pode contar com minha discrição e benevolência. Já fui jovem e apaixonada também e entendo os desejos da juventude. Não se prive de algumas horas de alegria na companhia do belo estrangeiro. Guardarei seu segredo e penso que seu marido deveria cuidar melhor do tesouro que lhe foi confiado, querida.

Parijat sentia o sangue ferver e quase expulsou Lali aos tapas, quando foi interrompida por uma aia anunciando que Jamaludin, o mercador, estava às portas de seus aposentos e lhe pedia uma audiência nos jardins.

Lali saiu sentindo-se triunfante e às portas dos aposentos de Parijat encontrou Jamaludin. Dirigindo-se a ele como uma serpente rastejante e sem o menor pudor, sussurrou-lhe:

– Espero que obtenha sucesso em seus empreendimentos amorosos, Senhor. Saiba que tem em mim uma eterna amiga e confidente, caso deseje abrir seu coração.

E retirou-se, envolta em pensamentos destrutivos, sem desconfiar que a seu lado três maléficas entidades obsessoras a manipulavam a seu bel-prazer, praticamente plasmando em seu espírito mesquinho cada palavra emitida.

Jamaludin recebeu permissão para adentrar os jardins internos, sendo acompanhado por duas aias e por Dalbir, responsável pela proteção da rainha.

Dalbir levou apenas alguns segundos para descobrir nos olhos de ambos uma imensa paixão que aflorava. Decidiu manter-se alerta. Não permitiria que a imagem do rei fosse maculada e que a rainha, cuja responsabilidade lhe cabia, fosse assediada pelo estrangeiro.

O soldado nutria estranhos sentimentos por ela, muito antes dos tempos em que a jovem nascera e vivera como Nalini e ele fora responsável por sua morte. Tais sentimentos de Dalbir por Parijat-Nalini sempre foram contraditórios e inexplicáveis, remontando a vidas longínquas demais para serem acessadas.

Parijat fez um sinal com a mão, pedindo que Dalbir se detivesse entre duas colunas e ali ficasse. Com outro gesto, acenou para Jamaludin se aproximar.

O estrangeiro perfumava-se com nardo e Parijat aromatizava os cabelos com jasmim, como fizera séculos antes. A mistura desses aromas tornara-se para Parijat tão inebriante quanto a do sândalo exalado por Chandan em vidas pregressas.

Ambos, ao se aproximarem, sentiram as pernas fraquejarem, mantendo, contudo, o respeito e a distância que a ocasião exigia.

– Saudações Majestade – disse-lhe Jamaludin, sério.

– Saudações, Jamaludin – respondeu Parijat, corando repentinamente e desviando o olhar dos penetrantes olhos do estrangeiro, cuja profundidade parecia lhe devassar os sentimentos.

Ele lhe lembrava alguém, alguma situação familiar, provavelmente proveniente de seus sonhos vivos, que a atormentavam com frequência.

– Fico feliz em vê-la restabelecendo-se bem. Sua aparência em nada lembra a jovem que acolhi em meus braços tempos atrás, vitimada pela doença das chuvas.

– Nem tive oportunidade de agradecer-lhe, Jamaludin, mas gostaria de fazê-lo – disse a jovem, decidida.

E prosseguiu:

– Embora o tenha perdoado por suas palavras indiscretas e pouco respeitosas ditas a mim, consorte real, quando estávamos em seu acampamento, a gratidão a um benefício me guia sempre e devo recompensá-lo com algo de valor.

Chamou uma das aias e pediu que lhe trouxesse um saquinho de seda.

– Esta é apenas uma demonstração de gratidão – disse Parijat, estendendo-o a Jamaludin. – Espero que o aceite, pois sei que não mais nos veremos.

Jamaludin permaneceu altivo, mas, levantando os olhos, fitou Parijat com profundidade tão melancólica que a jovem chegou a sentir pena de ter sido tão direta nas palavras.

– Perdoe-me, Senhora. Não pude controlar meu ímpeto em falar o que me vem à mente. É um hábito que trago comigo desde a infância. Somos um povo de poucas palavras, mas sempre diretas, costume este considerado indelicado nestas terras.

Acrescentou então:

– Esqueci-me de que seu coração pertencia a outro homem e me aventurei pelo verbo impensado. Perdoe-me. Apenas lhe peço que não diminua meus sentimentos tentando pagar minha hospitalidade e cuidados com pedras preciosas, pois seria o mesmo que colocar um valor a sua preciosa vida. Garanto-lhe que nem todas as pedras do mundo, acrescidas de todas as estrelas do firmamento, poderão lhe fazer justiça.

A jovem corou mais ainda, mas ousou alçar os olhos a Jamaludin, ansiando que ele pudesse ler nos seus os sentimentos correspondidos. O mercador, homem vivido e experiente, percebeu então que era correspondido e disse:

– É imperdoável que seu marido a deixe à mercê de si mesma, visto que ainda se recupera da terrível doença, enquanto ele... – E parou, refreando a língua talvez pela primeira vez, embora os olhos mantivessem a expressão de inconformismo frente à atitude de Arjun.

– Não se acanhe em me expor a verdade, que aliás já conheço. Sei que o rei tem sido leviano desde que fiquei abrigada em seu acampamento. Infelizmente, Arjun não é o mesmo desde que adoeci. Minha convalescença me impediu de acompanhá-lo nas visitas e festividades e o rei não aprecia a solidão. Minha saúde, segundo Esahu, ainda inspira cuidados. Creio que esse fato nos afastou bastante e acabou por empurrá-lo aos braços de outras princesas. Mas perdoe-me... Não sei o motivo de comentar sobre minha vida privada com um estranho.

Jamaludin, satisfeito por perceber que a jovem sabia do descaso do consorte, respondeu:

– Não há de que desculpar, Senhora. Creio que seu esposo comete um erro, mas sou apenas um estrangeiro convidado ao palácio e, embora agradecido pela hospitalidade, não poderia deixar de observar tal abandono e me indignar com ele.

Então propôs:

– Caso me conceda permissão, gostaria de visitá-la outras vezes e conhecer um pouco mais sobre este país, que parece tão diferente do meu. Gostaria ainda de lhe contar sobre o homem que conhecemos nas terras da Judeia e que, diziam, era o Messias. Seus ensinamentos muito me impressionaram.

A jovem mudou repentinamente de fisionomia, passando de distante a interessadíssima, sem saber dizer-se ao certo por que tais palavras despertaram sua atenção.

– Um homem que dizia ser o Messias? Que estranho... Um dos nobres astrólogos, amigo de meu pai, dizia sempre que nas terras do deserto nasceria um homem misterioso que mudaria todo o mundo com seus ensinamentos. Disse ainda que ele falaria sobre um deus único e sobre a paz entre os homens. Meu pai sempre me contava essa história.

– Yeshua, era este seu nome, jamais disse ser o Messias – explicou o visitante. – Creio que era muito humilde e verdadeiramente nobre para aceitar tal título. Esahu poderia falar mais sobre seus ensinamentos, já que esteve por algum tempo entre os que o seguiram.

– Conte-me tudo, Jamaludin! Venha amanhã à tarde com seu médico, a quem tanto devo, e conversaremos mais sobre esse Yeshua.

Jamaludin não cabia em si, tamanha a ansiedade gerada por esse convite. Parecia que lhe talhavam o peito ali mesmo e lhe arrancavam o coração pulsante, entregando-o nas mãos da bela Parijat.

– Aguarde-nos então, Majestade. Há muito o que aprender com Esahu.

Fez uma reverência com a cabeça e retirou-se, nem reparando no olhar irritado de Dalbir, que o detestou à primeira vista.

Jamaludin sussurrou então para si mesmo:

"Parijat, Parijat... Se soubesse quanto já a amo..."

45. A revelação

– Niti! – chamou Parijat, entusiasmada. – Instrua um mensageiro a ir até meu pai e dizer-lhe que venha ao palácio amanhã, antes do entardecer. Teremos a companhia de um viajante que conheceu o homem que ele dizia que nasceria em terras distantes e traria ensinamentos maravilhosos.

No dia seguinte, ao cair da tarde, Hakesh chegou ao palácio. Sereno, abraçou a filha carinhosamente, dizendo-lhe:

– Soube que a doença das chuvas a abateu por muitos dias, filha. Orei muito por sua recuperação. Sei que essa doença é incurável e por isso terá que viver o resto de seus dias evitando excessos de todos os tipos. Recomendo ainda que evite deixar o palácio por muito tempo.

E explicou:

– Quando digo "excessos", filha querida, refiro-me a seus ataques de inconformismo e azedume, que têm o poder de desencadear essa doença novamente. Mantenha-se serena e dedicada na ajuda a seu esposo na administração do reino.

O mago Kabhir, agora Hakesh, sabia mais sobre as doenças do que imaginava sua filha. Estudara por muitos anos nos templos antigos, com sacerdotes que conheciam as origens de todos os males. Esses homens sábios ensinaram-lhe, ou melhor, ajudaram-no a relembrar, que um espírito feliz, generoso e moderado é o médico de si mesmo e evita com tais atitudes todas as doenças. Recomendavam ainda o jejum, a meditação e o conhecimento da natureza e seus recursos, bem como preces constantes e sinceras.

Esses monges haviam previsto, mais de duas gerações antes, a vinda de um homem que traria uma mensagem de amor, perdão e caridade. Afirmavam que os antigos iniciados, desde os tempos do povo afundado nas águas, haviam feito a mesma profecia. Diziam que tal homem nasceria no reino de Judá e seria de elevadíssima hierarquia espiritual.

A rainha sentia saudades do pai e das conversas edificantes, que sempre a colocavam no devido prumo.

Percebendo naquele momento que ele a olhava com alguma desaprovação, como se lesse seu íntimo, talvez captando-lhe a irritação com o marido, ela disse:

– Ora, meu pai, sabe que minha irritação sempre tem um motivo e desta vez não é diferente. Arjun tem permanecido afastado de mim e, pior, se diverte na companhia de outras princesas, levando-as aos reinos em viagens desnecessárias.

O pai severamente a admoestou:

– Infelizmente, Parijat, os homens destes tempos não valorizam as companheiras como deveriam, mas isso não deverá ser motivo para que caia no mesmo erro e se aventure em situações menos dignas da educação que lhe demos e que jamais terão final feliz. Você tem uma tarefa junto a Arjun, que demandará seu perdão e sua tolerância, mas creio que seu temperamento voluntarioso não o tem ajudado.

Já não era Hakesh quem agora falava, e sim Agha, que, colocando-se a seu lado, transmitia a Parijat um severo alerta. A jovem muitas vezes vira esse processo mediúnico acontecer com seu pai, sempre em momentos cruciais, e prestou imediata atenção:

– Você não deve cair nos mesmos erros de outrora, em que permitiu que o amor egoísta a cegasse e levasse a cometer desatinos. Tem hoje um esposo que necessita de teu afeto, pois está conseguindo abandonar o comportamento tirânico e violento de vidas passadas. Não pense com isto que ele irá tornar-se perfeito e infalível. Nossa evolução é lenta, porém constante. Não desanime e não permita que esses pequenos descaminhos de seu consorte comprometam o desejo que você tem em ampará-lo. Com tempo e maturidade tais falhas desaparecerão. Digo-lhe mais: não permita que se instale em seu coração um amor que não trará benefícios a nenhum dos envolvidos. Seja digna de teu título e honre os ensinamentos que lhe foram dados em abundância.

– Como sabe tanto do que sinto? – indagou ela, corando repentinamente.

– Tudo sabemos, filha, e apelamos para seu bom senso. Transforme tal sentimento em sincera amizade, apenas. Jamaludin a ama desde muitas vidas e, se não for incentivado, partirá triste, mas terá vencido uma batalha interior contra si mesmo. Não o incentive em um amor que poderá inflamá-lo e levá-lo a cometer desatinos por sua causa.

E retirou-se o devotado espírito, deixando sensação de tristeza e surpresa na jovem, que acreditava que seus sentimentos fossem um segredo. Abraçou o pai em choro convulsivo.

– Pode chorar, filha minha. Será melhor secar suas lágrimas de tristeza agora do que daqui a anos, quando estarão corrompidas pelo próprio fracasso e pela luxúria. Chore e acalme seu coração.

Alguns momentos depois, Parijat foi levada por sua aia para descansar. As palavras ouvidas de seus mentores haviam sido duras e incisivas.

Hakesh encarregou-se de receber Jamaludin e Esahu.

46. A árvore é podada para crescer frondosa

Tão logo Jamaludin e Esahu adentraram os aposentos de Parijat, foram encaminhados ao jardim, onde Hakesh os aguardava. Sem entenderem o que se passava, fizeram-lhe uma breve reverência, que ele recebeu com simpatia.

– Saudações, caros viajantes. Sou Hakesh, pai de Parijat. Sejam bem-vindos aos aposentos de minha filha.

O estrangeiro baixou respeitosamente a cabeça e se apresentou como Jamal-al-Din.

– Minha filha me disse que ambos conheceram o homem santo que nasceu em Judá. Estou aqui para que me contem mais sobre ele, se concordarem.

– Sim – acenou Jamaludin. – Meu amigo e médico Esahu ouviu várias de suas pregações, quase pagando com a própria vida por devotar a Yeshua sua atenção.

Dizendo isso, apresentou o médico, que fez uma reverência mais longa e respeitosa a Hakesh, que lhe retribuiu na mesma medida.

– Antes de conversarmos, gostaria de examinar a jovem rainha – disse Esahu –, para averiguar como está se restabelecendo.

– Ela se recolheu para repousar. Creio que ainda careça de serenidade em seu espírito, possivelmente devido à própria juventude. Poderei instruir seu guardião, Dalbir, a acompanhá-lo.

– Sim, gostaria muito, Senhor – disse Esahu, com semblante generoso e sincero.

Hakesh acenou para Dalbir, que se aproximou do médico e o conduziu aos aposentos de Parijat.

– Senhor Hakesh – disse Jamaludin –, tenho a impressão de conhecê-lo, mesmo tendo nascido e vivido em terras tão distantes. É uma sensação de forte familiaridade.

– Prezado Jamaludin, nestas paragens temos algumas certezas que poderão parecer estranhas a um estrangeiro, dentre elas a de que nossa alma já habitou outros corpos e já viveu outras vidas. Provavelmente, em uma dessas vidas nos cruzamos como amigos. Aliás, foi bom seu médico nos deixar a sós. De fato, desejo falar-lhe em particular.

Jamaludin nem imaginava que o pai de Parijat sabia de seus sentimentos.

– Creio que tenha desenvolvido algum sentimento por minha jovem filha.

O mercador enrubesceu envergonhado e baixou a cabeça, como que atingido por um raio.

– Não sinta vergonha, caro Jamaludin – prosseguiu o preocupado pai, sentando-se próximo a um frondoso pé de jasmim. E continuou:

– Infelizmente não temos como controlar nosso coração quando nele ainda habitam inadvertidamente as ilusões sobre o amor carnal. No entanto, vejo que já é um homem feito, maduro, além de casado com mais de uma esposa, como me informaram.

E prosseguiu sereno, como se falasse a um filho:

– Como pai amoroso e preocupado com a felicidade de minha filha e do reino, preciso pedir-lhe que refreie tais sentimentos, visto que eles confundem a jovem rainha, fazendo-a sentir-se inquieta e pouco disposta a dedicar-se ao compromisso assumido com o rei. Parijat é jovem e sei que, mesmo com a educação esmerada que dedicamos a ela, existe em seu coração uma chama ardente, que poderá levá-la a fazer escolhas das quais ambos se arrependerão, além de trazerem grandes sofrimentos a todos os que estão próximos, e mesmo aos distantes.

Jamaludin então levantou os olhos profundos e disse:

– Senhor Hakesh, não sei como descobriu algo que é evidente apenas a meu próprio coração e que confidenciei unicamente a meu médico. Sim: amo sua filha desde o dia em que a vi na floresta, tomada de uma preocupante crise de febre. Com o tempo percebi que este amor me fugia ao controle, embora soubesse que jamais poderia tê-la como minha esposa, por ser casada e virtuosa, como pude constatar nos dias em que precisou permanecer no acampamento. Infelizmente, não consegui dominar os sentimentos que hoje me invadem a alma de forma tão profunda e avassaladora. Poderia mesmo renunciar às minhas terras para aqui ficar, apenas para estar ao lado de Parijat.

Hakesh, preocupado com o alcance de tais sentimentos, o admoestou:

– Não avance em suas intenções, Jamaludin. Arjun, embora ainda servo de alguns desejos da carne, está profundamente ligado a minha filha e é impossível para nós dimensionarmos tais laços. As consequências de causar-lhe tamanho mal, cobiçando-lhe a esposa, seriam terríveis para todos.

Jamaludin ouvia aquele pai preocupado, sentindo-se arrasado e humilhado em seus sentimentos. Indagava-se sobre a razão pela qual aquele Criador e Pai Divino, de que Esahu tanto falava, lhe pregaria uma peça desagradável como esta, fazendo-o experimentar um amor impossível. Que bondade e magnanimidade haveria em privar um homem de um amor verdadeiro?

Hakesh, parecendo escutar seus pensamentos, disse-lhe:

– Jamaludin, não podemos culpar ninguém, além de nós mesmos, por nossos desatinos e sofrimentos. Você tem sua própria família. Por que motivo tirar de outro homem a esposa? Se o seu amor é verdadeiro, poderá viver tranquilo em seu coração, até o dia em que puderem se reencontrar no mundo dos espíritos bem-aventurados e compartilhar, sem o peso terrível da culpa, esses sentimentos.

E insistiu:

– Renuncie a este amor antes que seja tarde demais e cause prejuízos à vida de Parijat. Mais ainda, poderá comprometer a bem-aventurada existência de ambos, e não só nesta existência.

Jamaludin sabia que o consternado pai estava com a razão. Por que motivos destruir a vida da amada, levando-a a outro país para que vivesse a seu lado? Como justificaria tal atitude perante os anciãos de sua cidade e como fazer com que a jovem aceitasse que ele já tinha outras esposas e filhos? Certamente desejava fazê-la única, mas isto lhe seria impossível sem comprometer as alianças com líderes de outras tribos, que se ofenderiam ao ver suas filhas ultrajadas pelo mercador. Não. Deveria abrir mão de tais sentimentos nefastos, mas... como esquecer Parijat?

A torrente de seus pensamentos foi interrompida com a chegada de Arjun, que antecipara seu retorno para estar junto da esposa convalescente. A espiritualidade também havia trabalhado em seu coração, sensibilizando-o sobre o estado de Parijat e despertando em sua consciência o desejo de amparar a esposa que escolhera.

– Saudações a todos. Vejo que conheceu meu sogro, o bondoso Hakesh. Aproveitemos os ensinamentos e palavras sábias que ele sempre nos deixa. Eu mesmo muito aprendi com ele!

Esahu, nesse momento, adentrou o jardim, informando que Parijat repousava serena, o que deixou a todos tranquilos, sem exceção. Pediu que se sentassem e então começou a descrever seus encontros com o Mestre.

47. Esahu, o médico

"A primeira vez que o vi foi na Galileia. Como sabe, Senhor Hakesh, sou médico, nascido em nobre família da Palestina. Aos dezesseis anos fui mandado à Síria para aprender as artes da cura. Lá, fui recebido na casa de parentes maternos e naquela morada conheci Hila, uma jovem bela e alegre. Nós nos apaixonamos e pouco depois fomos prometidos em casamento.

Tão logo meus estudos terminaram, voltei a Jerusalém com o coração saudoso de Hila, mas sabia que em pouco tempo estaríamos casados. Nossos pais, percebendo nossa mútua e verdadeira afeição, decidiram que Hila se mudaria para nossa casa, sob a tutela de meus pais, que passaram a fazer de tudo para mimá-la ainda mais. Minha jovem noiva tornou-se bastante ligada a minha família, principalmente a meu irmão caçula, Aharon, talvez pela proximidade de idades. Eu exercia a medicina junto à vasta comunidade judaica, preferencialmente entre os mais abastados, que pagavam altas somas pelos tratamentos que aprendi a ministrar. Trabalhava incessantemente, exceto aos sábados, como recomenda a Lei, e em pouco tempo estava em excelentes condições financeiras, pronto para me casar com Hila. Em minhas andanças pelas cidades vizinhas para atender os doentes, sempre me fazia acompanhar de dois bons ajudantes, que me serviam também de segurança pessoal, já que costumava carregar unguentos caríssimos. Um desses jovens se chamava Milo e em uma dessas ocasiões me disse:

– Veja, Mestre Esahu: lá está Yeshua com seus seguidores. Quem sabe não poderíamos ir até lá ouvi-lo um pouco?

O jovem Milo era sempre tão prestativo e generoso que não pude negar-lhe o pedido. Estava com minha família desde os dois anos e eu me afeiçoara muito a ele. Então lhe respondi:

– Você está é cansado, Milo, e quer repousar um pouco, não? Pois bem! Vamos nos sentar por perto dos que estão ouvindo esse homem que você chama Yeshua. Se os romanos começarem a dispersar a multidão, prepare-se para recolher todos os medicamentos e correr!

Sentamo-nos perto de pessoas bem simples. Parecia que o tempo havia parado. Som nenhum era ouvido, além daquela apaziguante voz. Nem mesmo as aves ousavam cantar. Até a brisa parou de embalar as árvores...

Naqueles dias, era comum ver pela cidade pessoas amontoadas ouvindo sermões, alguns em idiomas que nunca ouvíramos e vindos de homens com feições mais inusitadas ainda. Nas cidades maiores, os pregadores eram os mais diversos e traziam ensinamentos por vezes tão absurdos, que sempre víamos soldados romanos, em grupos de dois ou três, rindo-se à farta, a ponto de nem se ocuparem em dispersar a multidão.

Mas com Yeshua era diferente. Víamos a seu redor, ouvindo suas palavras amorosas, pessoas de todos os tipos: ricos, pobres e até alguns romanos, claro que disfarçados para não comprometerem seu próprio nome. Todos o ouviam silenciosos, alguns com lágrimas nos olhos. Quando findava sua pregação, eles o acompanhavam até que desaparecesse em alguma estrada.

Ao ouvi-lo, entrei em profunda comoção e, por mais que deseje, não consigo explicar o que aquelas palavras fizeram em meu coração. Ele falava do amor e o amor se fazia em mim. Falava do perdão e o perdão inundava minha alma. Era inexplicável aquele sentimento, Senhor Hakesh. Fui educado por sábios sacerdotes do templo e pude inclusive ouvir sermões inesquecíveis inspirados nas palavras do Mestre Hilel[10], mas nada, absolutamente nada, se comparava à transformação que aquelas palavras causavam em mim.

Desde então, procurei comparecer às pregações, mesmo sabendo que os mestres do Sinédrio haviam se queixado de Yeshua e de suas palavras. Milo me auxiliava nessa empreitada, informando-me de antemão onde o pregador possivelmente estaria.

Em pouco tempo, aqueles ensinamentos tomaram conta de meu ser e sobrepujaram a Lei Mosaica, do olho por olho, que eu aprendera, mas que nunca me tocara verdadeiramente o coração. Comecei então a atender pessoas que não podiam pagar por meus serviços, sempre auxiliado por Milo. Irritado com essa mudança, meu outro ajudante queixou-se a minha mãe, que imediatamente, a seu modo, relatou a meu pai o grande desgosto que sentiam acercar-se a nossa família.

Havia entre os judeus um enorme temor de que seus filhos se contaminassem por tais ensinamentos e seguissem Yeshua. Tentei conversar com Hila sobre as palavras que ouvia, sobre o amor e a importância de sabermos que Deus vivia em nós e não nos templos.

Lembro-me como se fosse hoje: ela tapou os ouvidos e começou a rasgar suas roupas, gritando a plenos pulmões que o noivo enlouquecera, pedindo a meus pais que a liberassem de nosso compromisso.

Meu pai então me confrontou, questionando minha fé. Foi quando lhe falei que deveríamos perdoar as dívidas daquelas pobres pessoas que nos haviam pedido dinheiro emprestado. Disse-lhe ainda que éramos todos iguais perante Deus, e que não deveríamos ter escravos e nem nos revoltar contra as leis romanas.

Foi o suficiente para meu pai me declarar insano e tramar, com meu irmão mais novo e alguns primos, para que eu sumisse da cidade, a fim de não manchar o nome de meus antepassados. Ali mesmo ele desfez meu compromisso com Hila, prometendo-a a meu irmão caçula, por quem ela sempre nutriu o verdadeiro amor.

[10] Líder espiritual e religioso que viveu no tempo do rei Herodes.

Certa noite, com a ajuda de meus pais, meus primos adulteraram meu vinho. Adormecido, fui jogado no deserto, após uma boa surra e ameaças. Eu teria morrido se o pai de Jamaludin não tivesse me resgatado e me levado a uma hospedaria, onde fui tratado por dias seguidos. Meu ajudante e braço direito Milo foi entregue aos romanos como ladrão e morreu nas masmorras.

O caridoso Hafez não só pagou pela hospedagem, como me convidou a viver com sua família, o que aceitei, gratificado, mas sentia que precisava seguir os passos daquele homem, voltar a vê-lo e entender mais sobre seus ensinamentos.

O clima na cidade estava tenso e muitos dos seguidores de Yeshua, com medo, se dispersaram sob as ameaças dos romanos. Poucos ainda o seguiam; suas pregações tornaram-se mais perigosas para quem desejasse ouvi-las. No dia mesmo de sua morte, poucos se dignaram a acompanhá-lo até o Monte Calvário, temendo represálias e perseguições."

E, com isso, concluiu seu envolvente relato.

Hakesh o ouvia com lágrimas nos olhos. Sua crença nas deidades nunca estivera tão abalada quanto nesse instante, em que ouvia o estrangeiro descrever as palavras de Yeshua. Sabia, porém, que nascera naquelas paragens por algum motivo e que não importava sua crença original, mas sim seu desejo de fazer o bem.

Entendia o panteão de deidades como manifestações da natureza e das diversas etapas da vida que o ser humano precisa atravessar. A crença nas palavras de Yeshua ia ao encontro dos ensinamentos dos monges que o haviam instruído na juventude e ele as cultivaria na paz de seu coração.

Erguendo-se, agradeceu profundamente a Esahu por aqueles relatos.

Arjun e Jamaludin estavam silenciados, o primeiro, envergonhado por negligenciar a esposa doente; o segundo, por sentir que o homem que vira carregando a própria cruz sofrera tamanha injustiça e ainda assim, exalava o perfume do amor.

48. O escorpião no jardim

Lali estava ansiosa para ter notícias sobre o que se passava nos aposentos de Parijat e mais uma vez corrompeu aias com favores e moedas. Ficou furiosa ao saber que Hakesh passara um sermão na filha e frustrara qualquer tentativa de Jamaludin em se aproximar da jovem. Seus planos pareciam comprometidos e precisava agir rápido. Soube também que Arjun aproximara-se novamente da esposa, o que irritou ainda mais a traiçoeira mulher.

– Kriti, vá chamar a serva que atende Jamaludin. Preciso falar com ela imediatamente.

Em alguns minutos a jovem senhora se apresentava a Lali, colocando-se a seu dispor.

– Preciso que me faça um favor e será muito bem recompensada.

Assim dizendo, tirou de sob o véu um pequeno coração esculpido em pedra vermelha e negra.

– Deixe este talismã por três noites sob a cama onde repousa o mercador. Depois disso, sem tocá-lo diretamente, retire-o com ajuda deste pedaço de tecido e traga-o a mim. Nem uma palavra sobre isso com ninguém! Entendeu?

Ao cair da noite, chamou Daksha, jovem princesa que vivia no palácio, onde era bem conhecida pela peculiar futilidade e vulgaridade. Ela sempre desejara o posto de consorte e faria qualquer coisa para ajudar Lali a se livrar de Parijat. Não se conformava por Arjun tê-la deixado de lado assim que recobrara brevemente o juízo e decidira dedicar-se mais à esposa enferma.

Daksha e Lali, cujas consciências adormecidas permitiam que seus espíritos fossem voluntários do mal, não imaginavam o alcance de seus nefastos planos.

– Muito bem, querida! Vou ajudá-la a recuperar seu amor se me prometer fidelidade. Basta prestar muita atenção e obedecer-me... – instruiu Lali, mostrando-lhe outro pequeno talismã que pendia de uma corrente e assemelhava-se a um frasco cinza-chumbo. E comandou:

– Chame Arjun e diga-lhe que deseja apenas se despedir sem ressentimentos. Assim que ele estiver a seu lado, abra este frasco e permita que o aroma milenar, aqui enclausurado desde os tempos do afundamento das terras antigas, se espalhe pelo ar. Prenda sua respiração por alguns segundos, para não inalar o aroma, pois ele pode ser mortal para as mulheres. Depois, use o frasco como talismã. Arjun não lhe resistirá ao amor, mas saiba que este poderoso feitiço só durará setenta dias, entendeu? Ultrapassado esse período, se ainda não o tiver conquistado de verdade, ele a odiará para sempre. Faça seu melhor!

Tudo caminhava muito bem segundo seus planos, pensava Lali, inconsequentemente. Agora faltava-lhe apenas conseguir envenenar o coração de Parijat e comprometer seu bom senso. Experiente na maldade, sabia que a rainha se apaixonara verdadeiramente por Jamaludin e iria incentivá-la, o quanto pudesse, a fugir com o mercador.

Na manhã seguinte, pediu uma audiência e, tão logo entrou nos aposentos de Parijat, soube que a jovem estava outra vez desalentada por haver o esposo novamente cedido aos impulsos da luxúria e passado a noite na companhia de Daksha. Lali logo soube que seu plano de enfeitiçar Arjun com o talismã havia logrado êxito.

Parijat, reclinada em seus aposentos, mostrava o olhar perdido e desesperançado.

– Parijat, minha querida, vejo que se recupera tão bem! Por que tanta tristeza? Parece-me que os comentários são verdadeiros e que nosso amado rei Arjun novamente caiu na armadilha de Daksha....

Ouvindo isso, a jovem rainha começou a verter lágrimas e, esquecendo-se por um instante que Lali era uma víbora peçonhenta, cuja língua bífida ansiava por envenenar-lhe a alma, desabafou:

– Tem razão, Lali. Sou uma esposa infeliz. Arjun voltou a compartilhar seu leito real com Daksha. Soube disso por minhas aias e tenho certeza de que todos já comentam. Ele prometeu dedicar-se a nosso compromisso e a evitar tais escândalos, mas vejo que ontem mesmo suas promessas voaram como areia ao vento.

E, refletindo, completou:

– Infelizmente, creio que só me resta recolher-me o quanto antes a um templo, como desejavam meus pais desde que nasci. Passarei a tarde com meus filhos e à noite pedirei uma audiência com Arjun, para informá-lo de minha decisão.

A víbora viu então a perfeita oportunidade para dar o bote:

– Parijat, que tolice a sua... Uma mulher tão jovem e formosa como você, viver seus dias mais promissores isolada em um templo de velhas que só rezam dia e noite... Tenho certeza de que seu coração não concorda com essa decisão. Sua beleza atraiu até o amor do exuberante estrangeiro... – E cortou a frase estrategicamente, fingindo-se recatada e fazendo com que Parijat a olhasse curiosa. A pérfida despertara o sentimento que queria. A vítima seria agora manipulada à vontade.

– Diga-me tudo, Lali. Não me esconda nada. O que sabe sobre Jamaludin?

– Ora, Parijat, fui informada por servos de total confiança que o mercador está sofrendo profundamente pelo amor que você nele despertou. Infelizmente, recolhendo-se ao templo você jamais poderá saber o que é ser amada de verdade por um homem tão belo, destemido e inteligente como Jamaludin. Apenas saberá nesta vida o que é ser desprezada por um rei inconstante e infantil como Arjun.

– Como sabe dos sentimentos de Jamaludin? Seus servos podem tê-la enganado, Lali.

– Não, minha pequena. Ele mesmo me confirmou, pedindo absoluto segredo. Confessou-me que sofre enormemente por este amor. E vejo agora que você também o ama. Estou certa?

Lali acertara o alvo com rapidez invejável ao mais ágil arqueiro do reino.

Parijat cobriu o rosto envergonhada, chorando copiosamente.

– Sou mesmo uma infeliz, Lali! Estou perdida em sentimentos que meu pai garante serem impuros e indignos.

– Cara Parijat, seu pai é um homem de outro tempo e teme a ira dos deuses. Você e eu, como mulheres, sabemos dos sacrifícios de que fomos capazes por nossos maridos. Os deuses não nos puniriam jamais por lutarmos pelo verdadeiro amor.

E sem perder tempo, arrematou:

– Fuja com ele, Parijat. Vá para terras bem longínquas, onde Arjun e seu pai não poderão abalá-la com palavras que interessam só a eles. Tenho certeza de que o estrangeiro a levaria de bom grado e a faria sua princesa, dedicando-lhe toda uma vida de afetos e alegrias. Não tema; vou ajudá-la. Entregue sua felicidade em minhas mãos e saberei lhe mostrar a porta para sua liberdade. Não confie em ninguém mais e não revele seus sentimentos, nem mesmo a seus pais. Serei sua mensageira junto a Jamaludin e encontrarei um modo de se encontrarem e poderem trocar juras de amor.

Parijat estava absolutamente hipnotizada. Lali, que havia um dia sido Rahela, ainda utilizava seus conhecimentos de magia para manipular quem desejasse. Com a rainha não fora diferente. Durante dias, uma aia colocaria ervas poderosas em sua bebida, tornando a vítima maleável às tramas da feiticeira.

O mal estava feito. As escolhas de cada uma destas almas endividadas poderiam evitar que se precipitassem no imenso abismo que novamente se abria. Chandan, Nalini, Nimit, Rahela... A eles caberia a escolha final do caminho a ser seguido.

49. O alerta

Parijat tentava dormir, mas pensamentos inquietantes a atormentavam. Em seu íntimo, desejava ser arrebatada por Jamaludin e jamais voltar a pensar em sua vida palaciana.

Lembrava-se de que as mulheres que dela cuidaram no acampamento falavam constantemente da beleza do deserto, das tamareiras, dos oásis, das noites felizes de música e confraternização. Parijat desejava se libertar do esposo infiel, não se dando conta de que tal ato insensato não só contrariava tudo o que aprendera com seus pais, mas também se contrapunha a seus compromissos espirituais previamente assumidos. Só lhe interessavam agora Jamaludin e seu amor.

Parijat caiu em sono pesado e novamente sonhou com suas vidas pregressas. Via-se ainda criança, caminhando por um longo corredor que levava a uma porta talhada em madeira e pintada de dourado. Sabia estar no palácio, mas que corredor seria aquele? Reparou então em um enorme armário que lhe pareceu familiar. Ficou quase que hipnotizada por um colar de turmalinas rosadas e verdes, que pendia de uma escultura feminina. Sim, ela se recordava do tempo em que fora Nalini, quando por acaso descobrira a passagem oculta que levava ao exterior do palácio. Pouco havia mudado.

Aproximou-se da estátua e girou-lhe o pescoço para a direita, descobrindo dentro dela imenso tesouro. Este tesouro fora escondido por Nalini – ou seja, por si mesma – séculos atrás, quando fugira com Kanti para escapar às perseguições de Nimit. Viu atrás do armário uma pequena alavanca em formato de serpente, que ao ser puxada revelava a passagem secreta. Sim, ela poderia fugir por ali com Jamaludin.

Em seu sonho, Parijat tudo podia, tudo imaginava, sem cogitar nas consequências da imprevidência. Acessara no sono físico as mais desnecessárias recordações de seu passado vulnerável, estimulando sua casa mental a reproduzir aspirações e desejos.

Sentiu então uma mão segurar-lhe o ombro. Mais uma vez, seus benfeitores a ajudariam a resistir às decisões fáceis, à fuga e ao descaso com as emoções alheias. Virou-se e viu seu pai, mas o reconheceu com feições de Kabhir.

– Filha querida, não crie para si mais débitos frente à poderosa lei do carma. Mantenha-se fiel a seu esposo e soberano. Ajude-o a vencer as próprias dificuldades, como você mesma lhe prometeu antes do nascimento. Seja firme e saiba que um dia você e Jamaludin estarão reunidos honesta e justamente em nossa preciosa colônia espiritual. Não caia nessa armadilha que poderá causar, desta vez, um mal que perdurará por séculos.

A jovem desvencilhou-se das mãos de seu sábio conselheiro e correu à porta dourada, que se abriu de repente, mostrando a figura imponente de Jamaludin.

O espírito de seu pai, agora como Kabhir, baixou a cabeça entristecido por perceber que não seria possível interferir. Ninguém, além do casal, poderia intervir em suas escolhas, ainda que feitas por dois corações apaixonados e insensatos. Seria uma prova árdua e ambos tinham plenas condições de vencê-la, mas naquele momento fizeram uma escolha calcada apenas no egoísmo.

Jamaludin, desdobrado durante o sono físico, procurara Parijat, e ambos, ainda que em espírito, forjaram o fatídico pacto de permanecerem juntos a qualquer custo.

Lali havia desencadeado um terrível mal, tanto estimulando Parijat na escolha impensada quanto ao enfeitiçar Jamaludin. Entretanto, as escolhas individuais, caso construídas na coragem e na virtude, teriam evitado o desfecho infeliz que já se configurava sinistramente.

Parijat despertou sentindo-se reconfortada, mas algo de incômodo dominava seu espírito. As palavras de seu pai martelavam incessantemente em sua lembrança, mas decidiu calá-las, acreditando que a felicidade verdadeira a aguardava nos braços de Jamaludin. Este, por sua vez, decidira ao acordar que teria a jovem para si de qualquer forma.

– Esahu, preciso lhe confessar algo...

O médico, aproximando-se do amigo, adiantou-se:

– Sei bem o que vai me dizer, meu amigo, e peço-lhe que desista desses planos. Percebo que a jovem Parijat não é feliz aqui, mas que direito tem você de subtraí-la do marido e da família? Peço que reconsidere suas ideias, Jamaludin, mas, caso não o faça, não conte com minha ajuda para executar este nefasto plano.

Jamaludin mal ouvia os conselhos de Esahu. Apenas sorria irônico, acreditando-se amado e invulnerável. Dirigiu-se então aos aposentos de Lali, pedindo-lhe ajuda para seus intentos.

Víbora experiente, ela fingiu algum constrangimento e, no momento preciso, deu seu bote, afirmando que ajudaria o casal. Frisou, porém, que Parijat precisava ainda concordar com o plano.

Ofereceu-se então para auxiliar ambos em um soturno encontro, prontificando-se a adormecer as aias e o incansável guardião Dalbir, que vigiava a rainha dia e noite. Arjun, também enfeitiçado por Daksha, não tomaria conhecimento desse encontro, por estar totalmente entregue aos caprichos da nova companhia.

Lali mostrou ao mercador um talismã, o mesmo que ficara alguns dias sob sua cama, e recomendou que ele o usasse continuamente.

Tão logo a aia que servia nos aposentos de Jamaludin trouxe o fatídico talismã de volta, ela o consagrou às divindades maléficas. O poderoso objeto, agora enfeitiçado, carregava as vibrações pessoais do apaixonado e o estimularia a cometer desatinos. Ainda assim, tanto ele quanto Arjun teriam como resistir aos feitiços, caso se mantivessem firmes no bem. Nossas decisões se sobrepõem a qualquer feitiço e jamais somos abandonados ao mal sem que concordemos com isso.

– Meu estimado Jamaludin! Use este talismã dia e noite e jamais se separe dele. Se observar bem, verá que ele se divide em duas partes, formando dois corações. Entregue a ela uma das pedras, pedindo que a use como marca de seu amor. Guarde a outra consigo. Como sabe, a rainha, por ser tão jovem, é muito indecisa, podendo fraquejar em suas resoluções. Sei que ela o ama intensamente e precisará de enorme coragem para não esmorecer. A pedra a apoiará nessa empreitada.

Após alguns arranjos nefastos, prontamente facilitados em um palácio guarnecido por alguns servidores descontentes, visto serem explorados pelos nobres, Lali comprometeu-se a adormecê-los todos, o que permitiria a Jamaludin se infiltrar nos aposentos da rainha.

Parijat fora informada por Lali que tudo correria da melhor forma. Bastaria que confiasse plenamente na ajuda que recebia. A jovem sequer desconfiava que Lali queria desestabilizar Arjun e assim garantir que algum de seus asseclas assumisse o trono em um golpe, restituindo-lhe novamente o poder que acreditava merecer.

Nem Parijat nem Jamaludin quiseram ouvir a voz do bom senso e da temperança. Ambos estavam anestesiados e cegos por suas emoções.

Lali cumpriu o que prometera. Na noite combinada para o encontro, fez adormecerem os servidores reais, principalmente a guarda pessoal de Parijat, usando suas concocções de ervas, que foram adicionadas às bebidas de todos.

Jamaludin não teve trabalho em adentrar os aposentos de Parijat, selando nefastamente o destino de ambos.

Durante semanas, ele compareceria aos aposentos reais. Assim que uma visita noturna era combinada, uma das aias que servia Lali vertia o preparado na bebida das aias e de Dalbir, adormecendo-os sem tardar. Acordavam horas depois, sem ao menos perceberem que haviam sido drogados. Ao despertarem, apenas viam Parijat em seu leito ou sentada no jardim e acreditavam que tudo transcorria normalmente.

Arjun passava todo o tempo junto a Daksha. Fazia longo tempo que não via a esposa. Comportava-se como um autômato. Os setenta dias, porém, estavam se findando e o feitiço deixaria de exercer seu malefício.

As aias e Dalbir, contudo, já começavam a exibir alguns sinais de resistência ao sonífero, dificultando assim os encontros. Lali sabia que precisava agir rápido e livrar-se do casal o quanto antes.

Esahu, consternado com o que observara, abandonou o palácio e passou a viver próximo dali, cuidando de doentes e idosos, desvinculando-se de Jamaludin por completo, ainda que o amasse como a um irmão. Mestre Yeshua havia transformado sua vida, e o médico jamais aceitaria uma situação lamentável como esta, embora se recordasse de que o Mestre recomendara o perdão e a misericórdia como armas do justo.

Nos aposentos de Parijat, juras de amor eram trocadas entre os dois apaixonados:

– Parijat, minha querida, Lali me orientou a seguirmos viagem o quanto antes. Preciso apenas de mais alguns dias para levantar alguma soma, pois creio que nossa protetora precisará de mais recursos para comprar alguns guardas. Tenho comigo uma pequena fortuna, mas será necessário me desfazer de algumas mercadorias que trouxe. Já instruí boa parte de minha comitiva a retornar e contaremos apenas com poucos seguranças, para não chamarmos atenção. Seremos apenas oito. Desta vez, a única riqueza que levarei deste país será você, mas sei que meu pai entenderá o motivo.

– Não há o que temer nem esperar, Jamaludin. Sei onde buscar recursos. Mais de uma noite sonhei que encontrava um tesouro perto de seus aposentos, onde uma passagem secreta também nos espera, para poderemos fugir sem receios.

Orientou então Jamaludin a buscar na antiga estátua o tesouro com o qual sonhara, bem como verificar a existência da passagem secreta, que nem mesmo Lali desconfiava existir. Os séculos haviam se incumbido de cobrir o local com rica vegetação, mas a saída existia e Jamaludin preparou tudo para o momento da fuga.

O mercador retirou sacos e sacos de joias, que seguiriam com o casal de apaixonados para o deserto e enriqueceriam muito mais a pequena aldeia em que ele nascera.

Tudo se apresentava favorável à fuga. Lali recebera dois sacos de ricas joias, que a satisfizeram imensamente, fazendo com que tomasse, sem demora, providências facilitadoras da fuga.

Arjun, por sua vez, começava a se enfastiar e até mesmo a se irritar com a companhia da amante, que rapidamente correu para Lali pedindo socorro.

No dia oportuno para a fuga, uma dose maciça de poderoso hipnótico foi dada aos guardas, principalmente a Dalbir, que começava a suspeitar haver algo errado.

O guardião havia mesmo relatado a Arjun que desconfiava da aproximação entre a jovem rainha e Jamaludin. Arjun, porém, riu-lhe na cara, garantindo que Parijat temia demais os deuses para cometer qualquer ato escandaloso e que Jamaludin jamais trairia sua confiança. Chegou mesmo a esbofetear Dalbir pela insolência.

A noite escura, quase sem luar, ajudou os fugitivos a sumirem rapidamente na estrada. O plano desarrazoado só foi descoberto dois dias depois, quando as aias de Parijat e Dalbir acordaram extremamente indispostas, por efeito da dose maciça de sonífero que Lali lhes ministrara.

Todos perceberam haver algo muito preocupante em curso.

Arjun, quase que liberto do feitiço de setenta dias, expulsou Daksha de seus aposentos e a baniu para sempre de seu reino, tal o grau de aversão que a jovem passara a lhe causar. Quase que retomando o juízo, dirigiu-se aos aposentos da esposa e os encontrou mergulhados em completo silêncio.

Dalbir coçava os olhos como se despertasse de um pesadelo. Sentia-se nauseado, com a cabeça parecendo explodir. As aias ainda jaziam semidormentes. Alimentos de dias atrás se deterioravam e moscas infestavam o recinto.

A cena fez Arjun gritar tão forte que imediatamente sua guarda se alvoroçou, crendo tratar-se de um atentado.

– Dalbir, maldito! Como pôde dormir deixando os aposentos da rainha abandonados? Onde está minha esposa? Acorde estas aias inúteis e descubra o que aconteceu!

Em pouco tempo a trama era desvendada: Parijat fora roubada por Jamaludin.

O sangue de Arjun fervia a tal ponto que ele se pôs a destruir tudo o que via pela frente. Transformara-se em um animal enfurecido. As piores características de Nimit, adormecidas pelas encarnações passadas, afloravam agora com violência incontrolável, porém algo o impedia de desforrar sua ira sobre as pessoas. Esta lição, ao menos, havia sido aprendida nos anos que passara nas trevas, bem como nas precedentes encarnações reparadoras.

Com seus métodos incisivos de persuasão, descobriu toda a trama – e que Lali fora a mentora de tudo. Arjun quase perdeu os sentidos quando soube pela boca da própria Lali que sua esposa se apaixonara perdidamente por Jamaludin. Não, ela não fora simplesmente roubada. A jovem seguira o malvindo estrangeiro por livre vontade.

Naquele mesmo dia, Lali recebeu a recompensa que lhe cabia pelos serviços prestados: foi degolada na praça do mercado e jogada aos animais como refeição.

Hakesh e sua esposa foram banidos para sempre, desonrados pela decisão insana da filha. Arjun só não os matou porque sabia que Hakesh era muito estimado e respeitado junto à nobreza. O banimento do reino, no entanto, era-lhe mais pesado que a própria morte.

As aias foram perdoadas, assim como Dalbir, que tentara alertar o rei sobre a trama que se avizinhava.

Dalbir, o antigo desafeto de Parijat, foi incumbido pelo próprio Arjun de recrutar os soldados mais hábeis e fortes para resgatá-la, trazendo-a viva para que sofresse castigo digno da desonra que causara.

Arjun tornara-se amargo e vingativo, mas desta vez sabia que parte da culpa era sua e lamentava ter negligenciado a própria companheira. Ainda assim, sua posição de rei exigia reparação.

Sentia que todos riam dele. Os cruéis comentários no palácio sobre a humilhação sofrida passaram a enfraquecê-lo e uma rebelião começou aos poucos a tomar vulto, mesmo após a morte de Lali. O reino vivia o começo de um caos. Muitos acreditavam que a fuga da rainha representava mau agouro. Outros achavam que o rei já não era apto a governar.

– Não lhes perdoarei a humilhação jamais! – ruminava Arjun. Um ódio sem igual se reafirmava em seu coração. Parijat pagaria caro; Jamaludin, mais ainda.

À noite, seu campo mental, tomado pela raiva da injúria sofrida, favorecia a aproximação de espíritos vingativos, que lhe mostravam vidas passadas em que fora traído e humilhado por esposas. Acordava em profundo desespero, desejando vingar-se ainda mais. Constatava, porém, que amava realmente Parijat, mas descobrira isto tarde demais.

Em alguns dias, Dalbir, inflado de ódio e desejo de vingança, partia do palácio, acompanhado de seu compacto exército. Enfrentariam longa jornada, de mais de quarenta dias, até alcançarem as terras do mercador.

50. A sementeira e a colheita

Algumas semanas se passaram desde que o casal fugitivo chegara a terras hospitaleiras, todas governadas por amigos de Jamaludin.

Ambos foram recebidos com alegria, principalmente por Hafez, seu pai, que se encantou com a jovem, sequer desconfiando da trama em que se envolveram.

Parijat sentia dificuldades em integrar-se, embora conseguisse entender algumas palavras e comunicar-se com seus novos parentes.

Jamaludin sabia que haveria algum atrito entre suas esposas e Parijat. Por isso, manteve a jovem nos aposentos que ele próprio ocupava, aumentando o mal-estar entre as consortes. Ajda, a mais velha, foi quem mais se ressentiu e não tardou em queixar-se a seus pais e irmãos, que lhe pediram cautela e paciência, pois temiam Jamaludin e sabiam precisar da proteção do mercador.

Não demorou para que Parijat, com sua aparência diferente e seus hábitos estranhos, começasse a chamar a atenção de todos, que passaram a criar histórias fantásticas sobre ela. Diziam que enfeitiçara Jamaludin e que era um tigre transformado em mulher. Outros garantiam que à noite ela se convertia em ave de rapina.

A jovem passava horas praticando o idioma de Jamaludin, unicamente para agradá-lo. Alimentava-se apenas em seus aposentos, aumentando o mistério sobre si mesma.

O mercador demonstrava grande amor e dedicação a Parijat, que, sentindo-se feliz como nunca, dava mínima importância aos olhares, pois quase nada entendia do que falavam sobre ela. Apesar desse distanciamento, crescia dia a dia o mal-estar entre ela e Ajda.

Jamaludin deveria iniciar nova viagem em breve, a fim de comercializar mercadorias que estocara na cidade. Deixaria Parijat aos cuidados de seu pai e das demais esposas. Ele tinha por certo que jamais fariam algo contra ela, visto que o temiam e respeitavam o sogro.

Não foi difícil para Dalbir comprar, com algumas moedas de ouro, os serviços de guias e intérpretes experientes que o ajudaram, assim como a sua tropa, a se disfarçarem com trajes locais. Os guias recrutados levaram Dalbir diretamente à cidade de Jamaludin. Foi-lhe fácil também descobrir o paradeiro de Parijat, pois todos comentavam sobre a estrangeira que era a nova esposa de Jamaludin.

Dalbir e seus homens cuidaram dos animais e se refizeram dos dias extenuantes de viagem, formulando um plano para capturarem Parijat. A missão deveria incluir a morte de Jamaludin, mas Dalbir sabia ser temerário atentar contra a vida do mercador em suas próprias terras, ao menos sem ajuda.

Descobriu, assim, que o traidor partiria em poucos dias em pequena caravana para Jerusalém. O plano parecia perfeito para Dalbir emboscá-lo em breve. Cego pelo desejo de vingança, corrompeu mais alguns desocupados pelo caminho, um deles primo de Ajda.

O rapaz, chamado Hassan, sabia que o tio estava descontente com o modo como Jamaludin relegara sua filha, além de, ele mesmo, cultivar interesses em dominar o comércio local. Levou o plano nefasto de Dalbir até o tio, que se comprometeu a ajudar o soldado a vingar seu rei.

No dia propício, e ao mesmo tempo nefasto, Jamaludin foi surpreendido por Dalbir em uma estreita estrada em um desfiladeiro que os romanos raramente patrulhavam.

Sua caravana foi imediatamente tomada e Jamaludin amordaçado por Dalbir. No mesmo dia o levaram a uma parte inabitada da região, onde foi degolado sem piedade pelo adversário vingativo.

No momento de sua morte, não demonstrou temor. Apenas aceitou seu destino com bravura, mas pediu clemência por Parijat, afirmando que ela não tivera culpa pela fuga e que havia sido por ele enfeitiçada para acompanhá-lo. Dizendo isso, mostrou-lhe, pendendo do pescoço, o colar que lhe fora dado por Lali.

Antes de talhar-lhe a garganta, Dalbir arrancou-lhe o colar, desejoso de exibi-lo a Parijat.

A vingança estava quase concluída.

Era preciso agir rapidamente, visto que a presença de Dalbir e seus soldados já começava a chamar atenção, ainda que vestidos como habitantes locais.

– Dalbir – alertou o pai de Ajda –, retire-se logo destas terras. Já cumpriu sua vingança. Agora poderei assumir esta rota, já que meu genro está morto e minha filha vingada. Hafez está velho demais e nada poderá fazer. Muitas represálias estão ocorrendo nestas paragens por parte dos romanos, pois consta que um homem santo foi morto há algum tempo e seus seguidores estão sendo perseguidos. Pegue a mulher que é de sua terra e desapareça o quanto antes. As coisas ficarão difíceis daqui em diante e não vejo prudência em se demorar a voltar a seu reino. Guarde silêncio absoluto sobre minha colaboração, ou muitas revoltas podem ser esperadas.

Sem perder tempo, Dalbir foi ao encontro de Parijat, que prontamente lhe foi entregue pelas viúvas de Jamaludin.

Parijat, ao ver o colar que Jamaludin usava, avançou sobre Dalbir, recebendo em troca uma forte bofetada. Perdeu então os sentidos e, quando acordou, viu-se amordaçada e presa a um pedaço de madeira, já a caminho de seu reino.

Uma luta eclodiria, a partir desse ocorrido, entre as famílias de Jamaludin e de seu sogro usurpador, ceifando inúmeras vidas nos séculos subsequentes. Toda a trama foi descoberta e muitos pereceram – até mesmo Ajda, seus filhos e todos os seus parentes.

A viagem de retorno foi supliciante para Parijat, forçada

a andar boa parte do caminho com correntes atadas aos pés, mãos e pescoço. Os pés descalços sangravam. Recebia de alimento apenas restos das refeições dos soldados e água impura para aplacar a sede.

A doença das chuvas voltou a se manifestar e Dalbir, temendo que a prisioneira morresse, ordenou aos soldados que construíssem uma gaiola de madeira para transportá-la. Passou também a alimentá-la melhor, sem, contudo, deixar de ofendê-la seguidamente.

Parijat, no entanto, parecia alienada, pouco se importando com as palavras de Dalbir.

– Levante-se, infeliz! Seu marido a espera com punições que nem imagina. Alimente-se direito ou a amordaçarei e farei com que coma à força. Nota-se que é uma mulher leviana e estúpida. Como ousou abandonar nosso venerado rei para viver com um estrangeiro qualquer, envergonhando a própria família? Pois saiba que seus pais foram banidos e que todos no reino estão proibidos de lhes dirigir a palavra ou dar-lhes alimento. Em breve morrerão de fome. Quanto a Lali, aquela traidora, foi degolada. O destino que aguarda por você não será muito diferente.

Parijat encarou pela primeira vez os olhos de Dalbir e o fez com tamanha ira que este recuou um passo. Espumando de raiva, ela o enfrentou:

– Jamais será digno de pronunciar o nome de Jamaludin! Jamais será digno sequer de meu ódio, de meu desprezo! Jamais será considerado por Arjun como um soldado, pois nem mesmo foi capaz de cumprir seu dever, deixando uma simples mulher escapar bem diante de seu nariz.

Tais palavras agiram como uma facada mortal no soldado, que guardaria este sentimento de desprezo e inferioridade por muitas vidas ainda.

– Cale-se, infeliz! – E assim bradando, desferiu-lhe uma bofetada que a fez sangrar pela boca e nariz.

Parijat, ainda assim, ria-se, recusando-se a sentir dor.

– Bata-me à vontade, soldado. Isto não o livrará da vergonha e das ironias de todos, que zombam de sua capacidade como guardião.

Dalbir, enfurecido levou as mãos ao pescoço de Parijat e

começou a enforcá-la, detendo-se apenas quando seus soldados, prevendo a inevitável ira de Arjun, o arrancaram de cima da jovem, que gargalhava em provocação.

Assim seguiram por semanas, até chegarem ao tristonho reino, agora envolto em tenebrosa desolação.

Parijat tinha as roupas rasgadas, os pés repetidamente feridos e o rosto coberto pelos longos cabelos sujos e desgrenhados. Foi levada até o palácio amarrada, puxada pelo cavalo de Dalbir, sendo erguida bruscamente quando caía. No caminho, os habitantes revoltados a ofendiam sem piedade.

Tão logo chegou aos portões do palácio, uma tristeza sem fim tomou conta de seu ser, trazendo-lhe a certeza de que sua morte estaria próxima. Agradeceu aos deuses por estar fraca e doente e pediu-lhes que a levassem o quanto antes para junto de seu amado Jamaludin. Que importava a vingança de Arjun? Sofreria por pouco tempo e, em breve, sua alma se elevaria para reunir-se a seu amor.

Ela não poderia estar mais enganada.

No salão, antes iluminado por candelabros em profusão, reinava a escuridão. Algumas poucas velas queimavam. O ar estava viciado e no centro, em seu trono de carvalho e ouro, estava Arjun, que a mirou com desprezo ímpar.

As mútuas visões causaram espanto a ambos. Ele emagrecera e a palidez marcava seu semblante. A voz cambaleava. Parijat surpreendeu-se ao sentir autêntica piedade por aquele homem. Desta vez, a culpa invadiu-a por completo.

– Tem ideia do que fez, Parijat? Tem alguma noção do alcance de seus atos? Sabe o que sua conduta impensada ocasionou ao trono?

Parijat estava bastante ferida e mantinha a cabeça baixada, não só pelo peso das correntes que lhe dilaceravam o pescoço e pulsos. Lágrimas talvez mais pesadas desciam de seus olhos, que não ousavam fitar o esposo desprezado. Doía-lhe a lembrança de Jamaludin, mas a vergonha que causara a si mesma, aos pais e ao esposo ganhavam agora dimensão monstruosa. Juntou forças e, sem olhar para o marido, disse com voz embargada:

– Mate-me, Arjun, e limpe sua honra, que agora, mais que

nunca, exige meu sangue. Mate-me, torture-me se desejar, mas encerre logo meu sofrimento. Arranque meu coração e o dê aos cães. Nada espero além de seu desprezo, mas ficará para sempre com a culpa de haver abandonado a própria esposa, a quem jurou amar para sempre, relegando-a a si mesma e assim permitindo que outro homem lhe ocupasse o coração.

– Infeliz! Ainda quer me culpar pela insensatez que cometeu? Você fugiu com suas próprias pernas. Agora me pagará muito caro por essa traição.

– Prometi-lhe ser fiel e dedicada, Arjun. Dei-lhe os desejados filhos e você me retribuiu com leviandade, ostentando suas amantes pelo palácio, apresentando-se com elas em suas visitas aos reinos, descumprindo nosso pacto de respeito mútuo. Ignorou meu pedido de atenção e afeto quando mais precisava de você a meu lado, visto que acabava de me recuperar de dolorosa enfermidade.

Ouvindo isso, o rei se calou, rememorando suas escolhas. Reconhecia amar Parijat, mas deixara-se ludibriar pelas adulações e gentilezas de outras princesas. Abandonara a esposa a si mesma e agora deveria enfrentar as consequências de seus atos irrefletidos.

A fuga da esposa o tornara vingativo. Duramente ele refreara diversas tentativas de golpe em seu reino, levando até mesmo antigos amigos à morte, mas frente a Parijat sentia-se enfraquecer. Como poderia matar a mulher que, no fundo, amava e cuja culpa diluía-se na dele próprio?

Nesse instante, seu ministro entrou no salão, escarrando de lado ao ver a jovem ajoelhada aos pés de Arjun. Falou então ao soberano:

– Senhor, um médico deseja vê-lo imediatamente. Disse que Vossa Majestade deve-lhe um favor e veio cobrá-lo. Sei que não é o momento, mas o estrangeiro insiste.

– Dalbir! – ordenou o rei. – Retire-a de minha presença e mantenha-a sob vigilância nas prisões mais sórdidas. Se ela se rebelar, use o chicote até que se cale. Amanhã decidirei o que fazer com ela.

E, dirigindo-se ao ministro, instruiu:

– Faça o estrangeiro entrar.

51. O pacto

Qual não foi a surpresa de Arjun ao deparar com Esahu, às portas do salão real, saudando-o respeitosamente.

– Eu saúdo sua força, Venerável Soberano.

Arjun, aparentando ainda certa desconfiança, dirigiu-se friamente a Esahu:

– Agradeço, Médico. Vem também para me roubar algo precioso? Vejo que este é o hábito dos homens de sua terra.

Esahu, sem mostrar nenhum constrangimento, respondeu, calmo e seguro:

– Soberano, nada desejo subtrair de seu reino. Já obtive a acolhida dos aldeões, de quem cuido diariamente, e isso me basta. São, em sua maioria, vítimas infelizes da miséria e da ignorância, quase sempre esquecidos pelos que poderiam ajudá-los. Quanto aos homens de minha terra, asseguro-lhe que eu e Jamaludin, assim como, aqui, Vossa Majestade, somos filhos de um mesmo Deus.

E, buscando trazer elucidação, continuou:

– Todos os homens de minha terra descendem de Abraão, porém há muitos séculos nos separamos em povos diferentes, com costumes e crenças díspares. Assim, não me coloco em sua presença pedindo clemência para Jamaludin, que, sei, agiu incorretamente, cobiçando-lhe a esposa quando lhe devia respeito pela hospitalidade. Mais de uma vez o alertei de tal insensatez, assim como o fiz com a rainha. Não condeno sua ira e respeito a imensa ferida em seu coração, mas como médico devo preveni-lo de que estes sentimentos estão lhe corroendo. Tudo o que sentimos, de bom ou ruim, se reflete em nosso corpo e creio, Soberano, que alguma doença preocupante pode estar se gerando em seu corpo, fragilizado que está pela dor do abandono e do orgulho ferido.

E insistiu:

– Se me permitir examiná-lo, embora saiba que seus médicos são competentes, poderei ajudá-lo.

O rei, cabisbaixo, pois o médico lhe suscitava desconfortáveis sentimentos de culpa, questionou:

– Como posso confiar em alguém no mundo quando a mulher que desposei me feriu pelas costas? Haverá justiça suficiente para tamanho ato? Não posso confiar em ninguém e menos ainda em um estrangeiro, embora perceba sinceridade em suas palavras.

Percebendo algum ponto de luz no coração do rei, Esahu expôs:

– Jamais faria qualquer coisa para ceifar uma vida, nem qualquer ato que prejudicasse outro homem. Conhece bem minha crença e vivo para colocar em prática um pouco dos ensinamentos de Mestre Yeshua. Jurei solenemente curar o corpo dos homens, quando assim me permite nosso Pai Divino.

E insistiu mais uma vez:

– Permita-me examiná-lo, meu Senhor.

Sem encontrar força para resistir à bondade de Esahu, e exausto pelas comoções dos últimos dias, seguiu com o médico para seus aposentos, acompanhado de alguns guardas, onde foi examinado.

Arjun estava apático. Um amarelo ferroso coloria seus olhos e mãos. Em pouco tempo, Esahu lhe informava que não teria muitos meses de vida. A enfermidade, conhecida como doença do caranguejo, estava já avançada em seu abdome e prometia, em breve tempo, dominar-lhe todo o corpo.

Esahu prontificou-se a cuidar de Arjun para poupá-lo das excruciantes dores que em um futuro próximo poderiam acometê-lo. Ensinaria aos médicos do rei o preparo correto das poções, que lhe permitiriam sobrevida por mais algumas semanas, viabilizando assim a transição de seu governo para uma junta de conselheiros até que seu herdeiro tivesse idade para assumir o trono.

O rei, verdadeiramente agradecido, pediu que trouxessem uma profusão de joias e moedas para recompensar o médico. Este, porém, recusou o gesto peremptoriamente, rogando apenas que ele lhe permitisse cuidar de Parijat, que sofria de fome, frio e maus tratos na prisão.

Sem poder negar tal favor ao médico, mas movido principalmente pela culpa que sentia, consentiu nas visitas. Esahu pôde assim curar grande parte das feridas de Parijat, incentivando-a a exercer paciência e coragem.

Soube pela jovem do fim que Jamaludin tivera, bem como das decorrências que a morte do líder trouxera à região em que vivia.

– Parijat – indagou Esahu –, deseja vir comigo à Palestina e trabalhar pelos pobres, ajudando a cuidar dos que estão doentes? Se me prometer dedicar-se comigo a esses infelizes, pedirei que seu esposo a liberte enquanto ele ainda vive.

Não foi sem certo choque que Parijat recebeu a notícia de que Arjun estava gravemente enfermo. Esahu, percebendo a fisionomia da rainha, confirmou-lhe:

– Sim, Parijat. Arjun está muito combalido e nada poderá salvá-lo.

Tomada agora da dor do arrependimento, a jovem caiu aos pés do médico sem conseguir reter o pranto:

– O que fiz, Esahu? Como pude ter sido tão cega? Quanta vaidade e mesquinhez existem ainda em minha alma... Meus pais se dedicaram tanto a combater em mim tais defeitos, mas me permiti levar por paixões e abandonar meu lar e meus filhos. Eu deveria sofrer muito mais que Arjun.

Percebendo seu arrependimento, Esahu lhe disse:

– Sei agora que poderá me ajudar em minha tarefa nas terras de Yeshua. Venha comigo. Dedique-se a servir. Convencerei Arjun a lhe facilitar a ida.

Na manhã seguinte o médico abordaria o rei.

– Não! Jamais, Esahu. Jamais libertarei Parijat!

– Meu Senhor, sei que sofre com a enfermidade que destrói seu corpo, mas sei também que esta mesma doença o levará, nos últimos dias de sofrimento, a perdoar a tudo e a todos. Eu já vi homens inabaláveis caírem de joelhos e, como crianças desamparadas, clamarem por misericórdia quando a doença do caranguejo atinge seu estágio final. É para isso que as enfermidades se instalam nos homens: para que eles se reunifiquem consigo mesmos e percebam que só importa o amor.

Pediu-lhe então:

– Deixe-me levar Parijat como minha ajudante. Garanto que essa permissão lhe dará paz e serenidade nos momentos finais. De nada lhe serve prendê-la aqui, meu Senhor. Seus dias neste mundo se extinguem em breve e antes disso precisará quitar seus débitos para consigo mesmo.

Após refletir alguns instantes, Arjun argumentou:

– Meus ministros e Dalbir a matariam antes, Esahu. A afronta de Parijat não terá perdão aqui.

– Soberano, sei como a dor da traição assola seu coração. Eu mesmo fui apunhalado covardemente anos atrás e sei quanto esta dor é pungente e quão difícil é perdoar. Garanto que se sentirá melhor ao saber que Parijat estará a meu lado trabalhando pelos enfermos. Ela me ajudará na tarefa de cuidar dos pobres e com isso aprenderá também o valor do perdão e da devoção leal ao próximo.

– Temo que poderão matá-lo se descobrirem tal intenção de sua parte, Esahu.

– Deixe que eu mesmo cuide da remoção de Parijat. Já tenho um plano e espero que me ajude nessa empreitada, pois precisarei de algum recurso para comprar o silêncio de alguns oficiais que não resistem à cor do ouro e das joias. Antes de mais nada, porém, preciso que envie Dalbir para longe, em uma missão demorada, pois sei que ele guarda Parijat. Ponha em seu lugar soldados facilmente corruptíveis.

E passou então a expor-lhe o plano:

– Disseram-me que uma serva da cozinha real morreu hoje cedo, após dias de sofrimento devido à picada de uma serpente. Ela não tem parentes, já me informei. Parijat irá então ingerir uma poção que a fará parecer morta por algumas horas. A poção provoca erupções temporárias, mas repulsivas, na pele e nenhum soldado se disporá a tocá-la para removê-la. É então que me oferecerei para retirá-la da prisão. Direi a todos que Parijat foi vitimada por uma maldição misteriosa e que irei enterrá-la longe. Pretendo, na verdade, escondê-la na aldeia do sul, onde tenho amigos leais a quem servi. Quanto à serva que morreu, a enterrarei, embora respeitosamente, como Parijat, com a ajuda de Hakesh, seu pai, que localizei faz alguns dias.

– Sim – concordou Arjun –, tem minha permissão, mas leve Parijat para bem longe deste reino e nunca mais permita que volte. Enviarei Dalbir hoje mesmo em missão a um reino além das montanhas, quem sabe atrás de alguma planta milagrosa cujo nome inventarei. Leal como é a mim, irá se demorar nessa tarefa. Creio que ao retornar já não estarei neste mundo.

Ambos silenciaram, sabendo que realmente, em breve, o reino estaria em luto.

No dia seguinte, pela manhã, o plano parecia seguir perfeitamente os rumos traçados por Esahu. Parijat, ao ingerir a poção trazida por Esahu, adormecera e parecia morta, apresentando manchas vermelhas por todo o corpo. Os médicos reais, apavorados, sequer ousaram examinar a antiga rainha e aceitaram, aliviados, que Esahu se encarregasse de tudo.

Não foi difícil para o médico retirar a jovem do palácio, tendo-a trocado pela serva morta, cujo corpo entregou a Hakesh, que sabia de todo o plano. Este enterrou o corpo da serva no lugar da filha, sabendo que agora, ao lado de Esahu, Parijat se dedicaria à caridade ensinada por Yeshua, podendo redimir-se dos grandes erros cometidos.

Ao acordar, já bem longe de sua terra natal, Parijat emocionou-se ao lembrar de Jamaludin, mas enxugou as lágrimas e orou a um senhor que, sem ela saber dizer como, entrara em seu coração.

– Esahu, serei uma fiel servidora. Desejo servir a este senhor que você tanta ama, o Messias chamado Yeshua. Desejo uma nova vida, Esahu. Preciso sentir essa paz que você já sente, que não permite que nada o abale. Sim, hoje percebo ser esta a verdadeira felicidade.

E, após alguns momentos, acrescentou:

– Sei também que jamais poderei me esquecer de Jamaludin. Sei que o amo como nunca amarei ninguém, mas sinto-me horrivelmente devedora de Arjun.

O médico lhe sorriu e disse carinhosamente:

– Parijat, chega de desatinos. Sua vida agora se resumirá em trabalhar pelo próximo, dia e noite. O tempo ocioso só lhe trouxe desgostos e favoreceu a construção de sentimentos que se tornaram atitudes menos dignas. Seus dias deverão ser preenchidos pelo trabalho constante. À noite, com o corpo cansado, dormirá profundamente e seu espírito continuará servindo no mundo invisível, recomeçando na manhã seguinte com nova disposição para aqui atender. Suas mãos serão consagradas tão somente ao bem. Abandone adornos, beleza e futilidades. Não pense em Jamaludin, em Arjun ou nas experiências passadas.

Parijat ouvia silenciosa, sabendo que esta era uma inigualável oportunidade de quitar débitos afetivos e apaziguar o próprio coração.

– Seu nome a partir de agora será Sarah. Esqueça-se de Parijat.

Durante quinze anos, Sarah, como era agora conhecida, foi o braço direito de Esahu, servindo o médico em sua missão de ajudar os pobres e combalidos, como recomendara Yeshua.

Esahu, muito mais velho que Sarah, porém sempre equilibrado nos hábitos e no coração, mantinha-se saudável. Viveu até os cem anos, nas terras onde nascera e às quais agora retornava sem alarde.

Sarah, ao contrário, envelheceu rapidamente. A pele se mostrou judiada pelo sol, as mãos se calejaram e as costas se curvaram. Morreu da mesma doença de Arjun, porém nos órgãos reprodutores, apenas quinze anos após sua chegada à Palestina.

Esahu a enterrou no deserto, coberta pelas mesmas areias que cobriam Jamaludin.

Desta vez, ao adentrar os portões de Ashwattha, não seria recebida pelos mesmos benfeitores de outrora, considerando que lhe faltara merecimento por não ter cumprido a principal tarefa anteriormente pactuada. Sua invigilância e impetuosidade falaram mais alto e novamente interferira negativamente em uma possível reconciliação com Arjun.

Pavit, Kabhir, Kanti e Kalanthara, agora como Esahu, Hakesh, Daya e Dalaja, haviam cumprido satisfatoriamente a programação reencarnatória, e seriam recebidos na espiritualidade com grande alegria pela própria Mali, guia deste grupo de almas caídas que se reerguiam. Os sacrifícios vividos por eles e a constante resistência ao mal, combatendo o próprio personalismo, os qualificariam para encarnações redentoras em futuro próximo.

Arjun também se modificara e não mais seria recebido por desafetos. Foi acolhido em Ashwattha assim que realizou o desligamento do corpo físico.

Jamaludin, por sua vez, fora recebido por Mali, não por mérito, mas por violar os ensinamentos que exaustivamente recebera na Antiguidade, sendo por isso levado a encarnar na antiga Roma, na época do imperador Trajano, onde receberia Arjun como filho e Parijat como nora.

Como astros de luz tênue que, cumprindo suas órbitas, mergulham no horizonte de um céu ainda noturno, a luz dessas almas se reergueria ainda em brilho renovado em novos horizontes, magnetizada pela chama do coração do Mestre que permanentemente os acalentaria.

Fim do Livro 1

Renascimentos dos personagens

Na Lemúria		No livro 1, parte 1		No livro 1, parte 2
Dahaya	....	Nalini	....	Parijat
Aluryus	....	Chandan	....	Jamaludin
Materu	....	Nimit	....	Arjun
Aghrantes	....	Kabhir	....	Hakesh
Khima	....	Kanti	....	Dalaja
Awati	....	Kalanthara	....	Daya
		Janaka	....	Maha
		Pavit	....	Esahu
		Rahela	....	Lali
		Raavil	....	Dalbir
		Harit	....	Hafez
		Lakme		
		Udesh		
		Agha		

Alma Solitária

MARIA STELLA

Formato 14 x 21 cm • 204 p.

A Lei do Carma, mecanismo da evolução, expressa a sabedoria cósmica que opera no íntimo dos seres para construir sua ventura definitiva.

Aqui encontramos Hunan, o bárbaro da Tartária de milênios atrás, capaz dos mais odiosos crimes, que depois foi Li-Itsang, o mandarim cruel e igualmente selvagem da velha China, e acabou apunhalado pela jovem Ming. Reencarnado, volta à crueldade, à traição, ao homicídio... Vários espíritos conviveram estreitamente com ele e uniram suas vidas em tramas de ódios e vinganças, ao longo de muitas existências.

Por fim a dor, nas zonas umbralinas e em existências amargas de reparação, vai operando a lenta transmutação. Renascendo em condições extremas, na cegueira, na mutilação, enjeitado, na pobreza, o espírito feroz do chefe tártaro vai sofrendo a transformação e adquirindo lentamente a consciência que lhe permitiria, em pleno século XX, tornar-se um espírito redimido, através dos longos caminhos do carma, reunindo em torno de si muitas das antigas vítimas do passado.

Esta obra do espírito Lúcio, relato verídico de uma alma pelas sendas da evolução, prende o leitor do início ao fim com o emocionante desdobrar dessa incrível trajetória de milênios, que encarna o processo da Lei do Carma agindo no interior de todas as criaturas, em fantástica transformação.

A FLOR DE LÓTUS

foi confeccionado em impressão digital, em janeiro de 2025

Conhecimento Editorial Ltda

(19) 3451-5440 — conhecimento@edconhecimento.com.br

Impresso em Luxcream 70g – StoraEnso